感悟党史

龙新民 著

人民出版社

目　录

党 史 广 角

党 史 随 笔

前　言

2007 年 5 月,我离开了工作 30 多年的宣传文化系统,到了一个新的工作岗位——中共中央党史研究室。

作为一名党员干部,应该说我对党史是有所了解和比较熟悉的。上中学、大学的时候,政治课学过党史的内容。1984 年 9 月至 1986 年 7 月,我脱产在中央党校培训部学习两年,中共党史是一门必修课,系统地进行了学习。其后在北京市担任市委常委、宣传部部长和市委副书记的 10 年间,我也接触过党史工作,担任过市委党史工作领导小组副组长,参与了在首都举办的与党史工作相关的若干重大活动的组织工作,例如,纪念改革开放 20 周年、庆祝中华人民共和国成立 50 周年、纪念中国共产党成立 80 周年、纪念中国人民抗日战争暨世界反法西斯战争胜利 60 周年、纪念红军长征胜利 70 周年,等等。通过直接参与这些重大纪念活动的组织工作,对党的奋斗历程、光辉历史有了进一步的了解。

但从党史研究专业的角度讲,我是一个新兵。正因为如此,到中央党史研究室工作后,我比较注意学习,一是原原本本地阅读一些党史基本著作,学习中央有关党史工作的文件精神;二是虚心向室内外的党史专家学者学习请教。在认真学习的基础上,我结合自己的体会,就党史工作的某些重要问题作了一些初步的研究探讨,也在报刊上发表了一些研究文章。尽管这些文章水平不高,但作为一个党史工作者,至少是表示了一种愿意学习、愿意研究问题的态度,也在一定程度上表达了自己坚决学习贯彻中央精神、努力做好党史工作的决心和信念。

到中央党史研究室工作的这几年,我庆幸自己赶上了党史工作大发展大繁荣的局面由酝酿到逐步推进再到初步形成的大好时期。在党中央的高度重视和中央领导同志的亲切关怀下,中央召开了全国党史工作会议,颁发了加强党史工作的文件，在全党全社会大力推动了党史学习教育活动。中央党史研究室出版了《中国共产党历史》第二卷，加强了党史研究、党史宣传教育、党史资料征集等各方面工作，全面改善了中央党史研究室的工作条件，进一步扩大了党史工作在国内外的影响力。

我离开党史工作一线之后，重点转向党史学会的工作，也继续力所能及地写点东西。闲暇时候，我翻出自己这些年写的一些文章和在某些会议与活动中的发言内容，萌生了一种想整理这些文稿编出一本书的念头。几年前，我出版过一本《感悟宣传》；之后因我在北京市分管过几年的教育，有同志建议我写一本《感悟教育》，自己几次动手又几次放下了这个念头。想来想去，还是借这种感悟的心态，把自己到中央党史研究室工作以来写的一些东西，整理汇集成这本《感悟党史》。当然，仅仅是自己一点粗浅的感悟而已。

《感悟党史》一共收入了 55 篇文章。从内容上讲，大体分为四个部分。第一部分是有关党史的综合性文稿，涵盖党史学习、宣传、教育等内容。第二部分是有关党史专题研究的论文，这些文章，有的在报刊上发表过，有的则是在各类研讨会上的发言稿。这部分论文中，涉及文化的内容较多一些，一个原因是自己长期从事宣传文化工作，愿意在这方面多作一些研究；另一方面，我从到中央党史研究室工作后，即试图在推动党史研究与文化工作的结合上做一些倡导宣传工作，以大力弘扬党史文化，发挥党史工作在文化建设中的更大作用。第三部分收集了几篇自己写的或重新整理的有关党史事件、党史人物的回忆文章，权当响应中央党史研究室关于征集党史资料的倡议，提供自己亲历的一些事件的片断回忆资料。第四部分是这几年自己写的一些随笔和杂文，大体是内容上同党史有点关系的。

《感悟党史》以我去年 9 月 9 日在《人民政协报》发表的《想念我的老师们》作为末篇。这篇文章不属党史类文章，我是以自己小学毕业上初中和高中毕业考上大学两个时间段为线索，回忆我的老师和母校对我的关怀，表达的完全是自己的真情实感。没有想到这篇文章受到全国政协主席俞正声的肯定，他 9 月 10 日在《人民政协报》上亲笔作出了"此文写得好"的批示，给了我莫大的鼓励。我把这篇文章收进《感悟党史》，从逻辑关系上讲也是可以的。因为文章虽然写的是我个人的经历，但从一个小小的角度，可以寻找到 20 世纪五六十年代的时代印迹。而给予过我亲切关怀和无私帮助的老师们,带给我的正是党的阳光雨露,是伟大祖国的情与爱。

"想念我的老师们",如果再引申一下这篇文章的主题,我到中央党史研究室工作的这些年,室委会领导、室内的专家学者和干部职工,是我尊敬的老师;地方党史部门的领导和干部职工,也是我尊敬的老师;党史学界的专家学者和研究人员,都是我尊敬的老师。他们给了我许许多多的指导、支持和帮助。同想念、感谢我上小学、中学、大学时的老师们那样,我怀着一颗感恩的心,深深感谢所有在我从事党史工作之后给予过关心帮助的领导、同事和朋友们。出版《感悟党史》这本书,就算是自己向老师们交上一批党史工作的习作吧,恳请各位老师、各位朋友提出宝贵意见。

本书收入的文稿中,有个别篇目参考吸收了中央党史研究室领导的报告、讲话的部分内容,在此谨向室委会领导,向起草报告、讲话和提供照片的有关部门的同志表示衷心感谢。也向关心、支持本书出版工作的人民出版社领导和有关人员致以诚挚谢意!

作　者

2014 年仲夏

党 史 综 论

从党史学习中汲取智慧和力量

继党的十七届四中全会提出在全党学习党的历史的任务之后,2010 年 7 月 21 日至 22 日,党中央又召开了新中国成立以来的第一次全国党史工作会议。胡锦涛总书记等中央领导同志亲切接见与会代表,习近平同志在会上发表了重要讲话。会前,还颁发了《中共中央关于加强和改进新形势下党史工作的意见》(以下简称"中央 10 号文件")。这次会议的召开和中央 10 号文件的颁布,充分体现了党中央对党史工作的高度重视和对党史工作者的殷切期望,必将有力推动全党更加珍惜党的历史,更加重视党史工作,在全社会营造加强党的历史学习教育的浓厚氛围。

古人说:"以铜为镜,可以正衣冠;以古为镜,可以知兴替;以人为镜,可以明得失。"今天,在新的历史时期,为什么要强调学习党的历史呢? 我认为,最根本的就是,党的历史是中国共产党和中华民族的宝贵精神财富,我们可以从党的历史中汲取丰富的智慧和营养,从而更好地把握党执政兴国和社会发展的规律,激发开拓前进的强大力量。

一、学习党的历史,了解党 90 年走过的艰难而辉煌的 历程,坚定在党的领导下走中国特色社会主义 道路的理想信念

到 2011 年 7 月 1 日,中国共产党将迎来建党 90 周年的隆重庆典。党 90 年的历史,是党领导全党同志和全国各族人民为实现民族独立、人民解放和国家富强、人民幸福而不懈奋斗的历史;是党坚持把马克思主义基本原理同中国具体实际相结合、不断探索适合中国国情的革命和建设道路,推进

改革开放和社会主义现代化建设,推进马克思主义中国化、推进理论创新的历史;是党加强和改进自身建设、保持和发展党的先进性,经受住各种风险和挑战考验而不断发展壮大的历史。可以说,中国没有哪一个政党像中国共产党这样,以民族独立、人民解放、国家富强、人民幸福为己任,历经艰难曲折,付出巨大牺牲,走向胜利辉煌;世界上也没有哪一个政党像中国共产党这样,在一个人口众多、经济文化落后的发展中大国长期执政,并带领全国各族人民开辟中国特色社会主义道路,取得举世瞩目的伟大成就。

现在,党内的绝大多数党员、大多数在职党员干部包括领导干部都是在新中国成立以后出生的,没有经历过新民主主义革命时期的艰苦斗争,也没有直接参加建国以后进行的社会主义革命和20世纪五六十年代的社会主义建设,相当一部分人甚至没有经历十年"文化大革命"的反面教育,对新中国成立以来党取得的伟大成就及发生的历史曲折,缺乏直接的体验,对党为实现改革开放的伟大转折、开辟中国特色社会主义道路所进行的艰苦探索和付出的代价,缺乏切身的感受。因此,对于广大党员和党的领导干部而言,只有通过深入系统学习党的历史,了解党90年走过的不平凡历程,才能深刻认识到:中国共产党的领导,是历史的选择、人民的选择;只有中国共产党才能承担起实现民族独立、人民解放、国家富强和人民幸福的历史使命;只有中国共产党才能带领人民沿着中国特色社会主义道路胜利前进,走向中华民族的光明未来。而对于广大干部群众特别是青少年而言,学习党的历史,了解党的历史,才能切实增强对中国共产党的信念,坚定在党的领导下走中国特色社会主义道路的决心和信心。

二、学习党的历史,借鉴党在领导革命、建设和改革中的成功经验,推进中国特色社会主义伟大事业

党在90年的奋斗历程中,坚持把马克思主义的基本原理同中国实际相结合。在新民主主义革命时期,以毛泽东同志为主要代表的中国共产党人,创造性地开辟了一条农村包围城市、武装夺取政权的革命道路,实现了马克思主义与中国实际相结合的第一次飞跃,最终建立了伟大的中华人民共和

国，真正实现了民族独立和人民解放。新中国成立之后，党成功地实现了从新民主主义到社会主义的转变，全面确立了社会主义基本制度，建立了人民民主专政的国家政权，迅速恢复了在旧中国遭到严重破坏的国民经济，开展了有计划的经济建设，建立起独立的、比较完整的国民经济体系。

经历十年"文化大革命"的惨痛教训，1978年年底召开的党的十一届三中全会，实现了党和国家的伟大历史转折。进入改革开放新时期以来，以邓小平同志为核心的党的第二代中央领导集体、以江泽民同志为核心的党的第三代中央领导集体和以胡锦涛同志为总书记的党中央，紧紧围绕中国特色社会主义这个主题，围绕"什么是社会主义、怎样建设社会主义，建设什么样的党、怎样建设党，实现什么样的发展、怎样发展"的重大问题，推进马克思主义中国化，成功地开辟了中国特色社会主义道路，形成和发展了包括邓小平理论、"三个代表"重要思想以及科学发展观等重大战略思想在内的中国特色社会主义理论体系。改革开放以来，中国共产党带领全国各族人民，以一往无前的进取精神和波澜壮阔的创新实践，谱写了中华民族的壮丽史诗，实现了从"以阶级斗争为纲"到以经济建设为中心、从封闭半封闭到改革开放、从高度集中的计划经济体制到充满活力的社会主义市场经济体制的伟大转变，社会主义经济建设、政治建设、文化建设、社会建设、生态文明建设以及党的建设取得了巨大成就。中国人民的面貌、社会主义中国的面貌、中国共产党的面貌发生了历史性变化。

中国共产党在领导建设中国特色社会主义的伟大历史进程中，取得的成就举世瞩目，积累的经验弥足宝贵。党在领导革命、建设和改革的过程中，一贯善于总结历史经验，一贯重视历史经验的借鉴和运用。党中央《关于若干历史问题的决议》《关于建国以来党的若干历史问题的决议》就是党对不同历史时期历史经验的全面总结；在党的代表大会、党和国家的重大节庆纪念活动中，党的领导人也要对党的历史经验作出总结和归纳。这些都是党和人民非常宝贵的精神财富。

党的历史记载党的过去，联系党的现在，瞻望党的未来。只有对党昨天的奋斗有深入了解，才能做好今天的现实工作，承担起明天的新的使命。学习党的历史，借鉴党的历史经验，我们可以从党取得的伟大成就中受到鼓舞，从党的历史经验中受到启发。把党过去积累的成功经验运用到今天从事的实际工作中，必将有力地推进社会主义现代化建设和中华民族复兴伟业。

三、学习党的历史,从党在探索中国革命和建设
道路上经历的曲折中吸取深刻教训,防止和
减少重犯过去发生过的错误

中国共产党是在一个人口众多、经济文化落后的东方大国领导革命和建设的党,没有现成的经验,也不可能照搬别国的经验。面对复杂的国际国内环境,党在探索革命、建设和改革的进程中,难免会发生这样那样一些失误,遇到这样那样一些曲折,甚至付出惨痛的牺牲和代价。特别是在新中国成立后进行社会主义建设的艰难探索中,20世纪50年代后期,党的指导思想开始出现"左"的偏差,到60年代中期,"左"倾错误发展到极端,造成了延续十年之久的"文化大革命"全局性错误,给党、国家和人民带来了严重的灾难。进入改革开放历史新时期之后,由于缺乏经验,在经济社会发展中也产生过急于求成、经济过热、甚至通货膨胀加剧的现象;追求产值大幅度提高、忽视经济增长质量和环境效益的情况屡屡出现;经济社会发展不平衡的问题在一定阶段、在一些地区也比较严重。

没有一个党是不犯错误的。中国共产党是伟大、光荣、正确的党,这并不是因为它从来不犯错误,而是因为它能够总结犯错误的教训,从错误中学习,通过吸取错误的教训来提高对客观规律的认识,从而纠正错误,使错误成为正确的先导。党自身的经验包括失误,是最好的历史教科书。通过学习党的历史,在了解党带领人民取得的巨大成就、创造的丰富经验的同时,正视党经历的曲折和失误,着重分析出现失误时党所处的社会环境,深刻剖析产生问题的社会根源、历史根源和思想根源,研究防止错误重犯的办法、措施和制度,我们就可以变得聪明起来,不断学习和增强本领。

今天,党领导人民群众从事的中国特色社会主义事业是前无古人的伟大事业,世情、国情、党情的深刻变化使党面临的考验更加严峻,党肩负任务的艰巨性、复杂性、繁重性世所罕见。在这种情况下,学习党的历史,坚持用历史的观点、实践的观点和唯物辩证的观点,正确对待党历史上曾经出现过的失误,从失误中吸取教训,必将有助于我们在各项工作中更好地体现时代性、把握规律性、富于创造性。

四、学习党的历史,继承老一辈革命家和革命先烈、英雄模范的崇高精神,大力弘扬党的光荣传统和优良作风

中国共产党在90年的奋斗历程中,历经千难万险,战胜惊涛骇浪,付出巨大牺牲。无论是在革命战争年代还是在社会主义建设和改革开放的历史新时期,一代又一代的共产党人前仆后继,艰苦奋斗,不畏艰难险阻,不怕流血牺牲,为民族独立、人民解放,为国家富强、人民幸福,作出了不可磨灭的贡献,书写了党的光荣革命传统,涌现出无数革命先烈和英模人物。在革命战争年代,党创造和培育了"井冈山精神"、"长征精神"、"延安精神"、"抗战精神";涌现了像李大钊、方志敏、夏明翰、杨靖宇、刘胡兰、赵一曼、董存瑞、江姐等无数革命先烈和战斗英雄。新中国成立后,又形成了"大庆精神"、"两弹一星精神"、"载人航天精神"、"抗洪精神"、"抗震救灾精神";王进喜、雷锋、焦裕禄、钱三强、邓稼先、孔繁森、郑培民、任长霞等一大批英雄模范人物,在社会主义建设和改革开放中作出了杰出的贡献。

中国共产党在长期革命战争与和平建设时期所形成的光荣传统和革命精神,体现在老一辈无产阶级革命家和革命先烈、英雄模范身上的伟大品格和崇高风范,集中起来就是:为了国家的独立、民族的解放、人民的幸福,为了广大人民群众的根本利益和实现社会主义现代化的宏伟目标,不畏困难、不怕牺牲,艰苦奋斗、无私奉献,开拓奋进、创新发展。这些品格和精神,是同中华民族"天下兴亡,匹夫有责"的爱国传统,"富贵不能淫,威武不能屈"的高尚气节,抑恶扬善、恪守信义的社会美德一脉相承的。同时又赋予了新的时代内涵,是以爱国主义为核心的民族精神和以改革创新为核心的时代精神的灵魂和根本。

今天,建设社会主义核心价值体系,需要在广大干部群众特别是青少年中,大力继承和发扬党的光荣革命传统,学习和弘扬革命先辈和英雄模范的伟大精神和崇高品德。正是从这个意义上,我们十分高兴地看到,这几年,中央有关部门举办的《伟大胜利——纪念中国人民抗日战争暨世界反法西斯战争胜利60周年》、《复兴之路》等以党史、军史题材为内容的大型主题

展览,宣传文化部门推出的讴歌党的领袖人物和英雄模范、反映重大党史题材的影视文艺作品,受到广大干部群众特别是青少年的热烈欢迎。

"榜样的力量是无穷的"。任何时代,都有体现这一时代精神的先进典型人物,都需要通过培养、发现、树立、宣传先进典型来引领社会舆论和道德风尚。学习党的历史,我们可以了解老一辈无产阶级革命家和无数革命先烈、英雄模范的革命精神和崇高品质,并在新的历史条件下发扬光大他们的品格与精神,使党的光荣传统和优良作风代代相传。

五、学习党的历史,重温党不断加强自身建设的历史经验,不断推进党的建设新的伟大工程

党的建设是党领导的伟大事业不断取得胜利的重要法宝。中国共产党在革命战争年代,就创造和积累了加强党自身建设的宝贵经验。新中国成立之后,党在长期执政实践中,围绕建设什么样的党、怎样建设党这个重大课题,不断总结和运用自身建设的正反两方面的经验,借鉴世界上一些执政党兴衰成败的经验教训,探索形成了中国共产党作为一个马克思主义执政党加强自身建设的基本经验。

当今世界正处在大发展大变革大调整时期。世界多极化、经济全球化深入发展,科技进步日新月异,国际力量对比出现新态势,全球思想文化交流交融交锋呈现新特点。复杂多变的国际环境,给我国改革发展带来新的机遇和严峻挑战。经过改革开放 32 年来的发展,我国正处在一个重要战略机遇期,同时我国的发展也呈现一系列新的阶段性特征,出现一系列新情况、新矛盾和新问题。党要适应这样的新形势,统筹好国内国际两个大局,更好地带领全国各族人民全面建设小康社会,实现中华民族伟大复兴的宏伟目标,必须进一步加强和改进党的自身建设。

党的历史是推进党的建设新的伟大工程的重要力量源泉。学习党的历史,认真研究和运用党在长期实践中加强思想建设、组织建设、作风建设、制度建设和反腐倡廉建设的丰富经验,也包括吸取党的建设方面的历史教训,我们可以进一步提高党要管党、从严治党的自觉性,更加重视加强党的执政能力建设和先进性建设,不断提高党的建设科学化水平。

党的建设同党的历史紧密相联系。2011 年是中国共产党成立 90 周年,展望十年后就是建党 100 周年。在坚持和发展中国特色社会主义伟大实践中,党带领全国人民继续谱写共和国的历史新篇章,同时也必然会不断谱写党的建设新的伟大工程新篇章。

（原载《北京支部生活》2010 年第 9 期）

深刻的启迪　宝贵的教益

——学习《中国共产党历史》第二卷的体会

从 1949 年 10 月中华人民共和国成立到 1978 年 12 月党的十一届三中全会召开,这 29 年史称"社会主义革命和社会主义建设时期"。新近出版的《中国共产党历史》第二卷(以下简称《党史》二卷),以马克思列宁主义、毛泽东思想和中国特色社会主义理论体系为指导,以中共中央《关于建国以来党的若干历史问题的决议》和中央有关重要文献为依据,充分吸收 30 多年来党史学界的重要研究成果,全面准确地反映了中国共产党领导全国人民进行社会主义革命和社会主义建设的不平凡历程,正确总结了党在这 29 年中的历史经验。今天,学习《党史》二卷,回顾这段历史,心潮澎湃,感悟良多,深受教育和启迪。

一、29 年取得的成就来之不易

翻开《党史》二卷,我们的思绪不禁又回到了那充满希望、充满艰辛的令人难忘的岁月。那是一个艰苦奋斗的年代,一个乐于奉献的年代,一个意气风发的年代。中国共产党带领全国各族人民,建立起社会主义基本制度,并在"一穷二白"的基础上,自力更生,奋发图强,描绘着改天换地的宏伟蓝图,初步建立起独立的比较完整的国民经济体系。

到 1978 年,国民生产总值和财政收入分别比新中国成立初期有了几倍、十几倍的增长,农业生产条件得到很大改善;新的工业部门从无到有、从小到大迅速发展起来,几乎所有的工业产品都比旧中国最高年产量有了几倍、几十倍甚至上百倍的增长,人民物质生活水平有了提高。不断发展社会主义文化,增强了人民群众的思想道德素质和科学文化素质;建立起巩固的国防;新中国在国际上的地位显著提高。

我们尤其要看到,新中国这 29 年取得的伟大成就是十分来之不易的。

(一) 我国的社会主义革命和建设是在受到国际封锁、遏制和战争威胁的环境下进行的

新中国成立不久,美帝国主义就把战火烧到鸭绿江边,给我国安全造成严重威胁,迫使我们在十分困难的情况下,抗美援朝,保家卫国。随后,在一个很长的时期内,以美国为首的西方阵营,对社会主义中国采取封锁、遏制、"和平演变"等各种手段,妄图阻挠中国的发展。中苏两党之间在 20 世纪50 年代中期开始出现分歧,直至 50 年代末苏联撤回专家、撕毁合同,恶化中苏关系,使我国蒙受巨大经济损失。60 年代由中苏论战所导致的两国国家关系严重恶化,苏联霸权主义给我国安全带来严峻复杂的局面。面对帝国主义、霸权主义的战争威胁,处于国际冷战下的大环境,无疑会大大增加我国经济建设的困难和压力。

(二) 我国社会主义革命和建设的成就是在没有现成的经验可资借鉴的情况下自力更生取得的

中国共产党在领导人民取得新民主主义革命胜利之后,面临的是新中国百废待兴、百业待举的艰难局面。作为一个当时有着几亿人口、经济文化落后的大国,怎样进行社会主义建设,是一个非常困难和复杂的问题。我党缺乏现成的经验。建国初期,我党主要学习苏联的模式。经过几年社会主义改造,党的注意力逐渐转移到经济建设和科学文化建设上来。正如《党史》二卷所介绍的,毛泽东已感到,"苏联方面暴露了在建设社会主义过程中的一些缺点和错误,他们走过的弯路,你还想走?过去我们就是鉴于他们的经验教训,少走了一些弯路,现在当然更要引以为戒。"①从毛泽东提出《论十大关系》,到党的八大开启集中力量发展生产力的全面建设社会主义历史时期,以及后来经历的曲折发展,党总体来讲是在封闭、半封闭的状态下,在没有别国的经验可资借鉴的情况下,艰辛探索着走过来的。

(三) 我国社会主义革命和建设的成就是党和人民艰苦奋斗得

---

① 中共中央党史研究室著:《中国共产党历史》第二卷(1949—1978)上册,中共党史出版社 2011 年版,第 380 页。

来的

在这 29 年中,由于我国人口多、底子薄,经济文化落后,人民群众的工作、生活条件都相当艰苦。但是,站起来的中国人民以当家作主的崭新精神风貌,在党的领导下奋力投入国家建设。"一五"计划时期,工人阶级一马当先,站在工业化建设的前列,深入开展增产节约和劳动竞赛,创造了一个又一个奇迹。面对 50 年代末 60 年代初的三年暂时经济困难的严峻考验,党带领人民同自然灾害和物质匮乏进行了顽强的斗争。60 年代前期,我国成功爆炸第一颗原子弹,高速度、高水平探明和开发大庆油田,以大寨和河南林县人民开凿红旗渠为代表的农村改造山河的壮举,"三线"建设的全面展开,等等,无不是全国各族人民艰苦奋斗、奋发图强取得的重要成果。"文化大革命"十年动乱,我国广大的工人、农民、知识分子、人民解放军指战员,克服种种困难,坚守工作、生产岗位,尽可能减少"文化大革命"给经济建设带来的损失,保障了人民群众的基本生活需要。

《党史》二卷正确把握党的这 29 年历史的本质和主流,从 9 个方面概括了社会主义革命和建设所取得的成就,明确指出,"综观新中国成立后 29 年的历史,中国共产党领导社会主义革命和社会主义建设取得的成就是具有决定意义的,这些成就从根本上改变了中国人民的前途命运,为当代中国发展进步奠定了坚实基础。"①这就为我们正确认识和把握党在这 29 年的历史,提供了令人信服的真实记录。

二、29 年积累的经验弥足珍贵

在实践中创造和积累经验,又不断对历史经验进行总结,用来指导新的实践,这是中国共产党的一个优良传统。从新中国成立到十一届三中全会召开,党在这 29 年间,艰辛探索中国建设社会主义的道路,并在这一探索过程中积累了治国理政的丰富经验。"事非经过不知难"。用辩证唯物主义和历史唯物主义的立场、观点、方法来总结这 29 年的历史经验,我们就会更

---

① 中共中央党史研究室著:《中国共产党历史》第二卷(1949—1978)下册,中共党史出版社 2011 年版,第 1062 页。

加深刻地认识到这些历史经验何等弥足珍贵。在这方面,我体会最深的有以下三点。

（一）始终从中国实际出发,探索建设社会主义的道路

从中国的国情出发,把马克思主义基本原理同中国实际结合起来,是党在长期革命斗争中得出的基本经验。新中国成立并确立社会主义基本制度后,面对社会主义建设的新的艰巨任务,党始终注意立足中国实际,探索适合中国国情的社会主义建设道路。建国初期,我们曾学习、借鉴苏联的模式。但时间不长,党中央和毛泽东即发觉照搬苏联模式行不通。以 1956 年 4 月毛泽东发表《论十大关系》为重要标志,表明党对中国建设社会主义道路的基本思路逐步清晰,展现出党为寻找适合中国情况的建设社会主义道路而多方面进行探索的生动景象。

党的八大之后,党进一步在实践中探索中国自己的建设社会主义道路,中央领导人提出了一系列搞活经济的新思路,并酝酿和准备以简政放权为内容的国家行政体制改革和经济体制改革,有力地推动了社会主义建设的全面展开和第一个五年计划的胜利完成。随后,党在领导全面的大规模的社会主义建设过程中形成的一系列正确认识和政策思想,都是符合中国国情的探索成果。

（二）始终坚持相信群众,依靠群众,为广大人民群众谋利益

中国共产党是从战争年代血与火的洗礼中成长壮大起来的。党来自人民、依靠人民,人民信任、拥护和支持党,党和人民始终保持着鱼水相依、水乳交融的密切关系。

面对新中国成立后艰巨复杂的社会主义革命和社会主义建设任务,党时刻牢记全心全意为人民服务的宗旨,坚持一切从人民群众根本利益出发。毛泽东提出的关于正确处理人民内部矛盾的思想,旨在调动一切积极因素,团结一切可以团结的人,尽可能将消极因素转化为积极因素,为建设社会主义这一伟大事业服务。毛泽东号召建设的"一个又有集中又有民主,又有纪律又有自由、又有统一意志、又有个人心情舒畅、生动活泼,那样一种政治局面",体现了党对发扬人民民主的充分重视。

党在探索建设社会主义道路的过程中,始终相信群众,依靠群众;广大人民群众无论遇到什么困难和挫折,始终坚信党,拥护党。而对 60 年代初期的严重经济困难,毛泽东和党中央领导人身体力行,组织调查组并亲自深

入基层进行调查研究。领导与人民,干部与群众,休戚与共,同甘共苦。人民群众体谅国家困难,服从国家利益,近八百万职工、一千万城镇人口回到农村艰苦创业。党正是紧紧依靠人民群众,终于在极端困难的条件下,完成了国民经济的调整任务,并进而提出建设"四个现代化"的宏伟目标。

在这 29 年的历史中,无论胜利与欢乐,还是曲折与困难,党和人民紧紧站在一起,同呼吸,共命运。这就是贯穿在《党史》二卷中的一条红线。

(三) 始终坚持培育和弘扬艰苦奋斗、奋发图强的时代精神

毫无疑问,新中国成立之后的这 29 年,是一个艰苦创业的年代,是党带领人民自力更生、奋发图强、改变中国"一穷二白"面貌的年代。经历过那个时代的人都不会忘记当年生活的艰辛,同样也不会忘记当年火热的生产、工作场面。《党史》二卷记述了 29 年特别是 10 年全面建设社会主义历史进程中,党所培育和弘扬的伟大时代精神,给人以无穷的回味与遐想。

新中国成立之初,在抗美援朝的战争岁月里,培育了融爱国主义、革命英雄主义、革命乐观主义和国际主义为一体的抗美援朝精神。60 年代初期,面对国内严重经济困难和国际霸权主义的巨大压力,党和人民坚持独立自主,自力更生,团结一致,艰苦奋斗,培养起自强自立、不依附于人、不怕鬼、不信邪的大无畏精神。在经济建设和科研工作中,在平凡的工作岗位上,王进喜、焦裕禄、雷锋等先进典型做出了不平凡的业绩,成为时代楷模;以钱学森、李四光、钱三强、邓稼先等为代表的科学家和科技工作人员、人民解放军指战员,埋头苦干,默默奉献。他们奏响了时代的强音,培育了"铁人精神"、"雷锋精神"、"焦裕禄精神"、"两弹一星精神"。

所有这些,我们都可以从《党史》二卷中深深感受到,29 年中,党和人民以意气风发的精神风貌,推动着中国社会主义建设的航船劈波斩浪,勇往直前。伟大的时代造就伟大的精神,而这一伟大的精神,不仅是当时那个年代不竭的力量源泉,同样也是我们当今时代宝贵的精神财富。

三、29 年经历的曲折教训深刻

从新中国成立到党的十一届三中全会召开的这 29 年,是中国共产党人在探索中前进,社会主义建设事业在曲折中发展的 29 年,成就与失误、经验

与教训错综交织。因此，如何反映和看待这个阶段党经历的失误和曲折，就成了一个不可回避的重大问题。《党史》二卷实事求是地记载了党自1957年反右派斗争严重扩大化之后所犯的"左"的错误，客观地分析了犯错误的社会根源、历史根源和思想根源，认真总结了其中的深刻教训，读后令人信服。这里，我着重谈三点体会。

（一）一段时期内对世情、国情、党情的误判，导致党的思想理论一度出现重大失误

《党史》二卷让我们感到，党在这29年中的最大失误，是搞了长达十年之久的"文化大革命"。"文化大革命"是一场由领导者错误发动，被林彪、江青反革命集团利用，给党、国家和各族人民带来严重灾难的内乱。而"文化大革命"之所以能够发生并持续十年，其中的一个重要原因是党的领导人毛泽东对世情、国情、党情的错误判断，从而提出了"无产阶级专政下继续革命的理论"，并以这一错误理论指导着"文化大革命"的错误实践。

进入20世纪60年代之后，国际政治形势发生复杂深刻的变化。中苏关系由于意识形态上的激烈争论和苏联的霸权主义行径而日益恶化，社会主义阵营和国际共产主义运动也因此陷入分裂。面对当时社会主义各国和国际共产主义运动内部发生的深刻变化，毛泽东认为，世界上绝大多数共产党、工人党变成修正主义了，中国面临帝国主义、修正主义的包围和严重的战争威胁。

从这样一种对国际形势的判断出发，毛泽东又进而对当时我国的阶级斗争形势及党和国家的政治状况做了错误的估计，认为，我国在建立社会主义制度后，还存在着整个社会范围的阶级对抗，阶级斗争仍然是社会中的主要矛盾，中国面临着资本主义复辟的危险，相当大的一个多数的单位的领导权被"走资本主义道路的当权派"所把持，党的领导层出了"修正主义"，甚至认为中央出了"修正主义"，"赫鲁晓夫那样的人物，他们现正睡在我们的身旁"。基于这种对国际战争威胁的过分估量和对国内、党内形势的错误判断，毛泽东决定采取"文化大革命"这种形式，公开地、全面地、由下而上地发动广大群众，把被所谓"走资派"篡夺了的权力夺回来，才能"避免出修正主义"、"防止资本主义复辟"。结果导致党在理论和实践上犯了"文化大革命"这一全局性的、长时间的"左"倾严重错误。

（二） 没能准确把握客观规律，导致经济建设出现重大挫折

《党史》二卷通过对党在探索建设社会主义道路上经历的曲折所作的记载和分析，使我们深刻认识到，在我国社会主义建设全面展开后，党中央、毛泽东提出15年赶超英国的设想，虽然代表了人民群众希望尽快改变中国落后面貌的愿望。但党由此而产生的"急于求成"、不按客观规律办事的一系列"左"的政策和做法，则使我国经济建设和社会发展受到严重挫折。

人类社会发展规律、自然规律、客观经济规律是科学，是人的主观意志不能违反的。而党当时为了在钢产量和某几项工业产品赶上或超过发达国家，采用群众性大炼钢铁的办法，完全违反了客观规律，不仅钢产量没有大幅提高，还造成资源浪费、森林滥伐。"大跃进"的发动，导致各地弄虚作假，浮夸蛮干，盲目提指标、上项目，争相"放卫星"，水稻亩产13万多斤的离奇典型也被报道出来。而以"一大二公"为基本特点的人民公社化运动，则使"平均主义"、"大锅饭"、"共产风"盛行，严重损害了人民群众的实际利益，挫伤了人民群众的积极性。

违反自然规律和经济规律，夸大主观意志和主观努力的作用，提出超越历史发展阶段的目标和方针、政策，导致党在领导社会主义建设、探索建设社会主义道路中出现严重失误。正如邓小平后来所指出："我们都是搞革命的，搞革命的人最容易犯急性病。我们的用心是好的，想早一点进入共产主义。这往往使我们不能冷静地分析主客观方面的情况，从而违反客观世界发展的规律。"①

（三） 频繁的阶级斗争和政治运动，严重影响社会安定和经济发展

翻开《党史》二卷，我们不难看到，在这29年中特别是进入50年代后期，各种以阶级斗争、路线斗争为标志的政治运动频繁发生。从1957年的反右派斗争，到1959年全党范围的"反右倾"，从1964年的城乡社会主义教育运动，到1966年开始、持续十年的"文化大革命"。这一场一场的政治运动，严重冲击了经济建设，扭转了集中精力发展社会生产力的方向，把许多属于人民内部矛盾的问题上升到敌我矛盾的层面，使不少人受到打击和伤害，社会也因此而动荡不安。

---

① 《邓小平文选》第三卷，人民出版社1993年版，第139—140页。

我国进行"文化大革命"的十年,正是世界第三次科技革命浪潮兴起的关键时期。西方资本主义国家和第三世界一些国家抓住这一机遇发展经济,而我国却把主要精力放在阶级斗争、路线斗争上,无法集中力量发展社会生产力,提高人民的物质文化生活水平,进一步拉大了我国同西方发达国家经济发展的差距。

从学习《党史》二卷中我们深深认识到,"以阶级斗争为纲"和以"四大"(大鸣、大放、大字报、大辩论)的方式搞大规模的政治运动,只能给党和国家带来灾难性的后果。胡锦涛总书记在纪念党的十一届三中全会召开30周年大会的重要讲话中强调:不动摇、不懈怠、不折腾,坚定不移地推进改革开放,坚定不移地走中国特色社会主义道路。总书记讲到的"不折腾",在会场和全社会引起强烈反响,这就充分表明,人们对过去那个年代搞运动、好折腾的刻骨铭心,对改革开放以来我们党和国家政治生活走上健康发展之路的由衷拥护。

毛泽东曾经说过:"错误和挫折教训了我们,使我们比较地聪明起来了,我们的事情就办得好一些。"①世界上没有哪个政党是不犯错误的。中国共产党是一个伟大、光荣、正确的党,这并不是因为它从来不犯错误,而是因为它敢于正视、勇于纠正错误,并善于从错误和曲折中吸取深刻的教训。实事求是地反映党在这29年经历的曲折和失误,深入剖析出现错误的根源,研究防止重犯这些错误的办法,这正是《党史》二卷所持的科学态度。

四、29年走过的道路启迪后人

从新中国成立到党的十一届三中全会召开的这29年,是承前启后、深刻影响中国历史进程的29年。纵观这29年的历史,党领导社会主义革命和社会主义建设取得的成就是具有决定意义的。党探索的建设社会主义的道路虽然曲折坎坷,但这条道路引领中国人民豪迈地进入社会主义新时代,古老的中华民族以崭新的姿态屹立在世界的东方。

学习《党史》二卷,党在这29年走过的道路,永远启迪和激励着一代又

---

① 《毛泽东文选》第四卷,人民出版社1991年版,第1480页。

一代的中国共产党人和全国各族人民,满怀信心地走向未来。

(一) 毫不动摇地坚持以经济建设为中心,推动经济社会科学发展

在社会主义改造基本完成之后,我国社会的主要矛盾是人民日益增长的物质文化需要同落后的社会生产之间的矛盾。党和国家的工作重点必须坚定不移地转移到以经济建设为中心上来,大力发展社会生产力,不断提高广大人民群众的物质文化生活水平。经过党的十一届三中全会,党已经胜利实现了这个伟大的历史转折,并经过 30 多年的实践,社会主义中国已经走上了科学发展之路。

党开创的这条道路,是中国人民的富强之路、幸福之路。新中国成立之后的前 29 年,党为找到适合中国国情的建设社会主义道路,进行了艰辛的探索,取得了巨大的成就,也付出过沉痛的代价。之后的 32 年,党成功地开创了一条中国特色社会主义的康庄大道,取得了举世瞩目的伟大成就。学习《党史》二卷,启迪我们坚定不移地沿着这条道路走下去,牢牢抓住经济建设这个中心,坚持科学发展,为实现社会主义现代化的宏伟目标不懈奋斗。

(二) 毫不动摇地坚持改革开放,为中国特色社会主义事业提供强大动力

新中国成立后的前 29 年,党是在封闭半封闭的条件下,独立自主,自力更生,主要依靠自己的力量建设社会主义的。在这样的历史条件下,我们取得的成就和进步已属不易。但中国的发展离不开世界,关起门来搞建设是难以成功的。党的十一届三中全会作出了实行改革开放的伟大决策。经过 32 年的改革开放,我国已深深融入经济全球化的浪潮,建立起全方位、宽领域、多层次的对外开放格局。改革开放是决定当代中国命运的关键抉择,是发展中国特色社会主义,实现中华民族伟大复兴的必由之路。学习《党史》二卷,我们会更加深切地感悟到,只有社会主义才能救中国,只有改革开放才能发展中国、发展社会主义、发展马克思主义。

(三) 毫不动摇地坚持和改善党的领导,使党始终成为领导中国特色社会主义事业的核心力量

中国共产党自成立以来,始终以实现中华民族伟大复兴为己任。在完成领导人民实现民族独立、人民解放这一历史任务后,党始终以实现国家富强、人民幸福为自己的崇高使命。在新中国成立之后的这 29 年中,无论是在社会主义建设顺利开展还是在遭遇困难曲折的情况下,中国共产党都是领导全国各族人民的核心力量。即使是在"文化大革命"那样的动乱时期,党、人民政权、人民军队和整个社会的性质都没有改变,党显示了伟大而顽强的生命力。在彻底纠正"文化大革命"的错误、开启改革开放历史新时期之后,党中央坚持加强和改善党的领导,推进党的建设新的伟大工程,提高领导水平和执政能力,保持和发展党的先进性。学习《党史》二卷,我们会从中深深认识到,中国共产党不愧是一个勇于坚持真理、修正错误、光明磊落的党,不愧为伟大、光荣、正确的党。从而自觉增强对党的信任和对中国特色社会主义事业的信心,坚定不移地在党的领导下走中国特色社会主义道路。

《中国共产党历史》第二卷,是一部展现 29 年党的艰辛探索的厚重史书,是一部正确总结历史经验的权威性党史基本著作。今天,在迎接建党90 周年的时候,学习《党史》二卷,坚持以史为鉴,我们一定能从中受到深刻的启迪和宝贵的教益,增添不断开拓前进的智慧和力量。

（原载《前线》2011 年第 2 期）

认真贯彻全国党史工作会议精神，
推动党史事业发展繁荣

全国党史工作会议是一次党中央高度重视的会议，是一次谋划和推动党史工作长远发展的会议，是一次团结鼓劲、极大振奋党史工作队伍士气的会议。会议主题鲜明，内容丰富，其主要精神集中体现在习近平同志的重要讲话，以及《中共中央关于加强和改进新形势下党史工作的意见》之中。我们要认真学习、深刻领会会议精神，切实把思想认识统一到中央的决策部署上来。我认为，学习领会中央文件和中央领导同志讲话精神中体现的中央关于党史工作的新观点、新论断、新举措、新要求，应当把握以下八个方面的重点内容。

一、对中共党史的内涵和本质作出了新的科学定位

党中央站在新的时代高度，深刻总结党的历史，精辟指出，中国共产党的历史，是党领导全党同志和全国各族人民不断为实现民族独立、人民解放和国家富强、人民幸福而不懈奋斗的历史；是党坚持把马克思主义基本原理同中国具体实际相结合、不断探索适合中国国情的革命和建设道路，推进改革开放和现代化建设，推进马克思主义中国化、推进理论创新的历史；是党加强和改进自身建设、保持和发展党的先进性，不断经受住各种风险和挑战考验、发展壮大的历史。党的历史，是中国共产党和中华民族的宝贵财富，是推进党的建设新的伟大工程和中国特色社会主义伟大事业的重要力量源泉。这些重要论断科学地揭示了党的历史的本质和主流，是我们从事党史工作的理论基石。

二、对党史工作的重要地位和作用提出了新的论断

党中央总揽全局，对党史工作的重要意义作了全面阐发，强调党史工作是党的一项具有全局意义和深远影响的工作，是党的事业的重要组成部分，

在党和国家工作大局中具有不可替代的重要地位和作用。正确认识和对待党的历史,关系党的形象,关系党的生命,关系国家的长治久安。明确指出,做好新形势下党史工作,对运用党的历史经验和总结党的新鲜经验、提高治国理政的水平,继续解放思想,坚持改革开放,推动科学发展,促进社会和谐;对推进党的建设新的伟大工程,不断提高党的领导水平和执政能力,始终保持和发展党的先进性;对建设社会主义核心价值体系,推进马克思主义中国化、时代化、大众化,建设马克思主义学习型政党,提高广大党员特别是领导干部素质和能力;对全面推进经济建设、政治建设、文化建设、社会建设以及生态文明建设,夺取全面建设小康社会新胜利、开创中国特色社会主义事业新局面,都具有极其重要的意义。倍加珍惜党的历史,正确对待党的历史,认真学习党的历史,全面宣传党的历史,充分发挥党的历史以史鉴今、资政育人的作用,是党和国家工作大局中一项十分重要的工作。中央对党史工作的地位和作用给予这么高的评价,极大地增强了我们做好党史工作的光荣感、使命感和责任感。

三、对党史工作的指导思想和根本任务作出了新的阐述

党中央根据新的形势和任务,丰富和完善了以往的相关论述,强调必须以马克思列宁主义、毛泽东思想、邓小平理论和"三个代表"重要思想为指导,深入贯彻落实科学发展观,紧紧围绕党和国家工作大局,坚持把以史鉴今、资政育人作为根本任务,全面做好党史工作,进一步提高党史工作科学化水平,使党史工作更好地为贯彻党的基本理论、基本路线、基本纲领、基本经验服务,为建设社会主义核心价值体系服务,为推进党的建设新的伟大工程服务,为坚持和发展中国特色社会主义伟大事业服务。党中央确定的党史工作的指导思想和根本任务,为我们做好新形势下的党史工作,进一步指明了前进的方向。

四、对坚持实事求是研究和宣传党的历史作出了新的概括

党中央立足党史工作的实际和特点,明确提出,以正确的立场、观点、方法研究和宣传党的历史,是巩固党的执政地位、实现党的执政使命的必然要求,是应对意识形态领域挑战、抵制西化分化图谋的现实需要,是开创党和国家事业发展新局面的重要前提,关系党和国家的长治久安,关系社会主义

的前途命运。强调，坚持实事求是，按照历史的本来面目研究和宣传党的历史，就要准确把握党的历史发展的主题和主线、主流和本质。近代以来，中国人民面临着争取民族独立、人民解放和实现国家富强、人民幸福这两大历史任务。89年来，领导全国各族人民为实现这两大历史任务而不懈奋斗，这就是中国共产党的历史主题和主线。我们党89年的历史，就是党围绕这个主题和主线，领导全国各族人民进行新民主主义革命、社会主义革命和开展大规模社会主义建设、进行改革开放和社会主义现代化建设并取得伟大胜利的历史，是党把马克思主义基本原理同中国具体实际相结合，实现马克思主义中国化，形成、丰富、发展毛泽东思想和中国特色社会主义理论体系伟大成果的历史，是党自觉加强自身建设、保持和发展先进性、经受住各种风险考验而不断发展壮大的历史。这就是党的历史的主流和本质。要正确对待党领导人民在前进道路上经历的曲折和失误，用历史的观点、实践的观点和唯物辩证的观点，正确看待党走过的道路。要坚持党史姓党，牢牢把握党史工作的正确方向，正确处理政治和学术、历史和现实、研究和宣传的关系；要努力发扬实事求是的优良学风，积极倡导优良文风，使党史教材和党史读物更加具有唯实求真的科学精神，鲜明深刻的思想内涵、新鲜活泼的语言风格，更加具有说服力、吸引力和感染力。这些论述涉及党史研究、党史宣传工作的一系列重大问题，是我们必须准确把握并一以贯之加以坚持的。

五、对全党加强党的历史的学习和教育作出了新的部署

党中央按照党的十七届四中全会关于建设马克思主义学习型政党的号召，进一步明确了学习党的历史的任务与要求，强调要用党的历史教育党员、教育干部、教育群众尤其是教育青年。指出，开展党史学习是加强党的思想政治建设的重要任务，是提高全党思想政治素质的重要途径。只有对我们党"昨天"的奋斗有深切了解，才能做好"今天"的现实工作，承担起"明天"的新的使命。要把党的历史的学习和教育，同建设学习型党组织结合起来，努力形成学习党史、宣传党史和运用党史教育人们、促进工作的良好氛围。加强党史的学习和教育，要以各级党员领导干部为重点，着力抓好青少年这个群体，以编写高质量的党史教材为关键。这些精辟的论述、明确的要求，为在全党广泛深入地开展党史学习教育活动提供了行动指南。

六、对造就高素质的党史工作队伍,提高党史工作科学化水平提出了新的要求

党中央着眼于党史工作更好地实现自身科学发展,要求各级党史部门坚持党的思想路线,解放思想、实事求是、与时俱进,积极探索新形势下党史工作的特点和规律,使党史工作体现时代性、把握规律性、富有创造性。要全面履行党史研究和业务主管两大基本职能,不断总结经验,探索规律,全面加强和改进各项工作,充分利用现代科技手段,创新党史工作的方式方法,努力提高党史工作的科学化水平。在党史队伍建设上,要进一步加强思想政治建设和业务建设,努力提高党史工作队伍的政治素质和业务能力,大力提倡团结敬业、求实创新的精神,建设学习型、研究型、服务型的和谐团队。要关心党史干部成长,把党史干部的培养选拔使用纳入干部队伍建设总体规划和布局,重视党史人才队伍建设,大力培养优秀党史人才特别是年轻人才,抓紧培养领军人物和学科带头人,努力建设一支政治强、业务精、作风正、结构合理、富有开拓精神的党史工作队伍。要采取措施,协调从事党史工作的各支队伍,把包括分布在党校、干部院校、高等学校、社会科学系统、史志、档案、文博等部门的党史教学科研人员,以及关心和参与党史工作的老同志等几支队伍都组织起来,形成合力,发挥整体优势,共同做好党史工作。所有这些原则、要求和举措,为我们做好党史工作提供了坚实的组织、制度保障。

七、对加强和改进党对党史工作的领导作出了新的规定

党中央从加强党的建设的高度和推动形成党史工作发展合力的角度出发,强调加强对党史工作的领导,是党要管党的重要内容,是各级党委的重要职责。明确规定:各级党委要把党史工作摆上重要议事日程,认真贯彻落实中央关于党史工作的指示精神,关注党史工作发展态势,对加强和做好党史工作提出明确要求,并及时研究解决党史工作中的重大问题,推动党史工作各项任务的落实。要建立健全和落实党委统一领导、有关部门密切配合的工作机制;党委常委会每年要研究党史工作,要安排一名常委分管党史工作;党建工作领导小组以及理论学习中心组应有党史部门负责人参加。党史工作是全党的工作,党和政府各有关部门要重视运用党史资源,积极参与、紧密配合和大力支持党史工作。中央明确提出的这些规定和要求,为我

们做好党史工作提供了坚强的政治保证。

八、对创造更好条件，共同做好党史工作提出了新的举措

党中央围绕解决党史工作条件问题作出具体规定，要求将党史工作经费列入同级政府财政预算，稳定保障党史部门经费需要；要根据工作任务和财力情况，合理安排专题研究、资料征编、宣传教育、学习培训等专项经费；党史遗址保护经费，由中央和地方政府安排的文物保护专项经费解决。要按照健全机构、稳定队伍、充实力量、提高素质的要求，制定完善有关党史工作的制度和政策，在机构编制、领导配备、队伍建设、财政经费、办公条件等各方面办一些实实在在的事情，保障党史工作顺利开展。中央如此明确地对党史工作涉及的经费等工作条件问题给予大力度的支持，为我们做好党史工作创造了前所未有的良好条件。

习近平同志的重要讲话和《中共中央关于加强和改进新形势下党史工作的意见》，虽然各自强调问题的侧重点和层面有所不同，但其精神实质是完全一致的，是一个有机的整体，构成了当前和今后一个很长时期指导党史工作的纲领。其中，对中国共产党历史内涵和本质的新概括，确立了党史工作的科学方位；对党史工作重要地位和作用的新论断，揭示了党史工作的庄严使命；对党史工作指导思想和根本任务的新表述，指明了党史工作的基本方向；对研究和宣传党的历史的立场、观点、方法的新总结，构建了党史工作的科学品质；对全党加强党的历史学习教育的新部署，凸显了党史工作的政治责任；对党史队伍建设和党史工作科学化水平的新要求，强化了党史工作的内在机制；对加强和改进党对党史工作领导的新规定，提升了党史工作的组织管理；关于创造条件、共同做好党史工作的新举措，优化了党史工作的外部环境。

总之，我们要通过深入学习，全面理解、准确把握中央对党史工作的一系列新论断、新要求、新举措，进一步统一思想，鼓舞信心，明确思路，乘势而上，把全国的党史工作推进到一个崭新的阶段。

这次全国党史工作会议成果丰硕、意义重大。要将会议精神转化为成效，将目标规划变成现实，关键在于抓好会议精神的贯彻落实。现在，各地都在认真传达贯彻全国党史工作会议精神，广大党史工作者热情高涨，情绪高昂，对做好党史工作充满了信心。从党史工作的角度，我认为，当前要着

力抓好几项重点工作：

一是要在全党学习党史活动中发挥积极作用。党的十七届四中全会提出了全党学习党史的号召。这次全国党史工作会议进一步要求在全党开展学习党史活动，到 2011 年建党 90 周年时达到高潮。党史工作部门要认清使命，明确责任，主动服务，及早谋划，努力在全国学习党史活动中发挥积极作用。各级党史部门和党史工作者不仅要带头学习党史，还要协助各级党委、会同有关部门制定具体方案，组织实施好这项活动。同时积极为学习党史活动提供教材。做好干部群众学习党史的培训、辅导工作，努力在全党全社会营造学习党史的浓厚氛围。

二是要为纪念建党 90 周年活动作出突出贡献。按照中央和各地党委的要求，积极参与、认真组织纪念建党 90 周年的宣传教育活动，充分展示中国共产党 90 年来领导全国各族人民艰苦奋斗的光辉历程和取得的伟大成就，突出展示新中国成立以来特别是改革开放 30 年来在党的坚强领导下，社会主义现代化建设取得的辉煌成就；真诚抒发全国人民坚定不移走中国特色社会主义道路，继续把改革开放伟大事业推向前进，为夺取全面建设小康社会新胜利、实现中华民族伟大复兴而努力奋斗的壮志豪情。

三是要更加主动地争取各级党委对党史工作的重视，努力营造全社会关心和参与党史工作的氛围。党史工作是党的事业的重要组成部分，党委的坚强领导和支持，是党史工作能够坚持正确的指导思想并不断取得新成绩、开创新局面的根本保证。党史部门要自觉地听从党委的指挥，积极主动配合党委的中心工作，这是党史工作服务大局这一根本任务的题中之义，也是党史工作者必须具备的党性观念和责任意识的基本要求。我们一定要认准自己的位置和优势，按照"有为才能有位"的思路，积极争取党委的领导和党委对党史工作的更大支持。对党史部门自身开展的重要工作要主动报告；对党委的重大部署要主动配合；与党史工作有关的重大项目要主动争取。这样才能把中央给我们提供的各方面创造的有利条件，转化为推动党史工作繁荣发展的实际成效。

四是要更加注重党史队伍的自身建设。贯彻落实好全国党史工作会议精神，实现中央对党史工作提出的新任务、新要求，关键靠我们这支党史工作队伍自身的努力。我们一定要认清形势，坚定信心，牢牢把握和充分运用好这一难得的发展机遇。同时，我们还必须清醒地认识到，机遇和挑战是并存的。中央对党史工作的要求更高了,我们肩负的责任也更大了。而我们的能力和水平、党史工作队伍的状况,同承担中央赋予我们的重任还有许多不适应之处。所以,我们必须以强烈的使命感和责任感,从狠练内功着手,把提高自身的综合素质和完善党史部门的工作机制作为首要任务,积极主动地开展工作,全面提升在新形势下完成党史工作新任务的能力和水平。针对党史界存在的专业研究人员青黄不接、特别是党史研究的学术带头人和领军人物缺失的问题,要有计划地加强对优秀年轻干部和学术人才的培养,按照政治强、业务精、素质高、作风正的标准,把坚持党性原则、有较强理论水平和业务能力的干部选派到党史部门的领导岗位,建立正常的党史干部晋升、流动机制,把党史干部的培养、选拔和交流纳入干部队伍建设的整体布局。鉴于全国在编的专业党史工作者只有16000多人而党史工作的任务又是如此繁重,我们要按照中央领导同志在讲话中提出的要求,通过各级学会加强与分布在党校、干部学院和科研单位的党史人才的联系与协作,还要特别注重发挥热心参与党史工作的老同志的作用,把社会上各方面的党史工作力量凝聚起来,共同推动党史事业的繁荣发展。

（本文系作者在第 32 期全国党史干部培训班的辅导报告内容摘要）

党的历史与文化建设

胡锦涛同志在十七大报告中提出，推动社会主义文化大发展大繁荣，兴起社会主义文化建设新高潮。这是党中央顺应时代潮流、适应人民需要所作出的又一重大战略决策，充分反映了党对当今时代发展趋势和我国文化发展方位的科学把握，体现了党在新的历史条件下对文化建设的高度重视。

在我国总体上人民生活达到小康、物质生活水平有了较大提高之后，人民群众对精神文化生活的需求愈加强烈。文化又是民族凝聚力和创造力的重要源泉，是综合国力竞争的重要因素。我们必须从提高国家文化软实力、保障人民基本文化权益的高度，从建设中华民族共有精神家园、实现中华民族伟大复兴的战略目标出发，扎扎实实推进我国的社会主义文化建设。

文化建设不单纯是宣传文化部门的事情，而是全党的任务，是社会各方面的共同责任。从中央党史研究室的角度讲，我们的党史研究和党史工作，既是党的建设的一个组成部分，也是文化建设的一个组成部分。党的历史与文化建设紧紧相连，密不可分。

一、党领导的文化建设是党的奋斗
历程中的重要组成部分

文化，是人类在社会历史发展过程中所创造的物质财富和精神财富的总和。从精神财富这个层面上讲，马克思主义认为，一定的文化是一定社会的政治和经济在观念形态上的反映。中国共产党在领导人民进行革命、建设和改革开放的长期实践中，始终把文化建设作为党的事业的重要组成部分，不断开辟文化发展繁荣的新境界、新局面。

列宁有一句名言，毛泽东在延安文艺座谈会上的讲话中曾引用过的，这就是，文化是整个革命机器中的"齿轮和螺丝钉"。毛泽东说过，"在我们为中国人民解放的斗争中，有各种的战线，就中也可以说有文武两个战线，这就是文化战线和军事战线。我们要战胜敌人，首先要依靠手里拿枪的军队，但是仅仅有这种军队是不够的，我们还要有文化的军队，这是团结自己、战胜敌人必不可少的一支军队。"①

延安时期《白毛女》演出剧照

中国共产党的成立，是在五四新文化运动的推动下，马克思主义传入中国，马克思主义与中国革命实际相结合而使党正式走上政治舞台的。党在领导新民主主义革命的整个过程中，制定了新民主主义的政治纲领、经济纲领，同样也制定了新民主主义的文化纲领，提出，新民主主义的文化就是"无产阶级领导的人民大众的反帝反封建的文化"。党对文化如何保持民族的特性，主张中华民族的尊严和独立；如何反对一切封建思想和迷信思想，主张实事求是，主张客观真理；如何继承和发扬民族文化的精华，剔除封建的糟粕；如何坚持文化工作为广大工农劳动群众服务等问题，都提出了正

---

① 《毛泽东选集》第三卷，人民出版社 1991 年版，第 847 页。

确的方针、原则,从而指引着党领导的文化事业不断向前发展,为夺取新民主主义革命的胜利,实现民族独立和人民解放,建立新中国,创造了良好的条件,提供了有力的支持。

中华人民共和国成立后,党在领导人民进行社会主义革命和建设的过程中,大力推动文化建设,在继续倡导文艺为工农兵服务、为人民服务的同时,提出并贯彻"百家齐放、推陈出新"的方针,国家的文化建设取得了一系列重要成就。

历经十年"文化大革命"的严重挫折,进入改革开放新时期以来,党始终高度重视文化建设。邓小平在改革开放之初就提出,"我们要在建设高度物质文明的同时,提高全民族的科学文化水平,发展高尚的丰富多彩的文化生活,建设高度的社会主义精神文明。"① 以江泽民同志为核心的第三代中央领导集体提出"三个代表"重要思想,其中就有"始终代表中国先进文化的前进方向"这一条,并在改革开放和现代化建设实践中,推动着我国社会主义经济建设、政治建设和文化建设协调发展。在党的十七大报告中,胡锦涛同志进一步提出,"要坚持社会主义先进文化前进方向,兴起社会主义文化建设新高潮,激发全民族文化创造活力,提高国家文化软实力,使人民基本文化权益得到更好保障,使社会文化生活更加丰富多彩,使人民精神风貌更加昂扬向上。"②

简要回顾党的这一历史进程,我们可以清楚地看到,中国共产党的历史,是始终代表中国先进文化前进方向的历史,是用先进文化武装、凝聚、激励全党和全国人民不断从胜利走向胜利的历史。无论是在民族独立、人民解放,还是在国家富强、民族复兴的历史进程中,中国先进文化都是中华民族精神的火炬,是党和人民胜利前进的号角。

由此可见,文化建设从来就是党的历史的重要组成部分。我们在党史研究工作中,积极参与文化建设,推动社会主义文化大发展大繁荣,也是党史研究工作的应有之义、应尽之责。

---

① 《邓小平文选》第二卷,人民出版社 1994 年版,第 208 页。
② 《十七大以来重要文献选编》(上),中央文献出版社 2009 年版,第 26 页。

二、党史的研究和编纂出版，是国家文化建设的重大工程

中华文明源远流长，生生不息，是世界上几大古代文明中唯一没有中断的伟大文明。这是人类文明史上的一大奇迹，也是中华民族对人类文明的一大贡献。

重视修史，对于传承文明具有极其重要的作用。孔子说过："殷因于夏礼，所损益，可知也；周因于殷礼，所损益，可知也。其或继周者，虽百世，可知也"。礼即是制度，孔子的话表明，制度史对于文明传承的重要性。唐太宗说："以铜为镜，可以正衣冠；以史为镜，可以知兴替。"司马迁写的《史记》，是中国历史上第一部翔实的通史，写出了西汉中期以前中华文明的发展史，开纪传体史书之先河，成为"二十四史"的前驱，是传承文明的不朽丰碑。到清代编定《四库全书》时，经乾隆皇帝钦定，以历朝24种纪传体史书为"正史"，由此而来成为"二十四史"。中国古代史书之渊源久远，卷帙浩瀚，体裁完备，史料齐全，在世界历史上堪称独树一帜。

"盛世修史，明时修志"。中华民族在文化发展进程之中，修史已经构成了一种深厚的民族传统。史官、史书、史法和以历史为借鉴的"史鉴"，既记载了历史，传承了文化，也沟通了过去和现在，连接着将来。"国有史，方有志"，历朝历代，修史修志成为国家的一个文化传统，成为文化建设的一项重要基础工程。

新中国成立以来，党和国家十分重视修史修志工作，党史的研究和编纂出版一直作为党的一项重要工作被列入议程。特别是1980年后，中央决定成立了由党中央主要领导成员组成的中央党史委员会。在中央党史委员会领导下，成立了党史编审委员会及其工作机构中央党史研究室和中央党史资料征集委员会，专门负责党史资料的收集、研究和编写工作。1988年，中央又决定组建了新的中央党史研究室，作为直属中央的党史研究机构。2002年，中央批准的"三定"方案，又增加了党史工作部门的职能。党史研究机构一直延伸到省、市、县三级党委。

中国共产党是中国工人阶级的先锋队，是中国人民和中华民族的先锋

队,是全中国人民和中国特色社会主义事业的领导核心。党领导中国人民经过 80 多年的不懈奋斗和艰难求索,开拓出今天的崭新局面。中国共产党自身也发展成为在一个 13 亿人口的大国长期执政、深受全国各族人民拥戴的伟大、光荣、正确的党。

中国共产党 80 多年来的历史,是中华民族文明史上最灿烂的一页。对党的光辉历程及其经验教训的回顾、总结、研究、编写、出版、宣传,无疑是党的一项重要工作,同时也应当成为国家文化建设的一项重大工程。只有组织编纂出版好、学习宣传好中共党史,使之引领当代,传之后世,才能使全党全国各族人民做到十七大报告所要求的那样,永远铭记以毛泽东同志为核心的党的第一代中央领导集体为当今中国发展进步奠定的根本政治前提和制度基础;永远铭记以邓小平同志为核心的党的第二代中央领导集体开创改革开放伟大事业的丰功伟绩;永远铭记以江泽民同志为核心的党的第三代中央领导集体继承、发展并把改革开放伟大事业成功推向 21 世纪的卓越贡献;在以胡锦涛同志为总书记的党中央领导下,在全面建设小康社会实践中,坚定不移地把中国特色社会主义事业继续胜利推向前进。

在党中央的坚强领导和亲切关怀下,一代又一代党史工作者,以对党负责、对人民负责的态度,潜心研究党的历史,精心编写党的历史,取得了极为丰富的研究成果。从《中国共产党的三十年》到《中国共产党历史》第一卷,从《中国共产党的七十年》到《中国共产党简史》,以及《中国共产党历史大事记》、《中国共产党新时期简史》等等,这些党史读本和数以万计的党史类题材的出版物,不仅是党史研究工作的丰硕成果,同样也是国家文化建设的丰硕成果。它们从不同的角度展示了党的奋斗历程,总结了党的历史经验教训,介绍了党的领袖人物和党在各个时期的英雄模范,讴歌了党领导人民在革命、建设和改革开放中取得的辉煌成就。这些党史正本和出版物,无疑会永远载入国家文化建设的史册。

三、党的光辉历史和优良传统,是建设社会主义核心价值体系的宝贵资源

十七大报告在阐述推动社会主义文化大发展大繁荣时,提出的第一项

重要任务就是,建设社会主义核心价值体系,增强社会主义意识形态的吸引力和凝聚力。报告指出:"要巩固马克思主义指导地位,坚持不懈地用马克思主义中国化最新成果武装全党、教育人民,用中国特色社会主义共同理想凝聚力量,用以爱国主义为核心的民族精神和以改革创新为核心的时代精神鼓舞斗志,用社会主义荣辱观引领风尚,巩固全党全国各族人民团结奋斗的共同思想基础。"①

无论是从巩固马克思主义的指导地位,还是从弘扬民族精神、时代精神的角度,党的光辉历史和党的优良传统,都是最生动的教材,最重要的资源,最宝贵的财富。中国共产党是以马克思列宁主义、毛泽东思想为指导思想的党。党在领导中国革命和建设,推进改革开放伟大事业的过程中,把坚持马克思主义基本原理同中国具体实际结合起来,不断推进马克思主义中国化,产生了毛泽东思想、邓小平理论、"三个代表"重要思想和科学发展观等重大战略思想,开辟了中国特色社会主义道路,形成了中国特色社会主义理论体系。社会主义和马克思主义在中国大地上焕发出勃勃生机。今天,一个面向现代化、面向世界、面向未来的社会主义中国巍然屹立在世界东方。没有党带领人民在80多年的奋斗中所进行的艰辛探索和谱写的壮丽史诗,没有党带领人民在波澜壮阔的改革开放实践中,解放思想,与时俱进,发展社会主义,发展马克思主义,并取得举世瞩目的巨大成就,马克思主义指导思想和社会主义意识形态就难以体现其强大的生命力、创造力、感召力。可以说,学习和了解党的历史,我们才能真正体会到:没有共产党就没有新中国;只有社会主义才能救中国;只有改革开放才能发展中国。

中国共产党在80多年的奋斗历程中,历经千难万险,战胜惊涛骇浪,付出巨大牺牲。无论是在革命战争年代还是在社会主义建设和改革开放的历史新时期,一代又一代的共产党人前仆后继,艰苦奋斗,不畏艰难险阻,不怕流血牺牲,为民族独立、人民解放,为国家富强、人民幸福,作出了不可磨灭的贡献,书写了党的光荣革命传统,涌现出无数革命先烈和英模人物。在革命战争年代,我们党创造和培育了"井冈山精神"、"长征精神"、"延安精神"、"抗战精神";涌现了像李大钊、方志敏、夏明翰、杨靖宇、刘胡兰、赵一曼、董存瑞、江姐等无数革命先烈和战斗英雄。新中国成立后,又形成了

---

① 《十七大以来重要文献选编》(上),中央文献出版社2009年版,第26页。

"大庆精神"、"大寨精神"、"两弹一星精神"、"载人航天精神"、"抗洪精神"、"抗震救灾精神";王进喜、雷锋、焦裕禄、钱三强、邓稼先、孔繁森、郑培民、牛玉儒、任长霞等一大批英雄模范人物,在社会主义建设和改革开放中作出了杰出的贡献。

"人是要有一点精神的。"中国共产党在长期革命战争与和平建设时期所形成的光荣传统和革命精神,体现在革命先烈和英模人物身上的伟大品格和崇高风范,集中起来就是:为了国家的独立、民族的解放、人民的幸福,为了广大人民群众的根本利益和实现社会主义现代化的宏伟目标,不畏困难,不怕牺牲,艰苦奋斗,无私奉献,开拓奋进,创新发展。这些品格和精神,是同中华民族"天下兴亡,匹夫有责"的爱国传统,"富贵不能淫,威武不能屈"的高尚气节,抑恶扬善、恪守信义的社会美德一脉相承的。同时又赋予了新的时代内涵,是以爱国主义为核心的民族精神和以改革创新为核心的时代精神的灵魂和根本。

今天,建设社会主义核心价值体系,需要在广大干部群众特别是青少年中,大力继承和发扬党的光荣革命传统,学习和弘扬革命先辈和英雄模范的伟大精神和崇高品德。正是从这个意义上,我们十分高兴地看到,这几年,中央有关部门举办的《伟大胜利——纪念中国人民抗日战争暨世界反法西斯战争胜利 60 周年》、《伟大壮举 光辉历程——纪念中国工农红军长征胜利 70 周年》、《复兴之路》等以党史、军史题材为内容的大型主题展览,受到广大干部群众特别是青少年的热烈欢迎。各地举办的这类展览,同样也在社会上产生了良好反响。以党史纪念地为主的红色旅游十分火爆,参观者每天络绎不绝。例如,江西井冈山市高举红色旗帜,做足绿色文章,积极开发、利用革命老根据地的红色旅游资源,吸引了国内外的广大游客,每年到井冈山参观旅游的人数都在 300 万以上。2005 年全党开展保持共产党员先进性教育活动中,中央各新闻媒体开办的《永远的丰碑》、《时代先锋》、《红色记忆》等以党史和党的历史上英模人物为题材的专栏、专题节目,也为广大干部群众所喜爱。人们从党的光荣传统中,从革命先烈和英模人物身上,学习到了好思想、好作风、好品德,这是建设社会主义核心价值体系的强大动力。由此可见,建设社会主义核心价值体系,不仅是党史研究、编纂、出版、宣传工作所包含的应有之义,而且也是党史工作所要承载的光荣使命。

四、以党史为题材的文学艺术、影视作品，
是社会主义先进文化的重要内容

十七大报告指出，要坚持"为人民服务、为社会主义服务"的方向和"百花齐放、百家争鸣"的方针，贴近实际、贴近生活、贴近群众，创作更多反映人民主体地位和现实生活、群众喜闻乐见的优秀精神文化产品。

发展社会主义先进文化，推动优秀精神文化产品生产，必须始终坚持中国先进文化的前进方向，大力弘扬主旋律，倡导一切有利于发扬爱国主义、集体主义、社会主义的思想和精神，一切有利于改革开放和现代化建设的思想和精神，一切有利于民族团结、社会进步、人民幸福的思想和精神，一切有利于用诚实劳动争取美好生活的思想和精神。社会主义先进文化，是培养造就一代又一代有理想、有道德、有文化、有纪律的"四有"新人的最宝贵精神食粮。

毫无疑问，中国共产党在80多年的奋斗中所走过的艰难历程，所创造的光辉业绩，所谱写的可歌可泣的壮丽史诗，是孕育中国先进文化的摇篮和沃土，是社会主义文学艺术创作取之不尽、用之不竭的源泉。新中国成立以来，以党的光辉历史题材为内容的文学艺术作品、影视剧作品层出不穷，不胜枚举。1964年创排演出的大型音乐舞蹈史诗《东方红》就是一部歌颂党的奋斗历程的艺术精品，在全国产生了重大反响。《开天辟地》、《南昌起义》、《走近毛泽东》、《井冈山》、《闪闪的红星》、《长征》、《青春之歌》、《长征组歌》、《八路军》、《西安事变》、《南征北战》、《大决战》、《大转折》、《大进军》、《开国大典》等一大批文学、电影、电视剧作品，从不同的侧面、不同的角度，表现党和人民的奋斗历程，讴歌党和人民的丰功伟绩，成为叫得响、留得住、传得开的优秀精神文化产品，深受广大人民群众喜爱。

中国共产党领导全国人民进行革命和建设的历史，是现代中国最绚烂、最辉煌的历史。以党的历史、党的领袖人物和党在各个历史时期的先进模范人物为主题的文学艺术、影视作品，构成了中国文学艺术创作的主旋律，也成为各个时期作家艺术家浓墨重彩进行创作的主要方面，在传播先进文化、塑造美好心灵、弘扬社会正气、丰富人民群众精神文化生活方面，产生了

积极的影响。2004 年 9 月,中央宣传部等七部门向社会推荐了 100 部爱国主义教育影片,我粗粗计算,这 100 部影片中,同党史题材有关的电影就达 54 部,占一半以上。我国现存原创歌剧 100 多部,数量不算少,但真正叫得响、有影响力的作品屈指可数,而这几部几乎都是党史类题材的歌剧,如《洪湖赤卫队》、《红珊瑚》、《江姐》、《党的女儿》等,《白毛女》虽不属党史类题材,但这个歌剧是延安时期党抓革命文艺创作的重要成果,同党的历史也密切相关。仅举电影和歌剧这两个例子,就足以从一个侧面反映出党史题材在文学艺术创作中的特殊分量和地位。

在中国共产党的历史上,值得作家艺术家们去反映的事件,去讴歌的人物,去揭示的生活,去表现的题材,去书写的华章巨篇,是无穷无尽的。这是文艺工作者可以纵横驰骋、大有作为的广阔天地,也是党史研究工作围绕文化建设多作贡献的重要舞台。用更多优秀的文学艺术作品,把党领导人民的奋斗历程和光辉业绩记录下来、传播开去,必将对推动社会主义文化大发展大繁荣,使人民精神风貌更加昂扬向上,发挥不可替代的重要作用。

(原载《求是》2008 年第 2 期)

发挥党史工作在文化建设中的重要作用

社会主义先进文化,是民族精神的火炬,是人民奋进的号角。党的十七大报告号召兴起社会主义文化建设新高潮,推进社会主义文化大发展大繁荣。面对文化建设的艰巨任务,党史工作部门和党史工作者应当以强烈的责任感,有所作为,多做贡献,充分发挥党史工作在文化建设中的重要作用。

一、大力推进理论武装工作,巩固全党全国各族人民团结奋斗的共同思想基础

中国共产党在各个时期的奋斗历程中,始终坚持以马克思主义为党的指导思想,并把马克思主义基本原理同中国革命、建设的实际紧密结合起来,同推进马克思主义中国化紧密结合起来,开辟了中国特色社会主义道路,形成了中国特色社会主义理论体系。

用马克思主义中国化的最新成果武装全党、教育干部和人民,用以指导实践,推动工作,这是党的建设的首要任务,也是党的思想文化建设的首要任务。在推进理论武装工作方面,首先是我们党史研究工作自身必须坚持马克思主义的指导地位,坚持正确的政治方向,始终高举中国特色社会主义伟大旗帜,以中国特色社会主义理论体系为指导,在政治上思想上行动上与党中央保持高度一致。必须坚持辩证唯物主义和历史唯物主义的立场观点方法,实事求是地阐述和反映党领导人民进行革命、建设和改革开放的伟大实践,坚持突出党的历史的本质和主流。要让广大党员、干部和人民群众从学习了解党的历史中深刻感悟到,毛泽东思想、邓小平理论、"三个代表"重要思想以及科学发展观等重大战略思想,凝结了几代中国共产党人带领人

民群众不懈探索实践的智慧和心血,是马克思主义中国化的最新成果,是全党、全国各族人民团结奋斗的共同思想基础。从而坚定对马克思主义、对马克思主义中国化的最新成果的信仰,更加自觉地学习马克思主义理论,学习毛泽东思想,学习中国特色社会主义理论体系,用科学理论武装头脑,指导实践,推动工作。

另一方面,党的思想文化建设有一项重要任务,就是要推动马克思主义科学理论进教材、进课堂、进头脑,使马克思主义科学理论在广大人民群众和青少年中普及、扎根。全国党史工作队伍中,不乏高水平的专家学者,这支队伍是推进理论武装工作的重要力量。多年来,从中央党史研究室到各地党史部门,都组织了一些专家学者和研究人员,到中央国家机关、部队、学校和地方基层单位作报告,为理论学习中心组,为党员、干部和群众讲党课,作学习辅导报告,这是一种最直接的让马克思主义理论武装群众、掌握群众的工作,收到了很好的效果。中央党史研究室和一些地方党史研究部门还参与了马克思主义理论研究与建设工程、中国特色社会主义理论体系研究中心的重大课题研究工作,在推动中国特色社会主义理论体系研究方面发挥了重要作用。今后,我们应该更加重视理论武装工作,努力在党史研究队伍中培养更多的全面掌握中国特色社会主义理论体系的理论家和高水准的研究人才,做到哪里有理论武装的讲台、课堂、阵地,哪里就有我们党史研究工作者的声音;哪里有中国特色社会主义理论体系研究的重大课题和科研项目,哪里就有我们党史研究工作者的身影。这些年,中央党史研究室围绕党的十七大召开、改革开放 30 周年、新中国成立 60 周年,组织党史界的理论研讨会,其目的也是为了推动党史界更好地学习、研究、宣传中央精神,学习、研究、宣传中国特色社会主义理论体系,发挥党史研究在理论武装工作中的重要作用。

二、深入开展党的光辉历史和光荣传统教育,
　　建设社会主义核心价值体系

当今时代,国家的文化软实力是综合国力的重要因素。文化软实力在很大程度上表现为民族凝聚力,而这种凝聚力主要来自人们对社会主义核

心价值的认同。社会主义核心价值体系是社会主义意识形态的本质体现，在整个文化建设中居于引领和支配的地位。

社会主义核心价值体系的基本内容包括四个方面，即：马克思主义指导思想，中国特色社会主义共同理想，以爱国主义为核心的民族精神和以改革创新为核心的时代精神，社会主义荣辱观。

我们可以思考一下，20世纪80年代、90年代初以来，苏联解体、东欧剧变，国际共产主义运动处于低潮；一些西方资本主义国家内乱不断，政权频频更迭；第三世界一些国家也不断出现政治动乱和经济危机。而我们中国则长期保持着政局稳定，经济持续健康发展，人民生活水平不断提高，令世界瞩目，这是为什么？这个问题我们要思考，国外也在思考、也在关注。我认为，这其中的原因可以找出很多，但最根本的是中国共产党领导全国人民成功开辟了一条适合中国国情的中国特色社会主义道路。

中国共产党作为一个在拥有13亿人口的大国长期执政的党，始终立足基本国情，以经济建设为中心，坚持四项基本原则，坚持改革开放，解放和发展社会生产力，巩固和完善社会主义制度，建设社会主义市场经济、社会主义民主政治、社会主义先进文化、社会主义和谐社会，建设富强民主文明和谐的社会主义国家。也就是说，我们国家能有今天这样大好的局面，最根本的是党领导得好，党的理论、路线、纲领、方针、政策对头。有了这最根本的一条，马克思主义指导思想才能得到全国人民拥护；中国特色社会主义理想信念才能得到全国人民认同；以爱国主义为核心的民族精神和以改革创新为核心的时代精神才能在全社会得以弘扬；社会主义荣辱观才能在全体人民中得以树立；建设社会主义核心价值体系才能成为全党、全社会的共同认识和共同行动。

社会主义核心价值体系重在建设，重在扎扎实实做深入细致的工作，从党史工作的角度讲，我们完全有条件也有责任为建设社会主义核心价值体系作出应有的贡献。深入开展党的光辉历史和党的优良传统作风的宣传教育，是建设社会主义核心价值体系的一个重要途径。这方面我们可以做的工作很多。比如，办好党史类期刊，加强舆论引导。作为党史宣传教育的专业部门，各级党史系统主办的期刊，是进行党史宣传教育的主阵地，在党史宣传教育中担负着重要的责任，发挥着重要的作用。党史期刊是直接宣传党的历史的，发表了很多涉及党的重要历史人物、重大历史事件以及有关党的历史资料、历史知识等方面的文章。可以说,在宣传党的历史方面,党史期刊发挥了直接的、重要的作用。不少党史期刊已赢得众多读者,在社会上产生了较大影响。

正因为如此,我们的党史期刊必须牢牢把握正确的舆论导向,在正面宣传党的历史方面发挥模范带头作用。要通过对党的领袖人物、革命英烈、先进典型、党史重大事件等党史题材的创作、出版、演播和宣传,热情讴歌党领导人民进行革命、建设和改革开放的辉煌历程,热情讴歌为党和人民的事业而英勇奋斗、立下不朽功勋的老一辈革命家、革命英烈和先进模范人物,准确反映党的历史上的重要会议、重大事件和重要问题,与各种歪曲党的历史、丑化党的形象的错误倾向作斗争。总之,要通过对党的历史的研究,通过对党史题材作品的创作和宣传教育等工作,大力弘扬党的优良传统和作风,用党的伟大成就激励人,用党的优良传统教育人,用党的成功经验启迪人,用党的历史教训警示人,为党和人民事业的继往开来、不断前进提供强大的精神动力和智力支持,帮助广大干部群众特别是青少年进一步加深对党的认识,牢固树立在中国共产党领导下走中国特色社会主义道路的坚定信念,建设社会主义核心价值体系,进一步增强中华民族的凝聚力和创造力。

另一方面,党史部门可以组织开展多种形式的党史宣传教育活动。尤其是要抓住一些与党史有关的节庆纪念活动,如"五四"、"七一"、"八一"、"十一"、"一二九"等等,开展党的历史和党的光荣传统的宣传教育活动,并推动这一宣传教育活动进学校、进工厂、进农村、进社区、进军营、进网络。党史研究部门和高校、党校、社科研究机构以及党政军机关,都有一大批研究党史、热爱党史宣传教育工作的专家学者和干部,可以把他们的力量整合起来,组成党史宣传教育的报告团、宣讲团,到基层群众特别是青少年学生中去宣讲党的历史和党的光荣传统,这样会收到很好的效果。我记得我上初中时,听过狼牙山五壮士之一的葛振林作的一次报告(葛振林同志解放后在湖南衡阳军分区工作),不仅当时很受教育,几十年了,报告的内容仍然在头脑中记忆犹新。有一部电影《离开雷锋的日子》,影片中讲雷锋的战友乔安山在雷锋牺牲特别是全国开展学雷锋活动后,到工厂、机关、学校、部队作关于雷锋先进事迹的报告,感动和教育了许许多多干部群众和青少年。这是真实的事情。乔安山确有其人,今年70多岁了,3月5日还在作学雷锋的报告,昏倒在报告会现场,被送到医院抢救。

党史讲堂开讲仪式

在我们党史界，不少地方党史部门都开展了各种形式的党史宣传教育活动，取得了很好的效果。湖北省委党史研究室从红安干部学院筹备之时起，就参与了该学院的课程设计、教学方案制定等工作。红安干部学院2006年9月开学后，省委党史研究室副巡视员方城一直担任主体班的教学任务，迄今已讲授课程近50次，受到学员的广泛好评。另外，黄冈市委党史研究室原主任程仪、红安县委党史研究室原主任彭希林两位同志，也多次到红安干部学院授课，收到了很好的效果。

安徽省委党史研究室在2008年"七一"前后，集中了一个月的时间，以省市两级党史部门为主，三级联动，组织开展"党史宣传教育月"活动，全面宣传党的光辉历史。他们在宣传月中主要围绕党史工作组织了"六个一"活动。一是组织一支党史宣讲团。省和17个市党史部门都组织了一支3—5人的党史报告团，全省共组织18个报告团，深入机关、部队、企业、学校、街道社区和科研院所巡回作报告。为了搞好这项活动，省委党史研究室以"中国共产党的领导是人民的选择和历史的选择"为主题，专门成立写作班子准备讲稿，从10名试讲的干部中挑选3名同志，分别到十多个省直单位作了宣讲，直接听众达4千多人。据统计，全省党史部门共开展宣讲活动

188 次,受众达 3.4 万人次。二是举办一次"党的光辉历程"图片展。省委党史研究室和 17 个市都制作统一的展板,"七一"时在合肥和全省 17 个市同时展出,党史图片上了街头,进了社区,几十万人观看了展览。三是开展一次"改革开放 30 周年知识竞赛"活动。9 月 24 日,省委党史研究室在《安徽日报》用一个整版,刊登竞赛试题。各地干部群众踊跃参加,共有近 6 万余人参加这次活动,直接参与答题者达 3.5 万余人。四是开展一次向贫困地区的中小学赠送党史图书、援建"爱心书屋"活动,共捐赠图书近 6 万册。五是组织一次"改革开放 30 周年看安徽"征文和演讲比赛活动。六是召开一次"纪念改革开放 30 年"理论研讨或座谈会。"党史宣传教育月"活动的开展,在安徽全省掀起了学习党史、宣传党史的热潮,不仅引起了各级党委对党史工作的更加重视,扩大了党史部门的影响力,而且在社会上也有力地宣传和弘扬了党的光辉历史和光荣传统。对进一步加深广大干部群众和青少年对党的认识,坚定理想信念,建设社会主义核心价值体系,发挥了很好的教育、引导、激励作用。

三、帮助树立和宣传实践党的宗旨、体现时代特色的先进模范人物,在社会上形成良好的道德风尚

中国共产党的历史,是一部无数革命先烈、志士仁人、英雄模范为党和人民的事业前仆后继、英勇奋斗的历史。无论是在新民主主义革命时期,还是在社会主义革命、建设和改革开放的历史新阶段,都涌现出了一大批革命英烈和先进模范人物。1981 年,在纪念建党 60 周年大会上,胡耀邦同志代表党中央在讲话中讲到了 60 余位为党的事业作出重大贡献的党的领导人和英雄模范人物,如李大钊、瞿秋白、蔡和森、向警予、邓中夏、恽代英、赵世炎、张太雷、方志敏、黄公略、杨靖宇、左权、叶挺等。建党 80 周年时举办的展览《肩负人民的希望》,宣传介绍了 80 位英雄模范和先进典型,除了上面说到的以外,还有赵一曼、刘志丹、毛泽民、彭雪枫、王若飞、董存瑞、江竹筠等。近年举办的大型主题展览《复兴之路》宣传介绍的新民主主义革命时期著名烈士就有 40 多人。从 2005 年至 2006 年,为配合全党开展先进性教育活动,由中央先进性教育活动领导小组统一部署,中央宣传部、中央党史

研究室、解放军总政治部等中央有关部门在国内各重要媒体上联合主办的大型主题专栏《永远的丰碑》、《抗日英雄谱》，宣传的英雄模范和先进典型有430名，除了323名著名的革命烈士之外，有100多位是新中国成立以来的先进模范人物，如雷锋、王进喜、焦裕禄、孔繁森、蒋筑英等。

"榜样的力量是无穷的"。任何时代，都有体现这一时代精神的先进典型人物。新中国成立以来，党和国家坚持评选表彰劳动模范和各条战线的先进工作者。进入改革开放新时期，党中央也十分重视表彰和宣传先进模范人物，中央宣传部每年都确定一批全国的重大先进典型进行集中宣传，刊发新闻报道、组织报告会、举办先进事迹展览，不少先进模范人物的事迹还搬上了舞台、银幕和电视荧屏。这些先进典型的事迹，经过广泛宣传，在社会上产生了强烈的反响，营造了学习先进、崇尚先进的良好社会氛围。

在发现和宣传介绍党的各类先进模范人物方面，党史部门有很多工作可做。我们应该将此列为党史宣传教育的一项基础性工作，积极配合各个地区、各个部门做好对先进典型的调研、了解、考察工作，收集、整理他们的模范事迹；配合宣传部门做好对重大先进典型的新闻宣传工作。四川汶川地震发生后，省委党史研究室和地震灾区的市、县党史部门，深入第一线，拍摄了许许多多抗震救灾先进人物的照片，记录了许许多多抗震救灾先进人物的感人事迹，然后整理、汇编、印刷成书，在灾区干部群众中进行宣传，发挥了很好的教育作用。他们的经验值得学习。

历史是人民群众创造的，党的历史始终与广大党员、干部和人民群众的创造性实践紧密联系在一起。因此，我们研究、编撰党的历史，不可能不涉及、不研究党在各个历史时期的英雄模范和先进典型。我们要通过自己的工作，把英雄模范人物的先进事迹，把在他们身上所体现出来的共产党人全心全意为人民谋利益的崇高精神和优良品德，在社会上广为宣传，无疑会有力促进在全社会形成良好的道德风尚。

四、精心编撰、出版党史基本著作和党史研究重要成果，繁荣社会主义新闻出版事业

以史鉴今、资政育人，是党史工作的根本任务。为科学发展大局服务，

是新形势下发挥党史资政育人作用的基本要求。我们要坚持服务科学发展大局，就必须进一步深化党史研究，尤其是要紧紧围绕中国特色社会主义这一主题，全面深化社会主义时期特别是改革开放新时期的党史研究。要以编写党史基本著作为重点，继续推进新民主主义革命时期的党史研究，全面深化社会主义建设时期的党史研究，努力推动改革开放时期党史研究的全面开展。要围绕发挥好党史的"资政"功能，全面做好服务中央决策部署的各项工作，确保中央和各级党委交办的重大课题的完成。要围绕改革开放和现代化建设实践、党的建设实践中提出的重大问题，确定重点课题进行专题研究，推出一批有深度、有创新、有说服力的研究成果。要深化对党史重大事件和重要人物的研究，形成专题体系和系列成果。要加大专门史、编年史的筹划和编撰力度，努力完成一批高质量、高水平的专门史、编年史著作。

党史研究的领域十分广阔，而这项工作又是各级党史研究部门的一项基础性工作。每年，全国各级党史研究部门都推出了一大批研究成果。仅以去年为例，中央党史研究室进一步修改了《中国共产党历史》第二卷，出版了《中国共产党新时期简史》《中国共产党新时期党建简史》，增补出版了《中国改革开放30年》《中国共产党新时期历史大事记》等重要图书；参与编撰了《中国共产党中央纪律检查委员会委员大辞典》。为做好《中国共产党历史》第三卷的编写工作，加大了改革开放新时期农村和民族地区改革有关专题的研究力度，召开了学术研讨会，出版了《民族地区的农村改革与发展》。与有关部门合作，完成了《中国共产党民族工作历史经验研究》。还编辑出版了《社会主义建设时期党史专题研究》一、二、三辑等一批党史研究成果。

各地党史部门继续把编写党史基本著作作为年度工作重点，并取得新的突破。福建、宁夏党委党史研究室等，分别出版了《中共福建地方史（社会主义时期）》《中国共产党宁夏史（1949—1978）》。湖南省委党史研究室出版了《中国共产党湖南历史》第一卷，完成了第二卷的送审稿。西藏自治区党委党史研究室编写出版了《解放西藏史》。围绕纪念改革开放30周年，全国各级党史部门共编辑出版60多部反映改革开放的图书。地方党史部门还编撰出版了一批有重要史料价值的文献类、大事记类、人物类图书。据不完全统计，有12个省区市党史部门编辑出版了《改革开放大事记》，有5个省市党史部门编撰出版了地方党委年度"执政纪要"或"执政实录"，32

个省级党史部门编辑出版了一批有关人物的传记、年谱、回忆录等。

党史基本著作和各类党史研究成果出版物，从整个出版界出版的图书来讲，绝对数量不一定占很大，但这些图书很有分量、很有影响。比如，中共党史出版社出版的《中国共产党的七十年》，发行量达700万册；《中国共产党简史》发行了200多万册。据北京西单图书大厦负责人介绍，中共党史出版社出版的图书在西单图书大厦的销售量，已排在全国社科类出版社的第27位。去年，党史界编辑出版的纪念改革开放30周年的图书在中宣部、新闻出版总署的"强国之路——纪念改革开放30周年重点书系"中占有较大的比重；今年，中央宣传部、新闻出版总署计划推出的"辉煌历程——庆祝新中国成立60周年重点书系"中，已初步确定53种图书，仅中央党史研究室报送的图书就入选了4种；如果按内容来划分，属于党史题材类的有40多种。可见党史类题材图书的分量之重。

编写党史基本著作，推出党史研究成果，是中央党史研究室和各级党史部门的主要职责，而这些成果形成的图书等出版物，则是我国出版园地的重要组成部分，拥有广大的读者群，而且它们的读者多为党政机关干部、知识分子，因此影响大，政治性、政策性强。各级党史部门和党史工作者必须以强烈的政治责任心和社会责任感，坚持正确方向，把握政治导向，正确处理政治和学术、宣传与纪律的关系，确保党史系统的研究成果和各类党史题材出版物观点正确，史实准确。要用符合历史事实、符合党和人民根本利益的正面宣传，加强对党史热点问题、敏感问题的引导，澄清和消除那些歪曲党的历史、丑化党的形象的错误言论、错误文章产生的负面影响。同时要进一步重视党史题材出版物选题的策划，加强对读者和图书市场的调研，做好重点出版物的宣传、推介工作，使党史题材出版物能在市场上占有更多的份额，在读者中产生更大的影响。

五、精心创作党史重大题材的文学艺术、影视作品，弘扬社会主义文化主旋律

中国共产党在领导革命、建设和改革开放的长期实践中，始终高度重视文学艺术事业的繁荣和发展。党所走过的波澜壮阔的历程，为文学艺术的

创作提供了取之不尽、用之不竭的源泉;反过来,文艺作为民族精神的火炬和旗帜,又为党的事业的发展提供了强大的精神动力。

以党史为题材的文学艺术、影视作品,是社会主义先进文化的重要内容。我们要深入进行党的历史的宣传教育,创作文艺作品、拍摄影视剧、出版优秀图书、音像制品等,这是最直观、最具影响、最有教育作用的。可能有的同志会担心,这类题材的文学作品、影视剧有读者、有观众吗? 这里我可以说,党史题材的优秀文学艺术和影视作品,是很有读者,很有观众,很有感染力、影响力的。我自己回忆了一下,我从初中开始有机会看小说,初中、高中、大学,经过了那么多年,在自己的头脑中留下印象最深的中国文学作品是《太阳照在桑干河上》、《青春之歌》、《暴风骤雨》、《林海雪原》、《红日》、《红旗谱》、《创业史》、《红岩》等一批党史类题材的小说。

另外,我举一个例子,2005 年,为纪念毛泽东的《为人民服务》发表 60 周年,中国电影集团和北京紫禁城影视公司筹划、创作了一部电影《张思德》。按说,这部电影不大好拍,因为故事情节并不曲折复杂,更没有现在社会上时髦的那些谈情说爱的情节,但是创作人员精心刻画了一个全心全意为人民服务的普通战士张思德平凡而伟大的形象,精心表现了作为领袖的毛泽东和作为一个普通战士的张思德之间的革命情谊,结果影片获得了巨大的成功。《张思德》不仅创当年国产影片的最高票房,在 2005 年度的中国电影"华表奖"评奖中,一举夺得三项大奖,即优秀故事片奖、优秀导演奖、优秀男主角奖。如果说"华表奖"是政府奖,带有导向性、示范性,广大观众是不是也喜欢呢? 结果在 2006 年举行的第 15 届金鸡百花电影节评奖中,《张思德》又成为最大赢家,同样获得最佳故事片、最佳导演、最佳男主角奖三项大奖。而金鸡、百花奖的评奖除了电影界的部分专家外,主要是由观众来评选的,这就表明广大电影观众对影片《张思德》的共同认可。由此可见,党史题材的文学艺术、影视剧作品,只要创作得好,就会有广泛的读者和观众群,就会产生强大的艺术感染力。

党史题材浩如烟海,从党的领袖人物到优秀的共产党员,从党史重大事件到重要军事战役,从党领导人民进行的革命斗争到今天的改革开放和现代化建设,值得文学艺术工作者去描写、去讴歌、去创作的内容无穷无尽。

繁荣党史类题材的文学艺术、影视剧创作,固然需要文艺界、影视界的同志们去努力,但我们党史部门、党史工作者也责无旁贷,我们应当在这方面有所作为。比如，我们可以有计划地选择全国和本地党史上的重大题材，提出创作设想，邀请专家、艺术家进行创作。我们还可以直接参与策划、组织一些党史重大题材的文学艺术创作和文化活动。对于党史部门来说，组织和参与一些党史重大题材的文艺创作，是很有必要的。这样既可以把党史宣传进一步推向社会，扩大党史工作的影响力；又可以通过参与这些活动，锻炼干部、培养人才。

党史部门还承担着党史重大题材的文学艺术、影视剧作品内容审查把关的任务。在这项工作中，我们既要严格按照中央精神，从政治方向和重大史实上把好关，防止发生政治上、史实上的错误，保证作品的正确政治方向。同时我们也要贯彻"双百"方针，按照"弘扬主旋律、提倡多样化"的原则，遵循艺术生产规律，尊重作家、艺术家的创造性劳动，大力支持、热情扶助党史题材的文学艺术、影视剧作品的创作和生产，大力繁荣社会主义文艺。

在党的十七大精神指引下，一个社会主义文化建设的新高潮正在兴起。我们要高举中国特色社会主义伟大旗帜，紧抓机遇，开拓进取，努力做好党史研究和党史各项工作，为促进社会主义文化大发展大繁荣，作出党史部门和党史工作者的积极贡献。

（本文系作者 2009 年 5 月 22 日在党史干部培训班讲课时的部分内容）

完成国庆 60 周年重点党史
工作任务的回顾与体会

2009 年,我国各族人民满怀喜悦之情欢庆新中国成立 60 周年。按照中央领导同志关于党史工作的重要指示精神,中央党史研究室圆满完成了党中央交办和室里确定的国庆重点研究课题和相关工作任务。主要有:完成了为中央政治局第十六次集体学习进行讲解的任务;编写并由新华社播发了《中华人民共和国大事记》;撰写并在《人民日报》上发表了理论文章《为了实现中华民族的伟大复兴》;编撰出版了《执政中国》、《中华人民共和国大事记》等重点图书;召开了全国党史系统庆祝新中国成立 60 周年学术研讨会;参与了新中国成立 60 周年成就展、大型音乐舞蹈史诗《复兴之路》的筹备工作以及"双百"人物评选的具体组织工作等。

完成十几项重点工作任务,展现了党史工作的成果,锻炼了党史研究人才队伍,并留给了我们一些值得总结、借鉴的有益经验。本文试就三个方面的问题谈一些个人的认识和体会。

一、党史工作服务大局是具体的、实际的,应当也 能够在服务大局中发挥不可替代的重要作用

近年来,通过学习贯彻中央领导同志关于党史工作的一系列重要指示精神,深入开展学习实践科学发展观活动,中央党史研究室室委会和全室同志,进一步明确了做好新形势下党史工作的指导思想和基本思路。这就是:坚持以马列主义、毛泽东思想、邓小平理论和"三个代表"重要思想为指导,深入贯彻落实科学发展观,认真学习贯彻中央领导同志关于党史工作的一

系列重要指示精神，紧紧围绕党和国家的中心任务，充分发挥党史工作以史鉴今、资政育人的重要作用，更好地为科学发展大局服务，更好地实现党史工作自身的科学发展。

围绕中心、服务大局，既是党史工作必须坚持的政治方向，又是做好党史工作应当把握的基本原则，同时也是党史研究工作者的光荣使命和责任。多年来，党史研究在服务党和国家工作大局方面做了很多工作，取得了很大的成绩。这些年，随着中央党史研究室工作职能的拓展，我们承担的重点工作任务越来越多。全室同志更加清醒地认识到，党史工作是党的事业的一个组成部分，一定要把党史研究同党和国家工作大局结合起来，为不断解决前进道路上的新问题提供历史借鉴。2009年，我室在组织实施完成国庆60周年重点工作方面所进行的有益探索，为党史工作服务大局又一次提供了具体的、实际的范例和经验。

庆祝中华人民共和国成立60周年，是去年党和国家工作大局中的一个重要组成部分。搞好这次国庆活动，对于鼓舞全国人民以极大的热情投身改革开放和社会主义现代化建设事业，展示我国繁荣发展、民主进步、文明开放的国际形象，具有十分重要的意义。中央要求，在国庆活动中，要高举中国特色社会主义伟大旗帜，唱响共产党好、社会主义好、改革开放好、伟大祖国好的时代主旋律，激励全党全军全国各族人民紧密团结在以胡锦涛同志为总书记的党中央周围，继续解放思想，坚持改革开放，推动科学发展，促进社会和谐，为夺取全面建设小康社会新胜利，实现中华民族伟大复兴而不懈奋斗。

中央对国庆活动的总体安排，中央确定的国庆活动的指导思想和方针原则，是对党和国家各个方面工作提出的要求，党史工作部门也不例外。而且室委会还认识到，庆祝新中国成立60周年，是党史研究工作难得的重大机遇，必须紧紧抓住这一机遇，围绕国庆60周年找准党史研究的课题，做足党史工作的大文章。室委会把完成国庆60周年重点研究课题和重要工作任务作为全室各项工作的重中之重，从2009年1月到9月，室里研究有关国庆重点工作的室委会、专题会开了15次之多。中央明确交办的任务，我们坚决抓好落实，高质量地完成；中央没有交办而我们认为党史工作应该跟进、应该参与的项目和活动，也积极争取参与，全力做好工作。

举办"辉煌六十年——庆祝中华人民共和国成立60周年成就展"和演

出大型音乐舞蹈史诗《复兴之路》，是中央确定的两项国庆重大活动。室委会认为，这两项活动中涉及党史方面的内容很多，我们平时总讲党史工作要服务大局，参与到这两项活动中去，发挥党史工作的优势，为《复兴之路》和"成就展"出主意、提建议，并在某些方面帮助把关，不正是我们服务大局的实际行动吗？因此，在接受任务后，室委会有关领导直接参加这两项重大活动的领导机构，并派出党史专家和研究人员参与《复兴之路》的创作、研究和"成就展"的创意、布展工作。在这两项活动进行过程中，室领导多次进行专门研究，组织审阅、讨论稿子。我室派到这两项活动筹备机构工作的同志认真负责，一丝不苟，从党史研究的角度积极建言献策，出了不少好的点子，发挥了应有的作用。例如，在参加筹办"成就展"期间，我室的党史专家参与了对成就展序展、综合展和专题展12个单元展览脚本的两次审查、对展览内容小样的多次审查和对展览视频内容的审查，并参与了展览内容的最终审查。在把好展览内容的政治关、史实关、文字关和展品、照片的选择方面，发挥了党史部门的积极作用，受到有关领导机关的好评。

通过参与国庆重大活动的筹备工作，并紧紧围绕这些重点工作任务加强党史研究，我们进一步增强了党史工作服务大局的责任感、使命感，更加深刻地认识到，党史工作必须关注大局、参与大局、服务大局，而且党史工作服务大局大有可为、大有作为。在我们的工作中，既可以通过编撰党史著作发挥以史鉴今、资政育人的作用，为大局服务；也可以围绕党和国家的中心工作，围绕推动经济社会科学发展、推进党的建设新的伟大工程等重大现实课题，开展党史研究，更直接地为大局服务。总之，要把我们服务大局的思想认识，转化为具体的、实际的服务大局的自觉行动，使党史工作在服务大局中发挥独特的、不可替代的作用。

二、搞好服务大局的重点课题研究，是提高党史研究人员综合素质和能力的必要途径

我们的党史工作队伍是一支团结的、有强大战斗力的队伍。多年来，一代一代的党史工作者勤奋敬业，默默耕耘，为党和人民的事业作出了自己的贡献。在长期的党史工作实践中，培养、锻炼出了一大批训练有素的高水平

的党史研究人才。这是我们做好新形势下党史工作的坚实基础和重要组织保证。

从我室现有的研究人员的思想、业务素质来看，他们的强项就在于，贯彻中央的精神和要求，按照各自研究领域的分工，收集、积累、整理历史资料，完成编写党史著作和一些重点研究课题的任务。中央党史研究室编撰出版的党史著作和其他党史类读物，在服务大局中发挥了"以史鉴今、资政育人"的重要作用。相比较而言，我们一些党史研究人员特别是年轻同志的弱项在哪里？我感觉，弱项恰恰在缺少参加党的中心工作的实际锻炼，缺乏对党和国家大局的深刻了解和把握，缺少对服务大局的具有现实意义的重大课题的研究经验。

在新的历史时期，党史工作面临的形势、任务发生了很大变化，中央对党史工作的要求更高了。胡锦涛同志曾明确指出："党史工作要为贯彻执行党的基本路线服务，为加强和改进党的建设服务，为培养'四有新人'服务"。完成中央赋予党史部门的光荣使命，迫切要求我们党史工作者解放思想，与时俱进，在做好编写党史著作等常规性工作的基础上，以我国改革开放和现代化建设的实际问题、以我们正在做的事情为中心，着眼于马克思主义理论的运用，着眼于对实际问题的理论思考，着眼于新的实践和新的发展。我们应该看到，做好新形势下的党史工作，特别是在服务大局中发挥党史工作的更大作用，我们一些研究人员既有思想准备不够充分的问题，又有思想政治水准、理论功底不能适应的问题，还有业务知识积累不足的问题。怎样才能解决好这些问题呢？我认为，引导党史研究人员紧紧围绕服务大局的重大现实课题进行研究攻关，便是提高他们的综合素质和能力的必要途径。

中央党史研究室在组织实施国庆 60 周年重点研究课题的过程中，几乎把全室的研究力量都集中起来了。撰写为中央政治局第十六次集体学习进行讲解的文稿"新中国成立以来对社会主义现代化的认识和实践"，编写《中华人民共和国大事记》等，从室委会成员到全室各业务部门的负责人和主要研究人员，大家都参与研究、讨论，参与写作、修改。室委会在进行动员时强调：我们承担的国庆 60 周年重点项目事关大局，政治性、政策性强，社会影响大，要求高，必须在政治上、思想上同党中央保持高度一致，坚决贯彻中央精神。所有的文章、书稿，必须做到观点正确、史实准

庆祝新中国成立 60 周年党史研究重要成果出版工作座谈会

确、表述严谨、文字流畅,具有权威性,经得起历史和人民的检验。这自然就对我们所有参与课题的同志政治上、思想上、理论上、业务上、文字上等各方面提出了新的更高的要求。大家认真学习中央关于党的历史问题的两个《决议》,学习毛泽东、邓小平、江泽民、胡锦涛等中央领导同志的重要文章、讲话,学习党中央的一系列重要文件,从思想理论上加强武装,切实把握好政治方向。在此基础上,室委会组织各方面的研究人员共同围绕某一个课题,反复研究商量,一次次讨论,一次次修改,不同的意见也摆在桌面上进行讨论。

撰写"新中国成立以来对社会主义现代化的认识和实践"文稿,是一项严肃的政治任务。在中央政策研究室的指导下,我室和国务院发展研究中心的领导以及两个单位的专家学者,多次在一起研究、讨论,从框架结构到基本内容,从每一个观点、每一个提法到每一段的文字表述,都反复推敲、斟酌,前后共作了 12 次大的修改,阅读、参考了近 80 万字的资料。最后的文稿较系统地阐述了党对社会主义现代化的认识过程和主要内容、社会主义现代化的实践进程和主要特点,分析了社会主义现代化面临的形势和任务,并对如何加快社会主义现代化提出了一些建议。郑谦、张军扩两位研究员经过几次试讲后,最后较好地完成了给中央政治局第十六次集体学习进行讲解的任务。

编写《中华人民共和国大事记》,无论是新华社播发的文稿还是人民出版社出版的书稿,也都经历了反反复复的研究、修改、推敲。对每一个条目的编写都从基础性工作入手,查阅党和政府的正式文件,掌握第一手资料,不能简单照抄照搬过去已出版过的书或发表过的文章的提法,以确保所编写的条目在基本史实、基本内容和文字表述等方面准确无误。例如,关于内蒙古自治区的正式改称,成立于 1947 年 5 月的内蒙古自治政府何时正式改称为内蒙古自治区,有不同的说法。经过查阅公开出版的专著、报纸,综合了有关材料后,再认真核查、比较,《大事记》把改称时间确定为:"1949 年 12 月 2 日,中央人民政府任命内蒙古自治区人民政府主席、副主席和委员,成立于 1947 年 5 月的内蒙古自治政府改称为内蒙古自治区人民政府。首府由原驻地乌兰浩特移至张家口,后迁至归绥(今呼和浩特)。"又如,对于环境保护问题,《大事记》不仅重点反映改革开放以来把环境保护作为一项基本国策的有关情况和重大事件,而且对以往史书中反映不够的改革开放前的有关事件也作了介绍。1957 年国务院通过《水土保持暂行纲要》,设立全国水土保持委员会;1963 年国务院通过《森林保护条例》;1973 年国务院召开首次全国环境保护会议,制定我国第一部环境保护综合性法规等。这样,就对新中国成立以来环境保护方面的事件作了比较全面系统的记述。

《大事记》早期的稿子编入 402 条、约 3 万字;最后定稿编入条目 593 条,共 46600 字,前后反复修改达 21 次之多。《大事记》把新中国成立 60 周年发生的各种大事要事连接起来,构成了一幅绚丽多彩的历史画卷。10 月 2 日晚新华社播发,10 月 3 日、4 日,《人民日报》和各大报纸分两天连续刊登后,在社会上产生良好反响。

组织实施和圆满完成服务大局的国庆重点工作任务,使我室的研究人员经受了又一次严格的政治上的锻炼和业务上的锤炼。大家重新学习领会了中央精神,准确把握了党的历史上若干重要会议、重大活动、重要人物、重大成就、重大事件的准确史实,充实和丰富了党史专业知识,机关也展现出团结奋斗、忘我工作的良好精神风貌。

三、举党史系统之力,聚焦重大研究课题,是彰显党史部门服务大局整体实力的重要手段

多年来,全国党史系统就有着在重大课题研究方面联手合作的传统。南方局历史研究、东南局历史研究、"东北三史"研究编写等,都是由中央党史研究室协调、各地党史部门共同参与实施的。

庆祝新中国成立 60 周年,给全国党史部门创造了深化党史研究、拓展党史工作的重要机遇,也为我们进一步合作开展重大课题研究提供了重要平台。还在 2008 年年初,一些地方党史部门的负责人就提出,希望中央党史研究室及早谋划,组织全国党史系统的力量,再集中办一两件有影响的大事。可以说,《执政中国》这一套大型丛书的编撰、出版工作,就源自地方党史研究室同志们的创意。

室委会经过研究认为,在新中国成立 60 周年的时候,组织全国党史系统编撰《执政中国》,回顾中国共产党执政 60 年的奋斗历程,总结、梳理党执政的基本理念、成功经验和历史教训,记录党领导人民在探索中国特色社会主义道路上取得的辉煌成就,无疑是一件很有意义的事情。室委会决定把《执政中国》的编撰、出版列入全室国庆重点研究课题,而且明确要求举全国党史系统之力,共同完成这项任务。

2008 年 6 月 12 日,中央党史研究室召开部分省区市党史研究室主任会议,就策划编撰《执政中国》征求意见,得到与会同志的一致赞同。8 月 21 日,我室又发函给全国各省区市党史部门,征求合作意向,并就这一丛书的总体创意、框架结构听取各地的意见。至 2009 年年初,《执政中国》的编写工作正式全面启动。室委会多位领导参与组织协调和统稿工作。中央党史研究室集中编写第一卷,从理论和实践的结合上,对中国共产党执政 60 年的历程、经验、成就等作了全方位的记述。而第二至五卷则由中央党史研究室组织,科研部具体协调,地方党史部门负责组稿、编写,共确定了 130 个专题,内容包括经济建设、政治建设、文化建设、社会建设、生态文明建设、党的建设等方方面面。可以说,这 130 个专题,荟萃了党在地方执政所创造的富有特色的经验,展示了各地经济社会发展所取得的重大成就。例如,北京

中关村高新技术产业的崛起,上海经济及产业结构的转型,江苏以改革精神开创党的建设新局面,湖南由文化大省到文化强省的跨越,广东经济特区的创建与发展,四川的"三线"建设,陕西的文化教育发展,等等。《执政中国》被列入中央宣传部、新闻出版总署"庆祝新中国成立 60 周年重点书系——《辉煌历程》"。从党史研究的角度讲,这套丛书反映的党执政的理论与实践,以及它涵盖的内容之多、地域之广、特色之鲜明,也填补了党史研究的一个空白,称得上是一部有一定价值的党史类读物。

此外,作为国庆宣传的一项重要工作,北京、河北、上海、浙江、江西、湖北、福建、贵州、陕西、甘肃等 12 个省区市党史部门的负责人和专家,围绕新中国与井冈山、延安、西柏坡等革命圣地的联系,在人民网开展了《共和国从这里走来》的网络讲座活动,共举行了 13 次讲座,受到网民的广泛关注。还有 10 多个省区市党史部门的同志,在中央党史研究室的组织下,参加了《人民英模》、《共和国档案》等国庆宣传主题专栏的撰稿工作。

中央党史研究室联合国家博物馆共同编撰、由上海人民出版社出版的《中华人民共和国历史图志》,联合国家民委合作编写、出版的《中国共产党民族工作历史经验研究》,都取得了很好的效果。

举党史系统之力开展重大课题研究,实现资源、信息共享,是中央党史研究室做好党史工作的一条重要经验。在深入开展学习实践科学发展观活动中,室委会进一步拓展工作思路,提出了"建设学习型、研究型、服务型,更具活力、更加开放、更有影响的和谐团队"的目标,有意识地在党史工作中充分发挥全国党史部门的作用,充分利用社会各方面的党史研究力量,形成党史工作的强大合力。这一重要工作思路不仅在实施国庆 60 周年重点工作任务过程中得到体现,它的实践成果也在这些重点工作任务的圆满完成中得到了印证。特别是在事关党和国家工作大局的重点研究课题、重要工作任务方面,凝聚全国党史系统的智慧和力量,集思广益,协力攻关,有利于彰显党史系统服务大局的整体实力。《执政中国》的编撰出版,如果没有全国各省区市党史部门的共同参与和努力,没有各地主管党史工作的领导同志的鼎力支持,要在半年多的时间内完成这样一部 5 卷共 300 多万字的大工程,是根本不可能的。

在中央领导同志的亲切关怀和支持下,中央党史研究室圆满完成新中国成立 60 周年重点研究课题和重要工作任务,既为党和国家工作大局提供了有效的服务,又在较大程度上提升了党史工作的社会影响力,培养了党史工作者更加自觉服从服务大局的政治责任感。如果说,2008 年我室在纪念改革开放 30 周年活动中,党史工作服务大局创造了一个很好的局面,那么,2009 年这一局面则又有了新的拓展、新的成效。今明两年,以迎接和纪念中国共产党成立 90 周年为契机,党史工作必将在服务大局中,赢得新的发展机遇,取得新的更大的成绩。

（原载《中共党史研究》2010 年第 5 期）

完成国庆 60 周年重点党史工作任务的回顾与体会

学党史、知党情、跟党走

2011年7月1日，是中国共产党成立90周年。热爱党，热爱祖国，热爱人民，是我们从小受到的教育，也是萌发在广大青少年心中的信念。在庆祝党的九十华诞的时候，我们都会深情地祝福她生日快乐！

90年，在中华民族的历史长河中只是短暂的瞬间；而对我们青少年朋友来讲，90年，又显得那么漫长、那么久远。

翻开党90年的光辉史册，回望党90年的漫漫征程，一曲曲壮歌撼人心魄，一幅幅画卷荡气回肠。那是嘉兴南湖上革命红船的扬帆起航，是井冈山上迎风飘扬的猎猎战旗，是红军不怕远征难的壮志情怀，是抗日战争浴血奋战的革命气概，是百万雄师过大江的胜利号角，是天安门城楼上发出那句"中华人民共和国中央人民政府成立了"的伟大宣示，是改革开放给祖国大地送来的和煦春风，是百年圆梦和民族复兴的壮丽画图，是科学发展给生活带来的日新月异……

党的历史，是党为人民书写的一部鸿篇巨制的教科书；党的历史，是中华民族和中国人民的宝贵精神财富。

青少年要不要学党史？

不懂历史的人没有根，淡忘历史的民族没有魂。随着岁月的流逝，过去发生的一切，我们不能淡忘；而不淡忘过去发生的一切，我们就需要学习党史。

从1840年第一次鸦片战争开始，中国的大门被帝国主义列强的坚船利炮强行轰开，清王朝丧权辱国，日益腐朽没落，中华大地变得满目疮痍，民不聊生。"四万万人齐下泪，天涯何处是神州？"谭嗣同的诗句，喊出了当时中国有识之士的忧闷和悲愤。

多少仁人志士，苦苦探求救国救民的真理。然而，一次次的探索都归于失败,仍然不知路在何方。

1921 年 7 月,迷雾阴霾中,上海望志路 106 号那幢石库门小楼和南湖上荡漾的那艘红船,承载起历史的使命和民族的希望。中国共产党自一成立,就郑重地把马克思列宁主义写在了自己的旗帜上,鲜明地把社会主义和共产主义定为自己的奋斗目标。

正是在这面鲜红的旗帜下,正是在为实现这一目标的进程中,一位位可歌可泣的历史人物向我们走来:共产党员夏明翰奋笔一挥,"砍头不要紧,只要主义真,杀了夏明翰,还有后来人";年仅 19 岁的董存瑞手举炸药包高声呐喊:"为了新中国,前进!"铁人王进喜振臂一呼:"宁肯少活 20 年,拼命也要拿下大油田";时代先锋孔繁森在雪域高原立下誓言,"青山处处埋忠骨,一腔热血洒高原"。这就是矢志为民族独立、人民解放和国家富强、人民幸福而奋斗不息的共产党人!

是的,新中国的道路是共产党人的热血铺就的,新中国的大厦是共产党人的脊梁支撑的,新中国的辉煌成就是共产党人带领人民群众不懈奋斗而取得的。

中国共产党在近 90 年的奋斗历程中,历经千难万险,战胜惊涛骇浪,付

《青少年学习中共党史丛书》封面照

出巨大牺牲。无论是在革命战争年代还是在社会主义建设和改革开放的历史新时期,一代又一代共产党人前赴后继,艰苦奋斗,创造了彪炳史册的伟绩,作出了不可磨灭的贡献,书写了马克思主义中国化的壮丽篇章,书写了中国特色社会主义伟大事业胜利前进的辉煌史诗。可以说,是中国的历史选择了中国共产党,是中国人民选择了中国共产党。

"欲知大道,必先为史。"青年毛泽东"到中流击水,浪遏飞舟"的气概和抱负,成为许多青少年学习的偶像;英勇顽强的红军队伍在艰苦卓绝的长征中创造的人间奇迹,成为许多年轻人励志的动力;勤劳智慧的中国人民在党的领导下建设中国特色社会主义的辉煌成就,成为当代青少年提升民族自信心的力量源泉。青少年学习党史,对于了解党的奋斗历程,培养爱党爱国情怀,陶冶思想道德情操,树立正确的世界观和人生观,不无裨益。

青少年怎样学党史?

历史的车轮缓缓向前,铭刻在人们心中的是一个又一个鲜活的细节,是一位又一位活生生的人物,而那恰是历史的精彩所在。

遍布在全国各地的革命纪念馆、烈士陵园、革命遗址遗迹,都是学习党史的生动课堂。在那里,青少年朋友可以追寻到党史人物的踪迹和感受到党史事件的震撼,可以从波澜壮阔的党的历史中撷取一朵朵浪花。然而,这一切都代替不了对党的历史的全面系统的学习。

《中共中央关于加强和改进新形势下党史工作的意见》和全国党史工作会议提出,加强党史的学习和教育,要着力抓好对广大青少年的教育。而青少年学习党史,有一套适合他们阅读兴趣的党史读物是关键。为了便于全国的青少年学习、了解党的历史,在深入青少年中广泛听取意见的基础上,中共中央党史研究室、教育部、共青团中央共同策划,北京市社会科学联合会积极支持,组织编写、出版了这套《青少年学习中共党史丛书》。全书以简明生动、通俗易懂的语言,描述了中国共产党90年历史中发生的重大事件、召开的重要会议、作出的重要决策、涌现的重要人物和取得的重大成就,并力求以较丰富的故事和历史细节,展示中国共产党90年走过的光辉历程,弘扬党的光荣传统和优良作风,展现老一辈无产阶级革命家的崇高精神。

《青少年学习中共党史丛书》是第一部面向广大青少年、较全面系统介绍党90年奋斗历程的党史读物。"学党史、知党情、跟党走"。愿青少年朋友们从这套丛书的阅读中,了解中国共产党,热爱中国共产党,感悟党 90 年是如何从艰难曲折中走向辉煌,倍加珍惜今天党和人民给我们创造的幸福美好新生活是多么来之不易。

"读千赋者善赋,观千剑者晓剑"。青少年朋友们,加入到学习党史的行列中来吧！我们相信,学习党史,你会获取成长的智慧和营养;学习党史,你会增添前进的信心和力量。

（本文系作者 2011 年 1 月为《青少年学习
中共党史丛书》所写的序言）

对外宣传介绍中共党史的一点思考

中国共产党成立以来特别是进入改革开放新时期 30 多年来的历史,是一部波澜壮阔、气势恢宏的历史。当今时代中国的和平崛起,彰显了中国共产党执政兴国的巨大成功,引起了国际社会的广泛关注。世界不少政党、组织和研究中国问题的专家学者,都在探索研究中共治国理政的得失和经验。

在这样的背景下,作为党中央主管党史工作的职能部门,中央党史研究室义不容辞地要承担起对外宣传介绍中共党史的历史责任。这些年来,按照中共中央对外联络部的安排,我室多位领导同志和各业务部门专家学者,或应邀为来华研修考察的外国政党、组织的人员授课,或出国直接同国外政党、组织进行交流,推动了党史工作的对外宣传,取得了良好的效果。

从 2009 年到 2011 年的三年间,我本人先后七次参加了这类活动,这就是:

2009 年 11 月 29 日,为南非非国大全国执委第二期研修班讲授"中国特色社会主义理论的形成发展和实践成果";

2009 年 12 月 16 日,为非洲五国执政党研修班讲授"中国特色社会主义理论的形成和发展";

2010 年 7 月 5 日,为西欧共产党宣传和媒体负责人联合考察团讲授"中国特色社会主义理论体系的形成发展和实践成果";

2010 年 8 月 25 日,为老挝人民革命党中央政治局讲课,介绍中国共产党加强先进性建设的实践和经验;

2010 年 11 月 22 日,为南非非国大全国执委第三期研修班讲授"中国国情与中国共产党";

2011 年 8 月 9 日,为西欧共产党联合考察团讲授"中共 90 年:建设中国特色社会主义";

2011 年 11 月 9 日,参加中欧政党高层论坛第二次会议,介绍中国的经济社会发展。

这些讲课或演讲,内容虽有所不同,侧重点也有所区别,但实质上都是在介绍中国共产党的历史,都是在做党史方面的对外宣传工作。结合这七次讲课、演讲的实际感受,我就在对外宣传介绍中共党史时如何稳妥把握、如何争取最佳效果,作了一些初步的思考。

一、对外宣传介绍中共党史的基本原则:实事求是

党的十一届三中全会以来,中国共产党成功开辟了中国特色社会主义道路,形成了中国特色社会主义理论体系,创立了中国特色社会主义制度,中国的经济社会发展取得了举世瞩目的成就。从我这七次与近 30 个国家的政党、组织接触中了解到的情况来看,他们对中国共产党带领人民取得的巨大成就是一致肯定的,但普遍是估计过高、评价过奖。尤其是来中国参加研修的这些政党、组织的中高级负责人主要是在北京等大城市考察,看到的是中国最发达地区的现代化崭新面貌,因而往往把中国的发展说得天花乱坠。我在给非洲五国执政党干部研修班讲完课后的座谈交流中,他们提问一开始就说,"中国现在是世界上最强大的发达国家,已经超过了美国。你们应该对非洲国家提供更多的援助。"参加中欧政党高层论坛第二次会议时,正值欧债危机爆发,欧洲几大主要政党负责人在会上发言时,也是猛给中国戴"高帽子",称"中国现在经济发展最好,最有能力出面帮助解决欧债危机",等等。

这就给我们提出了一个问题,在对外宣传介绍中国的发展成就时如何把握好? 我认为最重要的原则就是实事求是。毫无疑问,我们必须介绍中国特色社会主义事业取得的成就,而且要理直气壮地讲我们的成就,讲我们的发展。正面讲够这一点,我们的道路自信、理论自信、制度自信才有说服力。我在每次讲课时,都注意用一些具体的数字、生动的例子来介绍中国的发展成就,并阐述中国特色社会主义在中国大地上展现的巨大优越性和强大生命力。但同时我也注意把握住,讲成就不掩盖问题,讲发展不回避矛盾。特别是要反复向他们讲明中国现在处于并将长期处于社会主义初级阶

段的国情,讲明中国人口多、底子薄,经济文化比较落后,城乡发展、地区发展很不平衡的现状。在介绍到中国已经成为世界第二大经济体的时候,一定要算人均 GDP 的账,讲明中国人均经济总量还相当低,不到美国、日本等发达国家的十分之一,中国仍然是一个发展中国家。把我国的国情特别是我国经济社会发展中面临的突出矛盾和严峻挑战实事求是地作出介绍,有助于国外政党、组织和人士比较准确地判断和考量中国的发展水平,这样他们也才能理解,为什么中国在经济上不可能包打天下,不可能去独自承担拯救"欧债危机"的任务,不可能去帮助非洲国家解决所有的困难。

总之,在对外宣传介绍中国的发展成就时,一定要讲究辩证法,防止片面性。我们既要有高度的道路自信、理论自信、制度自信,但也绝不能为了说明中国特色社会主义是世界上最好的制度而肆意夸大我们的成就,唱高调,说大话。把握好实事求是的原则,党史工作的对外宣传才能取得最佳的效果。

二、对外宣传介绍中共党史的应有态度:平等交流

一般意义上说,讲课人和听课人之间是一个矛盾的统一体。尤其是我们和国外的政党、组织、人士在一起研究探讨问题时,彼此之间互不了解,意识形态的差异、文化的差异以及其他方面的差异都很大。如何把这一对矛盾处理好? 我认为很重要的就是,讲课人要有放下架子、平等交流的心态。

我在这七次活动中接触到的友人,既有西欧发达国家的政党、组织的代表,又有非洲发展中国家政党、组织的代表;既有这些政党的总书记、副总书记高层领导人,也有来自这些政党、组织的中层负责人和媒体工作者。在给他们讲课时,中联部的同志常常要介绍我们的身份。但我认为,既然是去讲课,讲课人就不能以领导、专家学者的身份自居,而是要和听课人之间建立起相互平等、友好交流的关系和氛围。为此,每一个单元的讲课,我们原则上先主讲一个小时,把要讲授的主题交待清楚,把主要的内容提纲挈领地作出介绍,然后把更多的时间留给听课人提问题,留给和听课人之间展开互动讨论交流。

2011 年 8 月 9 日我在给西欧共产党联合考察团讲课时,中联部事先设

定的题目是"中共 90 年：建设中国特色社会主义"。我重点介绍了中国特色社会主义的历史缘起、理论内涵和制度特征，阐明中国特色社会主义是马克思主义中国化的最新理论成果，符合中国国情，体现时代特征，促进了中国经济社会又好又快发展。短短的一个小时，尽量让考察团成员对中国特色社会主义有一个粗略的了解。主讲之后，我用了两个小时和他们座谈交流。这个考察团的成员来自希腊、西班牙、葡萄牙、意大利、法国、德国、英国，共有 15 名成员，多为所在国家共产党的中央委员，有的还是党的总书记。座谈一开始，他们争先恐后地提问题，完全脱离了我讲课的主题。比如，德国共产党的成员米·麦克斯提出：怎样看待列宁的帝国主义理论；希腊共产党中央委员会意识形态委员会委员特·阿纳斯塔斯提出：中国大量吸引外资，是否推动了中国国内反社会主义力量的发展；还有几位考察团成员都问到了共产党和工会的关系问题，他们关注中国工人阶级和工人的状况，关注中国社会中的阶级分化。对于这些问题，尽管我事先并未完全估计到，但他们提出之后，我都按照自己的理解，一一作了耐心的讲解，并且向他们表示是把自己的见解谈出来，和考察团各位朋友交流，能接受的你们接受，不能接受的我们也可以保留各自的意见。由于有了这样一个好的姿态、好的氛围，会场气氛热烈，提问者在听完我的解答后，或微笑致意，或真情鼓掌，考察团团长在最后致词时也认为"我们的交流是友好的、坦诚的"。

对外宣传切忌强加于人，尤其是我们对外宣传介绍中共党史这样政治性、政策性极强的内容，更要十分注意防止讲课人以教师爷的面目出现，防止在讲授过程中盛气凌人、高傲自大，防止那种在内部讲课作报告时容易出现的生硬灌输说教的做法。平等相待、友好交流，相互尊重、相互切磋，既可以从感情上拉近讲课人和听课人之间的距离，使听课人易于接受我们的观点和看法，又有利于双方充分交换意见，达成共识。

三、对外宣传介绍中共党史的着力重点：解疑释惑

中联部邀请来华研修的国外政党、组织，在政治态度上通常是对华友好的；我们出访参加的有关活动，打交道的也通常是对华友好、同中国共产党有较多联系的政党和组织。从总体来看，他们对中国共产党成功开创中国

特色社会主义道路，领导中国不断发展壮大，是持赞赏、肯定态度的。但是国外政党、组织的人员毕竟是生活在和我们不同的国度，他们对中国的了解往往还是片面的、表层的，而且他们脑子里装的对中国的印象大量是从西方媒体的报道、网络上了解到的，负面的东西不少。因此，他们在听我们讲课时，是带着脑子里的很多疑虑和困惑而来的；在座谈交流时，他们提出的问题也通常是直奔自己的疑问、困惑而来。我们的讲课，必须正面回应对方的疑虑和关切，切实增强讲授的针对性，这是我们在对外宣传介绍中共党史时需要着力下功夫的。

一堂好的讲课，一次成功的双向交流，如果我们不顾对方的所思所想，不注重有的放矢，只按我们事先准备的内容高谈阔论，在对方的心里可能就是一杯白开水，讲课也就徒劳无功。

2010年8月25日，应老挝人民革命党邀请，我率中共专家组赴老交流讲学。老方高度重视此次交流，那天，除党中央总书记朱马里和副总理兼外长通伦因接待正在老访问的越南国会主席外，其他中央政治局委员、中央书记处书记和有关部委负责同志80余人参加听讲。我先根据老方筹备九大需要借鉴的中共经验，系统介绍了中国共产党在新形势下加强党的先进性建设、巩固党的执政地位的具体措施和经验，以及我国应对国际金融危机的举措和成效。上午介绍过后，下午我们即和老挝的同志们互动交流。老挝同志积极思考，踊跃提问，气氛极为热烈。老挝总理波松提问说："美国发生金融危机，中国和美国是对手，为什么你们中国还在金融危机中帮助美国？"老挝中央宣传部长的提问特别幽默，他说："我到你们中国，发现你们从中央到市、县甚至村里，大家说的话都一样，都是三个代表、科学发展观，你们是用什么办法使全国人民的思想统一起来的？"会上提出了十几个问题，全是他们心中的疑问，很想听听我们的解答。针对波松总理所提的问题，我着重阐述了当今世界政治经济相互交融的格局，分析了美国经济走向对包括中国在内的世界经济的影响，说明中国同美国必须共同应对国际金融危机。而针对老挝中央宣传部长的提问，我既介绍了中国共产党有健全的组织系统，有发达的媒体传播，有卓有成效的思想政治工作体系，中央精神很快会传达到全党各级党组织直至基层；同时我也特别强调，我们党中央要求地方从实际出发，创造性地贯彻中央的路线、方针、政策，并不是简单地照抄、照传、照搬。

给外国政党来华研修考察人员宣传介绍中共党史

　　由于我的答问完全针对老挝同志的关切,消除了他们的一些疑虑,所以效果很好。老挝中央思想理论和文化领导小组组长沙曼、国会主席通刑、建国阵线中央主席西沙瓦、总理波松等老挝中央政治局委员纷纷走过来同我及专家组的同志亲切握手,称赞我们的课讲得好,多位部级领导向我们索取完整的中文讲稿,老挝党中央政治局委员、常务副总理宋沙瓦表示将组织力量尽快将讲稿译成老挝文,供老挝党和政府制定政策时参考。波松总理说:"老挝党将在十月召开党内民主生活会,中国专家组的这次讲学非常及时,讲学内容将进一步加深老挝党对抓好党建工作的认识。"

　　要增强讲课的针对性,收到解疑释惑的效果,我们在对外宣传介绍中共党史时,必须注重调查研究,深入了解国外政党、组织和人士对中国问题的看法。同时要注重学习,广泛了解党和国家的重大方针政策和对外宣传口径,了解我国经济社会发展各方面的情况和信息,熟悉党的历史的各方面理论和知识,脑子里尽可能装满丰富的材料。对每一次讲课和座谈交流,都要精心谋划,精心准备,事先充分分析和估计到对方会提出什么样的问题,如何恰到好处地去回答,一切都应烂熟于心,了然于胸,并在讲课实际过程中随机应变。事实上,我在每次讲课后的互动交流中发现,对方从来不考虑我们讲的主题是什么,完全是他想问什么问题就问什么问题,他有什么疑问就毫不客气地提出来。对任何问题甚至是棘手的问题,我们绝不能用"无可奉告"的外交辞令来推托,必须妥善回答和应对,越是对这些尖锐的问题回答得好,我们讲课的针对性就越强,宣传的实际效果就越好。

四、对外宣传介绍中共党史的重要目的:广交朋友

加强同国外政党、组织的交流与合作,是我国总体外交的一个组成部分,在开展党际对外交流合作中,让世界上更多的人了解中国、了解中国共产党,增进对中国人民的友谊,在国际社会中扩大同中国友好的正能量,这是为我国改革发展营造良好国际舆论环境的需要,也是构建和谐世界所必需的。

作为党史工作者,我们无论是为来华研修考察的外国政党、组织的朋友讲课交流,还是出访参与党际交流活动,都是在做对外交往、对外宣传的工作,从某种意义上说也是在做民间外交工作。因此,我们必须立足于党际外交和国家外交的大局,在实际工作中以传播友谊、广交朋友为己任,促进更多的国外政党、组织同中国共产党加强交流与合作。

要达到增进友谊、广交朋友的目的,就要求我们在每一次具体活动中,始终保持不卑不亢的精神状态,对人谦虚友善、落落大方,善于听取别人的意见,哪怕是十分尖锐的意见,心平气和地开展讨论,争取达成共识。2010年7月5日我在给西欧共产党宣传和媒体负责人联合考察团讲课时,一开始我就介绍了自己长期从事媒体工作的经历,做过北京电视台台长,这一身份马上引起考察团朋友们的兴趣,产生了一种同行的亲切感。这样讲课后的互动交流,就显得更加活跃,更加轻松,提出的问题也大大超出我讲课的主题。比如,葡萄牙共产党中央委员、国际部成员佩德罗·格雷罗提出:"《共产党宣言》开宗明义就讲全世界无产者联合起来,为什么你们中国共产党现在不提全世界无产者联合起来的口号?"意大利重建共产党国际部成员弗朗切斯科·马林乔提问说:"列宁讲过在社会主义条件下还存在阶级斗争,你们中国为什么现在不提阶级斗争了?"对这样的问题,我从马克

思主义随着时代的前进而不断发展的角度作了解释,强调科学社会主义的基本原理我们要坚持,但绝不能照搬马克思主义经典著作中过去说过的某一句话,我们要在实践中不断发展马克思主义,中国特色社会主义正是马克思主义时代化、中国化的最新成果。由于我们在互动交流中畅所欲言,坦诚相见,会场气氛非常热情友好。座谈交流结束后,考察团成员纷纷过来同我握手,有的还把自己远道带来的纪念品赠送给我。

在对外交往中,遇到一些对我们不友好的言论怎么办?这里也有学问,也应讲究斗争艺术。我认为,有的我们可以不予理睬,不理睬就是一种蔑视,就是我们的一种姿态;而有的我们可以有理有据地进行驳斥。比如,在参加中欧政党高层论坛时,有一欧洲政党的负责人在发言中就我国的人权问题进行诋毁,我和中共代表团的有关同志或在会上发言中对此予以批驳,或在会下交谈中正面宣传介绍我国人权保护事业的发展情况。理直气壮的批驳加上坦诚的沟通交流,我们和参加论坛的欧洲各政党之间增进了了解,在后来的发言中就没有人再拿中国人权问题说事,而且参加高层论坛的欧洲各政党始终热情周到地接待中共代表团,和我们成了好朋友。

让世界了解中国,让中国走向世界。在当今世界发生深刻复杂变化,和平与发展仍然是时代主题的新形势下,党的十八大提出了"继续促进人类和平与发展的崇高事业"的战略任务。完成这一历史任务,党际交流任重道远,党史工作者责无旁贷。今后,党史部门还会承担更多的对外讲学、交流的工作,这是一项硬任务,这是一个大题目,需要在实践中进一步探索和总结经验。寻找更多的途径,运用更多的方式对外宣传介绍中共党史,更是一个亟待我们去努力开拓的工作领域。

(原载《中共党史研究》2013 年第 9 期)

构建"三支队伍"共同
做好党史工作新格局

党史工作是党的一项具有全局意义和深远影响的工作,是党的事业的重要组成部分。做好党史工作离不开全党全社会的关心和支持,需要充分调动各方面的积极性和主动性。当前,开展党史工作,主要有三支队伍:一是各级党史部门;二是党校、行政学院、干部学院、高等学校、社会科学、史志、档案、文博等系统的党史研究教学工作者;三是关心和参与党史工作的离退休老同志。除此之外,军队系统也活跃着为数不少的党史、军史工作者。把分散在不同系统和各个方面的党史工作者与党史爱好者组织起来,加强协调、形成合力,共同做好党史工作,既是党史三支队伍的共同心愿,也是中共党史学会的职责所在。

一、党中央和中央领导同志高度重视党史三支队伍

作为中共党史、中国革命史学界专家学者和教学、研究人员自愿组成的全国性学术团体,中共党史学会的工作得到了党中央和中央领导同志的高度重视和亲切关怀。胡锦涛同志在谈到党史工作和党史学会工作时,明确要求党史工作要"三支队伍一起抓"。

2010年6月,党中央下发的《中共中央关于加强和改进新形势下党史工作的意见》(以下简称《意见》)对加强学会工作提出了明确要求。《意见》指出,要加强党史部门与党校、行政学院、干部学院、高等学校、社会科学、史志、档案、文博等系统党史工作者的联系协作。重视发挥离退休老同志关心和参与党史工作的积极性。《意见》要求,要充分调动各方面做好党

史工作的积极性,进一步形成合力,把党史资源优势转化为推动党史工作的强大力量。2010年7月,习近平同志在全国党史工作会议上的重要讲话中指出:"党史工作涉及多个系统和部门。党史研究部门是专门从事党史工作的部门,党的文献研究部门和档案工作等部门都涉及党史工作。在党校、行政学院和干部院校系统、高等学校系统、社会科学院系统和军队系统以及中央和国家机关的一些研究部门中,也有相当数量的教学、研究人员直接或间接从事与党史有关的工作。他们都是党史工作的重要力量。现在的问题是,从事党史研究的人员总的数量不少,但分布在不同系统,彼此合作不够,未能形成拳头。"习近平同志要求"采取措施,协调从事党史工作的各支队伍形成合力,发挥整体优势"。

党中央和中央领导同志对党史工作的高度重视和亲切关怀,为协调党史三支队伍建设,构建党史工作新格局,创造了重要条件,提供了重要保障。

二、党史部门是做好党史研究工作的主要依靠力量

党史部门既是党史研究部门,也是各级党委主管党史业务的工作部门。作为中央党史研究室主管的全国性学术团体,中共党史学会在党史研究工作中发挥着重要的作用。党史研究既是党史工作的重要基础和关键环节,也是中共党史学会的立身之本。

长期以来,各级党史部门坚持将深化党史研究作为第一位的任务,认真组织编写出版党史基本著作,编纂出版党史大事记、编年史、专门史等其他党史著作,积极开展党史服务大局、贴近现实的资政专题研究,不断深化新民主主义革命时期、社会主义革命和建设时期、改革开放和社会主义现代化建设新时期的党史研究。同时,有计划地加强对社会关注度比较高的党史重大事件、党史重大问题、党史重要人物的研究,以及党史资料的收集、整理和研究工作。

在深入研究的基础上,中央党史研究室编写出版了《中国共产党历史(第一卷)》、《中国共产党历史(第二卷)》、《中国共产党的七十年》、《中国共产党简史》、《中国共产党历史大事记》等党史精品图书,各省区市党史部门也按照要求组织编写出版地方党史一卷、二卷,党史大事记等。这些党史

图书的编写出版,基本涉及中共党史的重大历史事件和重要历史人物,为全党全社会学习党的历史提供了基本教材,为研究和宣传党的历史提供了基本遵循。这些基本党史著作的编写出版,为党史部门赢得了较高的学术地位,为确保党史部门始终走在党史研究的学术前沿,持续引领党史研究朝着正确的方向健康发展,奠定了坚实的基础。正是从这个意义上来说,党史部门是做好党史工作的主力军,是全党全社会做好党史工作的主要依靠力量。

三、党校、行政学院、干部学院、高等学校、社会科学、
史志、档案、文博等系统的党史研究教学工作者
是做好党史研究工作的重要依靠力量

党校、行政学院、干部学院、高等学校、社会科学、史志、档案、文博等系统,都不同程度地涉及党史工作,有的侧重于党史教学工作,有的侧重于党史研究工作,有的侧重于党史宣传工作,有的侧重于党史育人工作。这些部门中从事党史教学与研究、党史宣传教育的同志们,从不同的视角、不同的方面,为深化党史研究、扩大党史宣传、实现党史资政育人作出了应有的贡献,他们始终是做好党史研究工作、推动党史事业发展的重要依靠力量,也是新时期党史学会要着力去组织和协调的党史工作重要队伍。

党校、行政学院、干部学院、高等学校,以党史教学为主,积极推动党史教育进教材、进课堂、进头脑,引导广大党员、干部、群众和青少年学习党的历史,坚定中国特色社会主义理想信念,在党史宣传教育方面发挥了主渠道、主阵地的作用。同时,他们深入开展党史研究,认真组织编写出版党史学习教材,直接推动和深化了党史研究。如中国延安干部学院编写出版了《党在延安时期局部执政的历史经验》、《延安整风与党的建设伟大工程》、《党中央在延安十三年》、《延安时期大事记述》等党史图书,为研究延安时期党史提供了重要资料,对于深化延安时期党史研究具有重要意义。再如,中国人民大学中共党史系组织编写的 21 世纪党史国史系列教材,主要有《中国共产党历史》、《中华人民共和国史》、《马克思主义中国化概论》、《马克思主义党的学说和党的建设》、《中国近现代史概要》、《中共党史学概论》等,其主要对象虽然是面向本科生,但也适用于研究生、党政干部和对党史

中国中共党史学会第七次会员代表大会

国史有兴趣的社会上各方面读者的阅读需要,对于学习宣传党的历史具有重要意义。

在社会科学、史志、档案、文博等系统中,也有不少从事党史工作的人员。特别是市县史志部门,有不少本身就是地方志与党史部门合设的,有的甚至是地方志、党史部门、档案部门三家合设的,其工作的重要组成部分就是开展党史资料征集、整理和党史研究。档案、文博等系统收藏大量珍贵的党史资料,它们有不少下属单位被列入各级爱国主义教育基地,成为广大党员、干部、群众和青少年了解党的历史、学习党的历史的重要场所,在学习和研究党的历史中同样发挥着重要作用。把这些涉党史部门的积极性组织和调动起来,党史工作的队伍就会大大加强。

四、关心和参与党史工作的离退休老同志
是做好党史研究工作的重要补充力量

离退休老同志,是党和国家的宝贵财富,他们中有的曾经是党和国家领导人,有的曾经是党政军和企事业单位的重要领导人,他们亲身参与、亲耳

听到、亲眼见到很多党史事件,对党的历史有着深厚的感情和深刻的理解。这些老同志中,有的接受采访提供口述史料,有的撰写回忆文章,有的整理出版个人回忆录,为深化党史专题研究提供了大量鲜为人知的历史细节和真实可靠的一手资料,对于订正某些史料中存在的讹误,弥补某些档案资料的缺失,开展党史宣传教育,发挥着重要的不可替代的作用。

不少离退休老同志,对于党史工作有着极为浓厚的兴趣,十分热爱党史,热心参与党史工作。通过适当的方式,把关心和参与党史工作的离退休老同志组织起来,把他们的积极性调动起来,对于留存党史资料,深化党史研究,具有特殊重要的意义。中共党史学会在这方面做了不少工作,吸收了不少关心和热爱党史工作的离退休老同志成为中共党史学会会员,有的还被聘请担任学会的副会长或顾问,直接参与中共党史学会的工作,为做好新形势下党史工作作出了新的贡献。

据我了解,还有大量在职领导干部和各方面的党员、干部和群众,对党史工作有着特殊的情感和爱好。他们有的不惜花费大量时间和精力,实地考察革命遗址遗迹,重走长征路;有的甚至自愿去革命纪念场馆担任义务讲解员,为干部、群众和青少年宣讲党的历史。总之,社会各界都有一大批党史爱好者,他们都是做好新时期党史研究工作的重要补充力量。

五、中共党史学会积极推动党史三支队伍建设

长期以来特别是近些年来,中共党史学会在中央党史研究室的指导下,坚持正确方向,发扬学术民主,鼓励科学探索,营造良好氛围,在推动党史三支队伍建设方面做了大量工作,取得了较好成绩,发挥了积极作用。

(一)注重加强中共党史学会领导班子建设

近些年来,中共党史学会高度重视领导班子建设。中央党史研究室主要负责同志亲自兼任中共党史学会会长,室委领导成员兼任中共党史学会副会长,聘请中央党史研究室和有关方面的老领导和专家学者担任中共党史学会顾问,聘请中央组织部、中央宣传部、中央统战部、中央党校、中央文献研究室、中国社会科学院、中央档案馆、国家行政学院、总政治部宣传部、军事科学院、高等院校等部门的领导和专家学者担任中共党史学会副会长,

同时吸收部分热爱党史工作的企事业单位负责同志担任中共党史学会副会长。从中共党史学会的领导班子构成来看，既体现了以党史部门为主的总体特征，又注意吸收党校、行政学院、干部学院、高等学校、社会科学、史志、档案、文博等系统以及企事业单位的领导和专家学者，同时还吸收部分关心和参与党史工作的离退休老同志，为调动党史三支队伍的积极性，创造了重要条件，奠定了良好基础。

（二）注重加强中共党史学会专业委员会建设

适应新形势新任务的需要，中共党史学会注重加强专业委员会建设。2013 年中共党史学会对专业委员会进行了调整，保留了原设专业委员会中的 3 个，分别是中国工人历史与现状研究专业委员会、中共党史期刊专业委员会、党校系统党史教学与研究专业委员会。将毛泽东思想与邓小平理论研究专业委员会更名为毛泽东思想与中国特色社会主义理论研究专业委员会；恢复了两个原有的专业委员会，即国共关系研究专业委员会、共产国际与中国革命关系研究专业委员会。新成立 7 个专业委员会，分别是党的建设史研究专业委员会、党领导文化建设史研究专业委员会、党领导政治建设史研究专业委员会、党领导经济建设史研究专业委员会、党领导社会建设和生态文明建设史研究专业委员会、口述史专业委员会、艺术专业委员会。到目前为止，中共党史学会共有 13 个专业委员会。专业委员会的设置，覆盖涉及党史工作的各个领域和各个方面，对于发挥党史三支队伍的整体力量，具有重要的作用。

（三）注重加强党史研究和党史学习宣传

习近平同志在强调党史研究基础作用的同时，还特别指出，"要注意发挥中共党史学会、中共党史人物研究会的作用"。习近平同志的重要指示，明确了中共党史学会在加强党史研究工作中的重要责任，也对中共党史学会做好党史研究工作寄予了殷切期望。中共党史学会认真贯彻落实习近平同志重要指示精神，积极开展对党史重点难点课题的研究和对党的历史的学习宣传，努力成为深化党史研究新的增长极。

作为全国性学术团体，中共党史学会致力于党史研究，以深化党史研究作为第一位的任务。为调动党史三支队伍开展党史研究的积极性和主动性，中共党史学会制定了《关于建立特约研究员制度的方案》，建立了特约研究员制度，首批确定聘请了 19 名特约研究员，同时启动了党的建设史课题研究。为密切党史三支队伍之间的联系,让其他涉党史部门和党史学会会员及时了解党史学界工作动态和研究动向,中共党史学会创办了《中共党史学会通讯》,宣传党中央和中央领导同志关于党史工作的重要指示精神,介绍中共党史学会、专业委员会和单位会员的工作动态,交流工作经验和党史研究成果等,为党史学界和党史三支队伍之间加强信息沟通和学术交流开辟了一个新的园地。

在中共党史学会的积极推动下,党史三支队伍之间的联系日益密切,交流日益增多,党史工作科学发展新格局正在逐步形成。中共党史学会将继续努力做好工作,把党史各方面力量有效组织起来、充分调动起来,形成做好党史工作的强大合力,共同推动党史事业的大发展大繁荣。

（本文根据作者近年来在中共党史学会有关会议上的发言整理）

发挥地方党史工作的特色和优势

　　地方党史工作是全国党史工作的一个重要组成部分,地方党史工作队伍是全国党史工作的基础力量。多年来,在各地党委的领导下,各省区市委党史研究室围绕"以史鉴今、资政育人"的根本任务,坚持"围绕中心、服务大局"的工作方向,创造性地开展工作,形成了鲜明的地方党史工作的特色和优势,为全国党史事业的发展和繁荣作出了重要贡献。

一、地方党史工作优势突出

　　这几年,我先后到过 16 个省区市,或对党史工作进行学习调研,或参加地方党史工作会议。通过实地考察后,深感地方党史工作具有突出的优势,至少可以体现在以下几个方面:

　　一是党史资源丰富。无论是新民主主义革命时期,还是社会主义革命和建设时期以及改革开放新时期,全国的党史资源基本分布在地方各省区市。按照中国共产党从诞生到不断发展壮大的历史脉络,北京是五四运动发祥地和党的早期组织的策源地,上海有党的一大、二大、四大会址,广东有党的三大会址,湖北武汉有党的五大会址;江西是毛泽东开辟井冈山革命根据地和建立中华苏维埃政权的红色摇篮,也是工农红军二万五千里长征的起点;在贵州召开的遵义会议是确立毛泽东在党和红军领导地位的开始;陕西延安是党在长达 13 年的时间里领导中国革命的指挥中心;河北西柏坡是党在民主革命时期最后的一个农村指挥所。经过 28 年的浴血奋斗,党领导人民取得了新民主主义革命的伟大胜利。1949 年 10 月 1 日,毛泽东在北京天安门城楼宣告了中华人民共和国的成立。新中国成立后,许多重大事件、重要会议发生在首都北京和全国各地,"一五"计划时期的重大工业、交通建设项目分布在全国各地。在社会主义建设全面展开之后,各地都有一大批标志性的建设项目、建设成就,涌现出一大批先进典范,铁人王进喜、毛主席的好战士雷锋、县委书记的好榜样焦裕禄,成为时代的楷模。进入改革开放和现代化建设新时期,从建立深圳、珠海、厦门等经济特区,到开放14个沿海城市,从海南建省,到开发浦东,各地都谱写了新时期党的历史的新篇章。可以说,无论是省级党史部门还是市、县级党史部门,都有自己独特的党史资源,都有值得研究、值得纪念的党史人物。这些宝贵资源,为做好地方党史工作创造了基础性的条件。

二是工作基础扎实。各地党史部门按照党委的部署和中央党史研究室的要求,以奋发有为的精神状态和勤勉认真的工作作风,扎扎实实做好党史工作,奠定了良好的工作基础。地方党委常委会一年讨论研究一次党史工作、听取党史工作汇报已形成制度。党史基本著作的编撰从立项到编写、修改、送审、出版,已积累一整套有效的运作模式。党史资料征集全面展开,特别是历时多年的"抗日战争时期中国人员和财产损失情况调研"取得重大成果。党史宣传教育形成常态,点面结合,走向社会,贴近群众,影响不断扩大,内蒙古、安徽等省区市的党史研究室与新闻媒体合作,分别开设了固定的党史宣传教育栏目。为加强党史部门的自身建设,各地也出台了一系列留住和吸引人才、鼓励优秀人才脱颖而出、培养学科带头人和中青年业务人员的机制与办法。党史工作的保障措施更加有力,黑龙江、湖北、云南等省区市的党史研究室都装修改造了原有办公用房,有的由省委重新分配了办公用房。这些都为各地进一步做好党史工作创造了有利的条件。

三是领导高度重视。各地党委把党史工作作为党的一项重要工作列入议程,加强领导,精心组织,周密部署。近些年来,不少省区市主要领导和分管党史工作的领导,定期或不定期地到党史研究室调研指导工作,看望党史干部,帮助解决问题。特别是2010年中央颁布加强党史工作的文件和召开全国党史工作会议之后,各地党委对党史工作更加重视,在不到半年时间内,就有北京、天津、河北、山西、辽宁、吉林、黑龙江、上海、江苏、浙江、安徽、福建、江西、河南、湖北、湖南、广东、广西、海南、四川、重庆、贵州、云南、西藏、陕西、甘肃、宁夏、青海、新疆等29个省区市党委和新疆生产建设兵团先后召开常委会议,听取了党史部门关于全国党史工作会议精神的汇报,研究部署了当前和今后一段时期的党史工作。绝大多数省区市党委主要负责同志和主管党史工作的领导同志，都对学习中央精神作出了批示。中央政治局委员、北京市委书记刘淇作出了一大段重要批示，要求各级党委必须高度重视党史工作，发挥党史工作的特殊作用，使之成为首都建设世界城市、在更高水平推动科学发展的重要力量源泉。他特别号召全体党员干部每人每年至少读一本党史著作，以此作为建设学习型政党的具体要求。

各地召开的党史工作会议规格高、规模大、效果好。北京、天津、河北、辽宁、黑龙江、江苏、浙江、安徽、江西、湖北、海南、云南、贵州、宁夏、青海等省区市的党委书记，或亲自出席会议讲话，或接见会议代表，发表即席讲话，与代表合影留念。而且，各省区市的党史工作会议都有多位常委出席，都由分管党史工作的领导同志作报告。这都充分表明各地对党史工作的高度重视。

四是组织机构健全。全国各省区市的党史研究室作为党委从事党史研究和主管党史工作的业务部门，领导班子配备完备，机构、编制得到保障，有一支热爱党史工作、熟悉党史研究和党史宣传教育的业务骨干队伍以及后勤保障工作干部职工队伍。市一级的党史研究机构大部分单独设置，少数与地方志合设；县一级的党史研究机构有的单独设置，有的和地方志二合一设置或与档案部门三合一设置，无论采取什么组织形式，市县地方党史部门都有机构、有从事党史工作的人员、有一定的经费保障。尽管党史系统还存在机构不太统一、人员编制紧的情况，但总体上说，我们已形成了从省到市、到县一直贯通的党史工作队伍。有了这样一套机构、一支队伍，做好全国党史工作就有了重要的组织基础和人才保障。

二、地方党史工作特色鲜明

各地党史部门在实际工作中，锐意创新，开拓进取，形成了鲜明的工作特色。给我印象比较深刻的有以下四个方面。

一是突出重点，精心存史。以正确的立场、观点、方法研究和记载党的历史，是巩固党的执政地位、实现党的执政使命的必然要求，是党史部门第一位的政治责任。各地党史研究室都紧紧围绕这一重点工作，不断深化党史研究,精心编写党史基本著作,取得了显著的成绩。仅据到2011年的初步统计,北京、天津、河北、山西、内蒙古、辽宁、吉林、上海、江苏、浙江、安徽、福建、江西、山东、河南、湖北、湖南、广东、广西、海南、四川、贵州、云南、陕西、甘肃、宁夏、新疆等省区市党史研究室出版了地方党史第一卷;北京、河北、山西、江苏、浙江、福建、湖南、四川、宁夏、南京、武汉等省区市和副省级城市党史研究室编撰出版了地方党史第二卷。一些地方党史研究室在抓紧编写党史基本著作的基础上,还组织力量编写党史教材和党史读物,如河北出版了《中国共产党河北历史》党员读本和干部读本,辽宁出版了《党在我心中》小学、初中、高中三种读本,浙江出版了《浙江党史图览》,湖北出版了《中国共产党在湖北90周年》、《中共湖北历史知识读本》、《中共湖北历史知识读本》青少年版,湖南出版了《90位湘籍共产党人的故事》、《湖南红色地图集》,福建出版了《中共福建地方史学习读本》,四川出版了《邓小平、周恩来、朱德、陈毅与四川》丛书,海南出版了《中国共产党早期的海南人》,宁夏出版了《宁夏农村改革30年》,新疆出版了《新疆工作文献选编》、《党员学习手册》,等等。这些党史图书的出版,为各地开展党史学习教育提供了基本教材,为各级党委和政府进行科学决策提供了有益借鉴和重要启示。

二是围绕中心,资政育人。地方党史部门的领导同志深刻认识到,存史要用史、资政为执政,党史部门一定要充分认识资政工作的重要性,自觉围绕中心、服务大局,努力做好资政工作。这些年,一些省区市党史研究室积极探索,大胆实践,着力抓好围绕党委、政府中心工作和地方工作重点、难点而开展的党史专题研究,受到地方党委、政府领导的充分肯定。如上海市委党史研究室的《多种经济成分条件下化解劳资矛盾的途径和方法——以1949至1955年为例》,重庆市委党史研究室的《重庆历史上抗灾的几点启示》,浙江省委党史研究室的《标本兼治——2009年浙江省委省政府应对危机科学决策》,湖南省委党史研究室的《奏响新型工业化的华彩乐章》,杭州市委党史研究室的《农民变市民问题的历史研究》,武汉市委党史研究室的《武汉在近现代历史进程中的两度辉煌与启示》,等等,都在资政方面进行了有益的尝试。各地党史部门定期或不定期编发的党史资政刊物约有10余份,做得比较好的主要有:河北省委党史研究室创办《党史资政专刊》,江苏省委党史工作办公室编发《江苏党史研究内参》,安徽省委党史研究室编发《安徽工作概论》,福建省委党史研究室编发《资政报告》,江西省委党史研究室编发《党史资政专报》，贵州省委党史研究室编发《贵州党史研究参考》，新疆生产建设兵团党委党史研究室创办《资政参考》等，都得到了党委领导的肯定和批示。各地党史部门结合工作实际，想方设法提升资政能力，通过召开党史资政工作研讨会、举办党史资政工作培训班、组织开展重大党史资政课题等形式，培养了党史资政研究人才，取得了较好的效果，积累了较好的经验。安徽制定实施《全省党史人才培养规划》，建立健全竞争激励机制，组织成立学术研究小组，有计划有步骤地培养优秀党史人才特别是年轻人才。四川在全省创设党史资政课题科研专项基金，先期解决基金 20 万元，并逐年递增经费，以提升全省党史科研特别是资政课题研究的整体水平。杭州制定实施《关于加强党史资政课题及学术研究的若干规定》，明确党史资政研究课题的意义、要求、产生、组织、经费的使用及学术成果的鼓励办法等内容。

三是宣传教育，深入扎实。用党的历史教育广大党员、干部和群众尤其是青少年，是党史部门的一项重要任务。各地党史研究室长抓不懈，有所作为，为在全党全社会形成宣传党的历史，开展党史教育的浓厚氛围，做了大量卓有成效的工作，形成了地方党史工作的一大特色。2011 年为纪念中国共产党成立 90 周年，各地党史部门积极谋划，精心组织，周密部署，开展了丰富多彩的党史学习教育和党史宣传活动。这些活动主要包括召开纪念大会、研讨会、座谈会和报告会，举办主题展览、影视剧展播、歌咏比赛、知识竞赛、文艺晚会、书画摄影展和红色旅游网络博览会，赠送党史书刊，拍摄党史专题片，在新闻媒体开辟专栏等。在知识竞赛方面，山东将党史知识竞赛活动纳入创先争优活动，参赛党员达 410 万人。贵州省委党史研究室举办全省电视党史知识大竞赛，参加初赛、复赛、决赛的人数超过 100 万人。在新闻媒体开辟专栏方面，如内蒙古的《中共党史 30 讲》、湖北的《湖北党史人物传》、海南的《琼崖革命遗址寻访》、西藏的《六十年的历史伟业》、甘肃的《红旗飘飘》等，都取得了良好的效果。地方党史部门还注意利用网络等新媒体，扩大党史宣传教育的覆盖面。在中央党史研究室的中国共产党历史网开通前，就有不少地方党史部门开通了党史网站；在中国共产党历史网开通后，又有不少地方党史部门相继开通了党史网站。目前，北京、河北、辽宁、吉林、上海、福建、江西、河南、湖北、广东、云南等地都开通了党史网站。山东省委党史研究室制作的"电子版立体式中国共产党历史地图暨中共山东历史地图"在庆祝中国共产党成立90周年互联网宣传报道工作中获得优秀创意奖。黑龙江举办了"学党史、议变化、促发展"手机短信大赛,甘肃举办了"党在我心中"手机短信创新活动。湖北、河北开设红色微博,吸引了数十万青年人参与互动。这些形式多样的党史学习教育和党史宣传活动,都取得了很好的效果,有力地提升了党史工作在社会上的影响力。

革命纪念场馆是开展党史宣传教育的重要阵地。中央关于党史工作的文件颁布和全国党史工作会议召开之后,各地把党史纪念场馆建设提上了重要议程。原来全国党史系统只有福建省委党史研究室建有革命历史纪念馆。近一个时期,许多省区市和副省级城市都有这方面的计划和安排。据初步了解,湖南党史陈列馆已经奠基,山西省委同意建设山西省党史资料馆,海南省委同意立项建设海南史志馆,西藏自治区党委决定建立西藏党史馆,大连市委原则同意在旅顺建设大连党史资料馆,杭州市委明确提出要推动杭州党史馆早日立项建设,西安市委同意立项建设西安党史纪念馆。我认为,如果能在今后几年内陆续建成一批党史纪念场馆,这对推动党史宣传教育,将会起到极大的推动作用。

三、地方党史工作经验丰富

在长期的党史工作实践中,各地党史研究室从实际出发,创造性地开展工作,积累了丰富的经验,为全国党史工作的发展提供了许多有益的借鉴。我从在一些省区市党史部门的实地调研和看到各地上报的党史工作信息中了解到,这些经验从不同角度拓展了党史工作的视野,扩大了党史工作的影响,增强了党史工作的实效。

给我印象比较深刻的有:

北京市委党史研究室紧紧围绕市委市政府中心工作开展党史研究的经验;

辽宁省委党史研究室整合社会上党史研究力量,构建"大党史"工作格局,取得一批重要研究成果的经验;

上海市委党史研究室立足上海,不断深化上海党史研究,推出系列上海改革开放、上海现代化、上海工厂企业党史工运史、口述上海等重要研究成果的经验；

江苏省委党史工作办公室坚持开门办史，积极开展党史业务培训，推动党史研究、党史资料征编、党史宣传教育协调发展的经验；

安徽省委党史研究室组织全省各级党史研究室的力量，集中开展"领导干部党史教育周"和"党史宣传教育月"的经验；

福建省委党史研究室精心办好革命历史纪念馆，发挥党史纪念场馆在党史宣传教育中的重要作用的经验；

江西省委党史研究室高度重视中央苏区县史料的征集编写，以中央苏区县认定工作为契机推动地方经济社会发展的经验；

河南省委党史研究室认真办好《党史博览》杂志，举办党史题材写作笔会，吸引社会上党史专家学者为杂志提供高水平的稿件的经验；

湖北省委党史研究室发挥党史专家的优势，在干部教育培训中发挥主导作用的经验；利用党史题材动漫进行党史宣传教育的经验；

湖南省委党史研究室在全省建立以离退休老同志为主体的各级党史联络组，充分发挥老领导、老同志关心、支持、参与党史工作的积极性的经验；

广东省委党史研究室通过评选广东省党史教育基地，展示广东省各级党委、政府在保护和利用党史遗址方面所取得的成果，充分发挥党史教育基地以史鉴今、资政育人功能的经验；

四川省委党史研究室在抗震救灾斗争中组织灾区党史部门的力量，深入一线，开展抗震救灾史料的征集、整理、编写工作的经验；

重庆市委党史研究室围绕中共南方局革命史、中共西南局执政史、中共重庆地方党史开展党史资政工作的经验；

西藏自治区党委党史研究室着眼于维护社会稳定、增进民族团结而编撰出版《解放西藏史》、《中国共产党西藏历史图志》等图书的经验；

宁夏回族自治区党委党史研究室利用手机等新媒体，开展党史主题宣传教育的经验；

新疆维吾尔自治区党委党史研究室先后推出新疆反分裂斗争研究系列成果，为中央和自治区制定维护新疆稳定政策提供历史借鉴的经验；

南京市委党史工作办公室积极依托南京中共党史学会，以党史部门为主体，整合机关部门、高校、党校、行政学院、社科和文博系统以及离退休老同志中的党史研究力量，加强资政课题征集、论证、遴选，开展课题攻关协

作,形成社会力量广泛参与、通力合作、优势互补的资政工作格局的经验;

宁波市委党史研究室、西安市委党史研究室依靠市委党史工作领导小组的统一领导,形成以党史、史志、档案、文化新闻出版部门为主干,大学、社科研究机构、博物馆、档案馆、革命传统教育基地共同参与的党史工作大格局的经验;

深圳市史志办公室紧紧跟踪深圳经济特区从创办到不断发展的历程,书写好深圳改革开放历史的经验。

以上仅仅是举一些例子,实际上,各省、区、市的党史研究室和副省级城市的党史研究室,都创造了很好的工作经验。一些市、县党史部门在人员少、经费少的困难条件下,勤奋敬业,艰苦努力,取得了显著的工作成绩,也为我们提供了鲜活的工作经验。各地创造和积累起来的丰富工作经验,是我们继续做好党史工作、推动党史工作大发展大繁荣的宝贵财富,应当很好地学习借鉴。相信在新的工作实践中,各地党史部门还会继续解放思想、实事求是、与时俱进,不断创造新的业绩、新的经验。

（本文根据作者在地方党史部门调研和座谈时了解的有关情况整理而成）

以史鉴今　资政育人

——接受深圳特区报记者专访记

一、深圳党史就是深圳改革开放史的缩影

记者：您对全国各地党史工作有着全面的了解，您是如何看待和评价深圳的党史工作的？

龙新民：深圳是中国改革开放的排头兵和试验田。深圳市的党史资源十分丰富，党史工作地位也很重要。特别是深圳改革开放 30 年的历史，它在某种程度上是中国共产党和社会主义中国的改革开放史的缩影，为我们开创中国特色社会主义事业提供了重要经验，成为研究新时期党的改革史、开放史、执政史的宝贵资源。从这一意义上来说，深圳党史特别是改革开放时期的深圳党史，在广东乃至全国都有重要影响。深圳市委非常重视党史工作，在市委的领导下，深圳党史工作做的很有成效。比如说已经出版了《中国共产党深圳历史》第一卷，深圳市史志办公室还创办了《资政快报》，为市委市政府决策提供智力支持。市史志办公室还在改革开放 30 周年的时候，围绕深圳改革开放以来的成就、经验进行了深刻的总结。这种经验的总结为进一步开展工作提供了借鉴。深圳的党史工作可以说成绩突出，特色鲜明。这是我对深圳党史工作的总体看法。

记者：党史工作如何更好地为党委、政府提供智力上的支撑？

龙新民：党史工作的根本任务是八个字：以史鉴今，资政育人。当然，党史工作离不开对党的历史的研究，包括对党史基本著作的编写等。但是研究党的历史最根本的目的是为了运用党的历史经验为现实服务，为党和政府的中心工作服务。所以对于党史工作来讲，一定要围绕中心，服务大局。

围绕中心就是围绕党委、政府中心工作进行;服务大局就是党史工作要始终服从服务于改革开放和现代化建设的大局。对现在来讲就是要推动经济社会的科学发展,推进中国特色社会主义伟大事业,推进党的建设新的伟大工程。党史工作必须坚持把以史鉴今、资政育人作为根本任务,提高党史工作科学化水平。从这个意义上来说,深圳的党史工作注重了对深圳改革开放历史经验的总结,围绕深圳市委市政府提出的"当好推动科学发展、促进社会和谐排头兵,加快建设现代化国际先进城市"的目标,作出了党史工作的应有贡献。

二、要全面系统科学地宣传党的历史

记者:党史研究工作就是要全面的研究党史,包括我们党在历史上所犯的一些错误都要研究,这方面您是如何理解的?

龙新民:明年就是中国共产党成立90周年。党90年的历史,是党领导全国各族人民不断为实现民族独立、人民解放和国家富强、人民幸福而不懈奋斗的历史;是党坚持把马克思主义基本原理同中国具体实际相结合、不断探索适合中国国情的革命和建设道路,推进改革开放和社会主义现代化建设,推进马克思主义中国化、推进理论创新的历史;是党加强和改进自身建设、保持和发展党的先进性,不断经受住各种风险和挑战考验、发展壮大的历史。党90年的历史,从党史研究的角度,把它分为三个阶段:第一是新民主主义革命时期,第二是社会主义革命和社会主义建设时期,第三是改革开放历史新时期。应该说,在这三个历史时期当中,党既有大量成功的经验,也有一些历史的教训,当然,各个时期情况不完全一样。那么作为我们党史研究工作者来讲,在开展党史研究中,既要总结党的成功的历史经验,同时也要研究党在历史上犯过的错误和应该吸取的教训。党史工作就是要用党的伟大成就激励人,用党的优良传统教育人,用党的成功经验启迪人,用党的历史教训警示人。研究党的历史经验,充分肯定我们党90年来带领全党全国人民,为实现民族独立、人民解放和国家富强、人民幸福奋斗历程中所取得的伟大成就,这样可以进一步鼓舞我们的斗志,增强我们的信心,更加坚定走中国特色社会主义道路的决心和信念。

同时在党的历史上，由于各种原因，也犯过这样那样的错误。我们在党史研究工作中，通过对党过去所犯过的错误做出客观的、实事求是的分析，找出犯错误的社会根源、历史根源和思想根源，从中吸取避免重犯这些错误的经验和教训，为我们今天的各项工作提供有益借鉴。所以在党史研究过程中，既要理直气壮地讴歌党所取得的伟大成就和取得的成功经验，同时也不回避党在历史上曾经出现过的失误和曲折，真正起到以史为鉴的作用。这才是科学的、实事求是的态度。

三、要形式多样地宣传党的历史

记者：如何让党史的宣传能够使每一个党员、干部易于接受，甚至让群众都喜闻乐见，在传播途径上有什么思考，我们在这方面有什么创新？

龙新民：党中央高度重视党史工作，强调党史工作是党的一项具有全局意义和深远影响的工作。正确认识和科学对待党的历史，关系党的形象，关系党的生命，关系国家的长治久安。用党的历史来教育广大党员干部特别是领导干部，有利于广大党员干部从党的历史中吸取智慧和营养。所以，党中央强调党史学习各级党员领导干部是重点。现在党的各级干部新老交替，一大批年轻的干部走上了领导工作岗位。这些干部普遍政治素质比较好，学历也比较高，有着创新精神和开拓精神。但是比起老一辈的革命家来，这些年轻干部没有经受过新民主主义革命时期血与火的历史考验，也没有经历过新中国成立后进行的社会主义革命和社会主义建设，有的甚至连党如何结束"十年动乱"走上改革开放道路的这段历史也不很清楚。所以有必要在广大党员干部特别是年轻领导干部中大力加强党史学习和教育。我们还要千方百计地使党史工作走向社会，走向群众，深入人心。在这个问题上，我认为最重要的就是要加大党史宣传教育的工作力度。加强党史的宣传教育包括多个方面，首先就是要推动和组织全党全社会学习党史，通过学习党史深刻了解党所走过的 90 年的历程，深刻认识党带领人民所取得的伟大成就是如何的来之不易。根据全国党史工作会议精神，开展党史学习教育对于全社会来说，青少年是重点。因为今天生活在和平环境下的青少年，不了解党在 90 年当中是如何走过来的，也不容易理解今天幸福美好的生活是如何的来之不易。所以很有必要让广大青少年学习党的历史,了解党90年来所走过的艰难历程、取得的伟大成就和积累的丰富经验,从而加深对党的感情,树立在中国共产党领导下走中国特色社会主义道路的理想信念。

当然,现在的党史宣传教育还需要进一步丰富内容,拓宽思路,改进方法,完善手段。学习党史,一个方面是要认真读一些党史基本著作,但同时也要运用多种生动活泼的形式来进行党史的学习、宣传和教育。比方说,可以创作更多以党史为题材的电影、电视剧和各类文艺作品,这是进行党史教育的活生生的教材。像最近推出的几部电视剧《解放》、《毛岸英》、《解放大西南》,去年新中国成立60周年时创作的电影《建国大业》等等,这些都是对广大党员、干部以及青少年进行党史教育的生动教材。一些好的党史题材的影视作品创出了很高的收视率,这说明人民群众对这方面题材的文艺作品是有需求的。同时还可以组织青少年参观革命纪念馆,瞻仰革命遗址遗迹,参加红色旅游活动,等等,这些都是进行党史教育的重要形式。通过组织青少年参加这些活动,可以让他们从中受到生动形象的党史教育。现在网络是青少年接触比较多的,我们也可以通过网络这一新的媒体正面加强党史的宣传教育。而网络上目前有不少歪曲诋毁党的历史的东西,这在一定程度上给青少年带来负面影响。所以中央党史研究室正准备推出一个中共党史宣传的网站,以此作为对广大党员干部特别是青少年进行党史教育的一个重要平台。现在我们正在抓紧筹建,准备2011年"五一"正式推出。

四、新时期党史宣传工作的新情况、新问题

记者:您刚才谈到现在对青少年进行党史宣传教育的重要性,您认为我们目前对这些群体的党史宣传工作存在什么问题呢?

龙新民:20世纪五六十年代,我们读中学、上大学的时候,思想政治课的分量是很重的。现在,我看过中学政治课的教材,也有中共党史、中国近代史包括革命史的内容,但是这些教材总体上对党史介绍比较简单。比如说像抗日战争这一段,教材中只有短短的三页,就讲了抗日战争的三个阶

段,战略防御、战略相持以及战略反攻阶段,那么八年全面抗战,如果再从1931年算起的话十四年抗战,三页教材是讲不清楚的。

现在的青少年虽然接触到一点党史方面的知识,但还是很不完整、不全面的。我们问一些青少年、一些中学生,他们根本不了解在革命战争年代有哪些革命先烈和英雄模范,甚至不知道缔造党、军队和人民共和国的革命领袖的名字,不了解中国革命走过的艰难历程,对建国后党所经历的一些重要历史事件也缺乏必要的认知。

记者:现在党史宣传工作有什么创新和新的特点,有哪些需要借鉴和学习的地方?

龙新民:这些年来由于中央高度重视党史工作,各级党委也越来越重视党史工作,各地的党史部门按照中央和各地党委的要求,不断加强和改进党史工作,总的来看,我认为党史工作开展得是好的。有这样几个特点:第一是党史基本著作的编撰取得重大进展,中央党史研究室早就编辑出版了《中国共产党历史》第一卷,也就是新民主主义革命时期的党史,即将出版《中国共产党历史》第二卷,就是写新中国成立到十一届三中全会之前二十九年的历史。原来我们还编写、出版了《中国共产党的七十年》和《中国共产党简史》,等等。全国各地党史研究室在编写党史基本著作方面也取得了较大的成绩。第二就是党史的宣传教育有所加强,各级党委更加注重在党员干部中加强党史学习教育,有的省市每年集中开展党史宣传教育月活动,有的地方党委领导还提出了要求,党员干部每年至少读一本党史著作。第三就是利用各种文艺形式来宣传党的历史,这已成为文艺创作的主旋律。这些年来,出现了一大批以党史重要人物和党史重大事件为题材的电视剧、电影等文艺作品。据我了解,这方面的电影、电视剧成了观众收看的热点,起到了宣传党的历史的作用。第四就是党校和干部学院,对干部的党史教育工作有所加强,党校和干部学院的进修班、培训班有的开设了党史课,有的举办党史讲座。所以总的来说,党史的宣传教育工作在不断加强,但是我认为在这方面也还有很多需要改进的地方。

记者:那么,您认为哪些地方需要加强和改进?

龙新民:我认为,第一,应该扩大党史宣传教育的覆盖面。这方面除了要抓好党员领导干部和青少年群体这两个重点外,在全党和全社会都应当加强党史的宣传和教育。第二,要研究和改进如何更有效地进行党史宣传的方式方法。党的历史波澜壮阔，有许多感人肺腑的先进人物、典型事迹，这些都是对党员、干部进行教育的生动教材，但是我们现在编纂的一些党史著作总的来看还比较呆板，不够生动，缺乏故事性，同时也不够通俗，对党员干部特别是对青少年缺乏吸引力。还有一些党史题材的文艺作品和出版物，不仅没有正确反映党的历史，有的甚至是歪曲党的历史，这在客观上带来了负面影响。所以在这种情况下我们一定要重视改进党史宣传教育的方式方法。要让我们党史部门编纂的党史基本著作体现实事求是的科学精神，而且要改进编写党史基本著作的学风、文风，让党史著作内容更加鲜活生动，更加通俗易懂，也更加符合广大读者的阅读兴趣。在党史题材的影视剧创作方面，要让其既符合历史实际，同时要通过丰富的表达手段让党史题材的影视剧更富有艺术感染力，这样才能更好地发挥党史题材文艺作品对人们的潜移默化的教育作用。

五、永远的新闻情结

记者：您曾经多年从事新闻宣传领导工作，请谈一下对我们新闻工作者的期待、要求，以及传授一下您的经验？

龙新民：《深圳特区报》是我多年来一直在阅读的报纸，我可以称得上是《深圳特区报》的老读者。因为自己有多年从事新闻工作的经历，所以对新闻工作充满了热情，对新闻工作者也是很有感情的。我很高兴地看到，在党中央的领导和关怀下，在各级党委的重视和支持下，现在我国新闻事业生机勃勃，发展迅速，取得了很大的成就。新闻媒体在坚持正确的舆论导向，团结鼓舞人民群众，推进改革开放和社会主义现代化建设方面，发挥了不可替代的作用。作为一个老新闻工作者，我希望在新闻宣传工作中，继续坚持中央确定的方针原则，继续坚持解放思想，实事求是，与时俱进。新闻工作者要更多地深入生活，深入基层，深入群众，更多反映社会主义现代化建设的火热生活，更多反映人民群众的意愿和诉求。那么，从党史工作的角度，我也希望我们的报纸、期刊、广播电视、包括网络，能够更加重视党史宣传，比方说开设一些党史宣传的专栏、专题节目，这方面如果做得好的话，会有很好的社会效益。

前些年,中央电视台和多家中央媒体开办了"永远的丰碑"、"红色记忆"这样一些以党史为题材的专栏,这些专栏的稿子大部分是中央党史研究室组织有关方面的党史专家写的。这些专栏和专题节目都很受读者、观众的欢迎。所以我也特别希望《深圳特区报》在加强党史的宣传教育方面多作一些贡献,通过党报的宣传,让更多的党员干部和人民群众多一个学习党史、了解党史的渠道,并在学习党史的过程中总结经验,吸取教训,增长智慧。学习党史、了解党史是为了现在,为了将来,为了更好地把我们国家建设好,党史研究和宣传教育的意义即在于此。

(本文系作者在接受深圳特区报记者王付永专访时的谈话,

原载《深圳特区报》2011 年 1 月 12 日)

以史鉴今　资政育人

党 史 研 究

毛泽东的光辉业绩和不朽功勋永载史册

今天，我们怀着十分崇敬的心情，在毛泽东同志的故乡湖南韶山，召开纪念毛泽东同志诞辰 120 周年学术研讨会，深切缅怀毛泽东同志的光辉业绩和历史功勋，对于学习弘扬毛泽东同志的革命精神和科学思想，推进中国特色社会主义伟大事业，具有重要的意义。

毛泽东同志是伟大的马克思主义者，伟大的无产阶级革命家、战略家和理论家，是中国共产党、中国人民解放军、中华人民共和国的主要缔造者，是近代以来中国伟大的爱国者和民族英雄，是领导中国人民彻底改变自己命运和国家面貌的一代伟人。他为中国新民主主义革命的胜利、社会主义革命的成功和社会主义建设的进行，为实现中华民族的独立和振兴、中国人民的解放和幸福，作出了彪炳史册的伟大贡献。毛泽东同志的革命精神和崇高风范，毛泽东思想的科学理论，将永远鼓舞着全党和全国各族人民在实现中华民族伟大复兴的征途上奋勇前进。

毛泽东同志领导党和人民完成了新民主主义革命，建立了中华人民共和国，为新的历史时期开创中国特色社会主义奠定了根本政治前提。

毛泽东同志最伟大的历史功绩之一，就是把马克思列宁主义基本原理同中国具体实际相结合，深刻分析中国社会形态和阶级状况，指明了中国革命的性质、对象、任务和动力，经过艰苦的实践和探索，成功开辟了以农村包围城市、武装夺取政权的革命道路，制定了新民主主义革命的总路线，领导党和人民通过长期的浴血奋战，终于推翻了帝国主义、封建主义、官僚资本主义的统治，建立了中华人民共和国。新中国的建立，标志着近代以来无数仁人志士为之奋斗的民族独立、人民解放的基本历史任务的胜利完成，具有重大而深远的意义。革命的胜利来之不易，毛泽东同志和他的战友们，历经千辛万苦，付出各种代价，作出了不可磨灭的历史贡献。新中国的建立，彻底结束了旧中国一盘散沙、四分五裂的局面,彻底废除了帝国主义列强强加给中国的不平等条约,彻底改变了中国半殖民地半封建社会的性质,成为真正具有独立主权的国家。新中国的建立,使中国人民从此站立起来,成为新国家新社会的主人,使中华民族从此以崭新的面貌自立于世界民族之林,开启了中华民族发展进步的历史新纪元。新中国的建立,标志着中国共产党开始从领导人民为夺取全国政权而奋斗的党,变为领导人民掌握全国政权、进行社会主义革命和建设并长期执政的党,从而为新的历史时期开创中国特色社会主义奠定了根本政治前提。

韶山毛泽东同志故居

毛泽东同志领导党和人民完成了社会主义革命,进行了社会主义改造,确立了社会主义基本制度,为新的历史时期开创中国特色社会主义奠定了根本制度基础。

新中国成立之后,毛泽东同志领导党和人民,迅速医治战争创伤,着力恢复国民经济,大力发展新民主主义经济,有条不紊地进行土地改革和各项民主改革,为巩固新生的人民政权而不懈奋斗。按照毛泽东同志的提议,党中央正式提出逐步实现国家的社会主义工业化,逐步实现国家对农业、手工业和资本主义工商业的社会主义改造的过渡时期总路线,开始全面实行社会主义改造。到 1956 年年底,我国基本上完成了对生产资料私有制的社会主义改造,建立起社会主义基本经济制度,创造性地完成了从新民主主义到社会主义的转变,全面确立了社会主义基本制度,使占世界人口四分之一的东方大国进入了社会主义社会。毛泽东同志还领导党和人民确立和正式实行人民代表大会制度、中国共产党领导的多党合作和政治协商制度、民族区域自治制度,制定和施行《中华人民共和国宪法》。社会主义改造的基本完成,社会主义制度的全面确立,是我国历史上最深刻、最伟大的社会变革,成为新中国一切发展进步的基础,为当代中国一切发展进步奠定了根本制度基础。

毛泽东同志领导党和人民开展了社会主义建设,取得了独创性理论成果和巨大成就,为新的历史时期开创中国特色社会主义提供了宝贵经验、理论准备、物质基础。

社会主义基本制度建立后,毛泽东同志领导党和人民开始为实现国家繁荣富强、人民共同富裕的新的历史任务而奋斗,组织开展了全面的大规模的社会主义建设,积极探索符合中国实际的社会主义建设道路,制定了要把我国逐步建设成为具有现代农业、现代工业、现代国防和现代科学技术的,具有高度民主和高度文明的社会主义强国的宏伟蓝图。新中国在"一穷二白"的基础上,取得了社会主义建设的巨大成就:农业生产条件发生显著改变,生产水平有了很大提高;初步建立起独立的比较完整的工业体系和国民经济体系,石油、化工、冶金、机械、电子、航天等工业部门从无到有、从小到大逐步发展起来,先后建成一大批交通运输线和邮电通信设施,这期间建设起来的一些基础设施、基础项目和大中型企业,至今仍在国民经济和社会生活中发挥着作用;以原子弹、人造卫星为代表的尖端科学技术不断取得突破,新中国拥有的某些尖端科学技术已经接近或达到世界先进水平;教育、科学、文化、卫生、体育等各项事业得到很大发展;国防和军队建设以及外交工作取得重大成就,中国在国际上的地位大大提高。所有这些,都为改革开放和社会主义现代化建设奠定了重要的物质技术基础,积累了在中国这样一个社会生产力水平十分落后的东方大国进行社会主义建设的重要经验。

在中国这样一个经济文化十分落后的国家探索社会主义建设道路,是一项崭新的实践,也是一项极为艰巨的任务。由于对如何走出适合中国国情的社会主义道路还缺乏规律性认识,再加上当时严峻复杂的国际环境的影响,毛泽东同志在领导党和人民进行社会主义建设时期发生过严重曲折,出现过严重失误,特别是发生了"文化大革命"这样全局性的严重错误。但正如《关于建国以来党的若干历史问题的决议》所指出的:"我们现在赖以进行现代化建设的物质技术基础,很大一部分是这个期间建设起来的;全国经济文化建设等方面的骨干力量和他们的工作经验,大部分也是在这个期间培养和积累起来的。"毛泽东同志领导党和人民在社会主义建设道路的艰辛探索中取得的成就和积累的经验教训,为新的历史时期开创中国特色社会主义提供了深刻启示和重要借鉴。

以毛泽东同志为主要代表的中国共产党人,在革命和建设的长期实践中,努力推进马克思主义中国化,创立并不断丰富发展了毛泽东思想,实现了马克思列宁主义同中国实际相结合的第一次历史性飞跃。

毛泽东思想是马克思列宁主义在中国的创造性运用和发展,是被实践证明了的关于中国革命和建设的正确理论原则和经验总结,是中国共产党集体智慧的结晶。毛泽东思想在关于新民主主义革命,关于社会主义革命和社会主义建设,关于革命军队的建设和军事战略,关于政策和策略,关于思想政治工作和文化工作,关于外交工作,关于党的建设等各个方面,从中国的实际出发,以独创性的理论丰富和发展了马克思列宁主义。毛泽东同志把辩证唯物主义和历史唯物主义运用于中国共产党的全部工作,在中国革命的长期艰苦斗争中形成了具有中国共产党人特色的立场、观点和方法,即实事求是、群众路线、独立自主,成为毛泽东思想的活的灵魂,丰富和发展了马克思列宁主义。毛泽东思想是党和人民的宝贵的精神财富,在任何时候任何情况下,我们都要始终高举毛泽东思想的伟大旗帜。

在我们党的历史上,毛泽东同志具有极其重要的地位。中国出了个毛泽东,这是中国共产党的骄傲,是中国人民的骄傲,是中华民族的骄傲。毛泽东同志为之奋斗的伟大事业,在一代又一代中国共产党人和中国人民的不懈奋斗中,不断发展、不断前进。党的十一届三中全会以来,以邓小平同志为核心的党的第二代中央领导集体,以江泽民同志为核心的党的第三代中央领导集体,以胡锦涛同志为总书记的党中央,继续坚持马克思主义基本原理同中国具体实际相结合,继续推进马克思主义在中国的发展,形成并不断丰富发展了包括邓小平理论、"三个代表"重要思想、科学发展观等重大战略思想在内的中国特色社会主义理论体系,开辟了中国特色社会主义道路,使社会主义和马克思主义在中国大地上焕发出勃勃生机。党的十八大以来,以习近平同志为总书记的党中央,带领全党和全国各族人民,高举中国特色社会主义伟大旗帜,锐意进取,攻坚克难,开拓创新,继续谱写改革开放伟大事业的历史新篇章,奋力夺取中国特色社会主义新胜利。面对党和国家今天的崭新局面,我们深深懂得,这些辉煌成就的取得,是与以毛泽东同志为主要代表的中国共产党人开创的伟大事业、奠定的坚实基础分不开的。毛泽东同志毕生建立的丰功伟绩和卓越功勋,永远是我们党、国家、军队和人民的宝贵精神财富,我们必须永远铭记、大力弘扬。

中国中共党史学会是全国党史学界的重要学术团体,不断深化毛泽东同志生平和毛泽东思想的研究,大力宣传毛泽东同志的光辉业绩和不朽功勋,是我们的重要任务之一。近些年来,党中央进一步高度重视党史工作,也高度重视发挥党史学会的作用,要求党史学会团结和凝聚党史研究的各种力量,形成党史研究和党史宣传教育的强大合力。中国中共党史学会以及各级党史部门、党史学会和党史工作者,过去在学习、宣传和研究毛泽东思想方面做了大量富有成效的工作,在社会上产生了很好的反响。但这是一项长期的任务。今年1月5日,习近平总书记在新进中央委员会委员、候补委员学习贯彻党的十八大精神研讨班上发表的重要讲话中深刻指出,我们党领导人民进行社会主义建设,有改革开放前和改革开放后两个历史时期,这是两个相互联系又有重大区别的时期,但本质上都是我们党领导人民进行社会主义建设的实践探索。他强调,对改革开放前的历史时期要正确评价,不能用改革开放后的历史时期否定改革开放前的历史时期,也不能用改革开放前的历史时期否定改革开放后的历史时期。习近平总书记的这一重要论述,集中体现了我们党对于这一重大问题的根本立场和鲜明态度。学习贯彻习近平总书记的重要论述,我们要从宏观上正确认识和把握改革开放前后两个历史时期乃至整个党的历史,就必须进一步学习和研究以毛泽东同志为代表的党的第一代中央领导集体带领党和人民艰苦创业、艰辛探索的奋斗历程,进一步学习和研究毛泽东思想。

在隆重纪念毛泽东同志诞辰120周年的时候,作为党史工作者,我们一定要在以习近平同志为总书记的党中央领导下,以高度的政治责任感和使命感,奋发有为地做好党史各项工作,用党的光辉历史激励和教育广大党员、干部和群众,高举中国特色社会主义伟大旗帜,把毛泽东同志等老一辈革命家开创的伟大事业继续推向前进,为推进改革开放和社会主义现代化建设,全面建成小康社会,实现中华民族伟大复兴的中国梦而不懈奋斗。

（本文系作者 2013 年 12 月 18 日在湖南省纪念毛泽东同志诞辰 120 周年学术研讨会上的发言）

高举党的先进文化旗帜
推进社会主义文化建设

——纪念毛泽东《在延安文艺座谈会上的讲话》发表 **70** 周年

一部中国共产党的历史,文化建设是其重要组成部分。从 1942 年 5 月毛泽东《在延安文艺座谈会上的讲话》(以下简称《讲话》)的发表,到当前全党全社会深入学习贯彻党的十七届六中全会作出的《中共中央关于深化文化体制改革推动社会主义文化大发展大繁荣若干重大问题的决定》(以下简称《决定》),在 70 年的历史长河中,我们党始终高举中国先进文化的旗帜,代表中国先进文化的前进方向,不断推进文化事业的发展繁荣。文化作为民族精神的火炬,作为党胜利前进的号角,为中国的革命、建设和改革提供了强大的精神动力和思想保证。

一、深刻领会《讲话》的重要意义

1942 年,中国人民抗日战争处于最困难的时期,中国共产党以极大的努力,反击日军的"扫荡"和封锁,巩固抗日民主根据地,开展大生产运动和经济、文化建设。在革命圣地延安,聚集了一大批来自全国各地的知识分子和文化工作者。为了求得革命文艺的正确发展,借以打败日本侵略者,完成民族解放的任务,1942 年 5 月 2 日至 23 日,党中央在延安召开了文艺座谈会。毛泽东来到延安杨家岭窑洞前,在会议开始时作了"引言"的讲话,会议结束时作了"结论"的讲话。全篇《讲话》如同一声春雷,在中国革命文艺界引起空前的巨大反响。

延安文艺座谈会,是中国共产党在革命战争年代召开的第一次大规模、高规格的文艺座谈会。会期长达 22 天,参加座谈会的人员达 100 多人,除中央各部门负责人之外,汇聚了革命文艺界各领域的领军人物,如文学界的丁玲、艾青、萧军、刘白羽、何其芳、严文井、周立波、陈荒煤;音乐界的吕骥、郑律成、瞿维;戏剧界的张庚、钟敬之、袁文殊、塞克、吴雪、田方、阿甲、柯仲平、欧阳山尊;美术界的江丰、罗工柳、华君武、古元、蔡若虹,等等。他们当中,既有在革命队伍中成长起来的文艺工作者,也有从国统区辗转来到延安投奔革命的文化人才。可以说,延安文艺座谈会是我们党历史上富有开创性的一次文艺座谈会,是党领导文艺工作的一个重要里程碑。

毛泽东的《在延安文艺座谈会上的讲话》,是我们党在革命根据地局部执政条件下,第一个指导文艺工作的纲领性文献。《讲话》科学总结了五四运动以来我国革命文艺发展的历史经验,密切联系延安和各抗日根据地文艺工作的客观实际,紧紧围绕文艺工作的若干重大问题,全面、深刻、系统地阐述了党的文艺思想,为革命文艺的发展,为建设民族的科学的大众的文化,指明了前进的方向,具有重要的历史意义和现实意义。

《讲话》深刻阐明了文化在党的事业全局中的重要地位。毛泽东在《讲话》中指出:"在我们为中国人民解放的斗争中,有各种的战线,就中也可以说有文武两个战线,这就是文化战线和军事战线。我们要战胜敌人,首先要依靠手里拿枪的军队。但是仅仅有这种军队是不够的,我们还要有文化的军队,这是团结自己、战胜敌人必不可少的一支军队。"[1]"无产阶级的文学艺术是无产阶级整个革命事业的一部分,如同列宁所说,是整个革命机器中的'齿轮和螺丝钉'。"[2]《讲话》对文化工作的这一定位,突出了文化建设的极端重要性,强化了党对文化工作的领导。

《讲话》精辟阐述了文艺为什么人服务的问题。强调文艺必须为工农兵服务,为人民大众服务。《讲话》对"人民大众"作了解释:"什么是人民大众呢?最广大的人民,占全人口百分之九十以上的人民,是工人、农民、兵士和城市小资产阶级。所以我们的文艺,第一是为工人的,这是领导革命的阶级。第二是为农民的,他们是革命中最广大最坚决的同盟军。第三是为武

---

① 《毛泽东选集》第三卷,人民出版社 1991 年版,第 847 页。
② 《毛泽东选集》第三卷,人民出版社 1991 年版,第 865—866 页。

毛泽东等中央领导人同参加延安文艺座谈会的文艺工作者合影

装起来了的工人农民即八路军、新四军和其他人民武装队伍的,这是革命战争的主力。第四是为城市小资产阶级劳动群众和知识分子的,他们也是革命的同盟者,他们是能够长期地和我们合作的。"①《讲话》强调的文艺为这四种人服务,奠定了文艺工作为广大人民群众服务的政治方向。

《讲话》深入揭示了文艺和生活的关系。强调人民生活"是一切文学艺术的取之不尽、用之不竭的唯一的源泉",要求"中国的革命的文学家艺术家,有出息的文学家艺术家,必须到群众中去,必须长期地无条件地全心全意地到工农兵群众中去,到火热的斗争中去,到唯一的最广大最丰富的源泉中去"。②《讲话》提出的文艺源于社会生活,文艺工作者要深入群众,深入生活,深入实践等重大问题,为文艺工作者从人民群众和社会生活中汲取丰富营养,创作精品力作,推动文化发展繁荣,指明了前进道路。

《讲话》明确提出了文艺工作队伍建设的重要任务。强调文艺工作者必须树立起无产阶级立场和世界观,"彻底解决个人和群众的关系问题",要求"一切共产党员,一切革命家,一切革命的文艺工作者,都应该学鲁迅的榜样,做无产阶级和人民大众的'牛',鞠躬尽瘁,死而后已。"③《讲话》对党的文艺工作者从立场、观点、方法、作风等各方面提出的殷切希望,为建设一支党领导下的宏大的文艺工作者队伍开启了正确途径。

《讲话》还就文艺工作中普及与提高的关系,如何开展正确的文艺批评,文艺界的统一战线等问题,提出了正确的意见和要求。可以说,《讲话》是毛泽东全面阐述党对文化工作的路线、方针、原则的马克思主义光辉文

---

① 《毛泽东选集》第三卷,人民出版社 1991 年版,第 855 页。
② 《毛泽东选集》第三卷,人民出版社 1991 年版,第 860—861 页。
③ 《毛泽东选集》第三卷,人民出版社 1991 年版,第 877 页。

献,是新民主主义革命时期党的文艺思想的集中体现。

延安文艺座谈会的召开,受到革命文艺工作者的热烈欢迎和衷心拥护。会上,党的领导人和文艺工作者之间坦诚相见、畅所欲言,气氛民主、热烈。会后,延安各机关根据参会人员的笔记作传达。1943年10月19日,在纪念鲁迅先生逝世7周年时,《讲话》全文在《解放日报》正式发表。《讲话》的精神极大地鼓舞了延安和中国共产党领导的各抗日根据地的文艺工作者,他们提出了"到农村、到工厂、到部队中去,成为群众的一分子"的响亮口号。按照《讲话》倡导的文艺为人民大众服务、为工农兵服务的方向,文艺工作者纷纷下乡下厂下部队,向工农兵群众学习,从工农兵群众的火热生活中汲取营养,创作出了一大批鼓舞人民抗战斗志、深受广大群众欢迎的优秀文艺作品。比如:在戏剧方面,创作演出了大型新歌剧《白毛女》,秧歌剧《兄妹开荒》、《夫妻识字》,评剧《逼上梁山》、《三打祝家庄》;在文学方面,有赵树理的《小二黑结婚》、《李有才板话》、《李家庄的变迁》,欧阳山的《高干大》等一批新作;街头画报、街头演出、街头音乐、街头诗朗诵等群众性文化活动在延安和一些抗日根据地也开始活跃起来。实践证明,延安文艺座谈会的召开和《讲话》精神的学习宣传贯彻,达到了毛泽东在《讲话》中所期望的目标:"一定能够创作出许多为人民大众所热烈欢迎的优秀的作品,一定能够把革命根据地的文艺运动和全中国的文艺运动推进到一个光辉的新阶段。"①

《讲话》发表距今70年了,虽然社会环境和时代条件发生了巨大而深刻的变化,但《讲话》所代表的党的文艺思想,在社会主义革命和社会主义建设时期,在改革开放历史新阶段,继续发挥着有力的指导作用。《讲话》培育和激励了一代又一代文艺工作者,他们为祖国、为人民创造了许许多多的文化艺术精品力作,在中国革命、建设和改革史上书写了绚丽的篇章。毫无疑义,《讲话》的基本精神至今仍然闪耀着真理的光芒。

二、重温《讲话》精神的几点启示

2011年10月,党的十七届六中全会专题研究部署深化文化体制改革、

---

① 《毛泽东选集》第三卷,人民出版社1991年版,第877页。

推动社会主义文化大发展大繁荣,进一步兴起社会主义文化建设新高潮,作出了《中共中央关于深化文化体制改革推动社会主义文化大发展大繁荣若干重大问题的决定》。这一《决定》是新时期我们党加强社会主义文化建设的一个纲领性文献,在党和国家的文化建设史上,同样具有里程碑式的重要意义。

面对推动社会主义文化大发展大繁荣的战略任务,把《讲话》放到党的文化建设的历史全局来学习、研究,会给我们带来许多有益的启示。作为一名党史工作者,下面笔者着重谈五个方面的认识和体会。

(一) 高度重视文化在社会发展中的地位和作用,是党领导文化建设的一贯思想

作为观念形态的文化,一定的文化是一定社会的政治和经济的反映。任何一个国家,任何一个民族,文化是其生生不息、薪火相传的血脉和精神。毛泽东在《新民主主义论》中曾经精辟指出:"革命文化,对于人民大众,是革命的有力武器。革命文化,在革命前,是革命的思想准备;在革命中,是革命总战线中的一条必要和重要的战线。"①毛泽东在延安文艺座谈会上的讲话,更用"文武两个战线"生动地表述了文化战线在党的事业全局中独占一翼。

强调把文化建设放在突出位置,是因为文化承载着为党的事业、为人民引领前进方向的任务,承载着为党的事业、为人民提供思想动力的使命,承载着为社会、为人民创造文化生活条件的责任。在革命战争年代,我们党依靠"手里拿枪的军队"和"文化的军队",即依靠"枪杆子"和"笔杆子",团结自己,战胜敌人,夺取了新民主主义革命的胜利。新中国成立之后,文化建设取得巨大成就。特别是在深刻汲取"文化大革命"全局性错误的严重教训之后,我们党把文化的发展作为社会主义本质属性的题中应有之义,强调在建设高度物质文明的同时,提高全民族的科学文化水平,发展高尚的丰富多彩的文化生活,建设高度的社会主义精神文明。邓小平明确指出:"社会主义制度的优越性表现在它的文化、科学技术水平应该比资本主义发展得更快、更先进,这才称得起社会主义,称得起先进的社会制度。"②

---

① 《毛泽东选集》第二卷,人民出版社 1991 年版,第 708 页。
② 《邓小平年谱》(上),中央文献出版社 2004 年版,第 200 页。

当今时代,文化与经济和政治相互交融,文化越来越成为国家软实力的重要标志。党的第三代中央领导集体和以胡锦涛同志为总书记的党中央,更加高度重视文化建设在社会发展中的地位和作用。江泽民强调:"全面建设小康社会,必须大力发展社会主义文化,建设社会主义精神文明","文化的力量,深深熔铸在民族的生命力、创造力和凝聚力之中"。① 胡锦涛也指出,"当今时代,文化在综合国力竞争中的地位日益重要","没有先进文化的积极引领,没有人民精神世界的极大丰富,没有全民族创造精神的充分发挥,一个国家、一个民族不可能屹立于世界民族之林"。② 在新的形势下,我们党大力加强社会主义先进文化建设,不断满足人民群众日益增长的精神文化需要,不断促进人民思想道德素质和科学文化素质的提高,为发展经济、发展先进生产力指引了正确的方向,提供了强大的思想保证和智力支持。

(二) 始终坚持中国先进文化的前进方向,是党领导文化建设的一条主线

中国共产党从诞生之日起,就高举起以马克思主义为指导的先进文化的旗帜,像漫漫长夜里的火炬,燃起了中国人民追求民族独立解放的理想、信念和希望。新民主主义革命时期,中国的先进文化,正如毛泽东在《新民主主义论》中所深刻阐明的,就是无产阶级领导的人民大众的反帝反封建的文化。毛泽东在《讲话》中重申了党的这一文化主张,鼓励和号召文艺工作者创作更多的为人民大众所热爱的优秀作品,集中反映了我们党对发展先进文化的高度重视和殷切期待。

在当代中国,我们党正在领导全国各族人民建设中国特色社会主义。这一前无古人的伟业,迫切需要建设与之相适应的中国特色社会主义文化。中国特色社会主义文化,代表着中国先进文化的前进方向,因为它是以马列主义、毛泽东思想、中国特色社会主义理论体系为指导的文化;是服从服务于党在社会主义初级阶段基本路线,为改革开放和现代化建设提供精神动力的文化;是弘扬民族精神,凝聚各族人民意志和力量,积极、健康、向上的文化;是继承和发扬中华民族一切优秀文化传统,具有中国特色和中国气派

---

① 《江泽民文选》第三卷,人民出版社 2006 年版,第 558 页。
② 胡锦涛:《在中国文联第八次全国代表大会、中国作协第七次全国代表大会上的讲话》,《十六大以来重要文献选编》(下),中央文献出版社 2011 年版,第 752 页。

的文化;是博采世界各国文化之长,吸收一切国外优秀文化成果的文化;是面向大众、服务大众,为广大群众喜闻乐见的文化。

当代中国先进文化的精髓和灵魂是马列主义、毛泽东思想和中国特色社会主义理论体系,坚持中国先进文化的前进方向,必须不断巩固马克思主义的指导地位,绝不搞指导思想多元化。社会主义核心价值体系,是中国先进文化的核心内容,坚持中国先进文化的前进方向,必须坚定中国特色社会主义理想信念,弘扬以爱国主义为核心的民族精神和以改革创新为核心的时代精神,树立和践行社会主义荣辱观,形成良好的社会道德风尚。优秀精神产品是中国先进文化的直接载体和物化形态,坚持中国先进文化的前进方向,必须大力繁荣社会主义文化事业,努力创作出一大批无愧于时代、无愧于人民,思想性、艺术性、观赏性俱佳的精品力作,满足广大人民群众日益增长的精神文化需求。

(三) 坚持和发展党的文艺思想,是党领导文化建设的内在要求

社会发展进步的历史,是人类生命繁衍、财富创造的物质文明发展史,同样也是人类文化积累、文明传承的精神文明发展史。我们党在领导革命、建设和改革的历史进程中,把马克思主义基本原理同中国革命具体实际相结合,运用辩证唯物主义和历史唯物主义的立场、观点和方法,确定了党对文艺工作的基本方针,创造性地提出了党的文艺思想。党的文艺思想是马克思主义中国化的重要成果,是中国特色社会主义理论的重要组成部分。党的文艺思想,内涵丰富,博大精深,笔者理解其核心是坚持马克思主义的指导地位,坚持党对文化工作的领导,坚持文艺为人民服务、为社会主义服务的方向和"百花齐放、百家争鸣"的方针。

在改革开放新的历史时期,我们必须坚持党的文艺思想,毫不动摇地坚持马列主义、毛泽东思想和中国特色社会主义理论体系对文化工作的指导,毫不动摇地坚持文化工作的"二为"方向和"双百"方针。

实践是发展的,理论也应该是发展的。现在,世界多极化和经济全球化的趋势深入发展,世界范围内各种思想文化相互激荡,我国社会环境也在发生深刻变化。要跟上时代前进的潮流,我们必须在实践中坚持文艺创新,不断发展党的文艺思想。创新的着眼点是,根据社会主义精神文明建设的特点和规律,适应社会主义市场经济发展的要求,使文化建设的路线、方针、政策、举措,更加适应时代的要求和人民的需要。创新的根本动力是深化改

革,要把深化改革同调整结构和促进发展结合起来,理顺政府和文化企事业单位的关系,加强文化体制建设,加强宏观管理,深化文化企事业单位内部改革,逐步建立有利于调动文化工作者积极性,推动文化创新,多出精品、多出人才的文化管理体制和运行机制。

创新是民族进步的灵魂,文化是最需要创新的领域。我们党的历史证明,党的事业的每一次重大发展、重大飞跃,都是以思想解放、文化创新为先导、为推动力的。党的文艺思想必须随着时代前进,在继承中发展,在创新中发展。

延安宝塔山

(四)着力建设宏大的文化队伍,是党领导文化建设的现实需要

新民主主义革命时期,我们党在为争取民族独立、人民解放而进行的斗争中,团结和依靠革命的文化工作者,建设起一支党领导下的无产阶级文化大军,这是我们党的事业取得胜利的必不可少的条件。新中国成立后,面对社会主义革命和建设的繁重任务,党在文化建设中注重培养各类文化人才,为社会主义文化的发展繁荣提供了队伍保障。进入改革开放新时期,文化事业的发展呈现出一个崭新的局面。文化建设的地位更加凸显,文化建设的领域更加拓展,文化建设的任务更加繁重,文化建设面对的国际、国内环境更加复杂,广大人民群众对文化生活的需求更加强烈。因此,在新的历史条件下,加强文化人才队伍建设,更有其特殊的重要性。

建设一支宏大的社会主义文化队伍,首先要用中国特色社会主义理想信念凝聚广大文化工作者。延安文艺座谈会召开的那个年代,延安和各抗日根据地的条件都十分艰苦,即使是在国统区的进步文化工作者,面临的环境也十分恶劣。但是,我们党的理想信念,党的精神力量,感召和吸引了一大批文化工作者和知识分子投身革命队伍,从事党的文化工作。今天,在新的形势下,建设一支宏大的社会主义文化队伍,仍然需要把思想政治建设放在第一位。要坚持不懈地用中国特色社会主义理论体系武装全体文化工作者,引导他们深入学习党的基本理论、基本路线、基本纲领、基本经验,坚定中国特色社会主义共同理想,践行社会主义核心价值体系,增强社会责任感,全心全意地为广大人民群众服务。

《讲话》提出的文艺工作者要深入群众、深入生活的原则,是我们党几十年来在文化工作中始终坚持和倡导的。建设一支宏大的社会主义文化队伍,应当大力继承和弘扬这一光荣传统,以更大的力度,更有力的措施,鼓励和引导广大文化工作者到基层群众中去,到生活实践中去。通过深入生活,深入群众,增进同人民群众的感情,密切同人民群众的联系,从人民群众中汲取丰富的营养,在了解熟悉社会生活中进行艺术的再创造。

各类文化艺术人才,是我们党和人民的宝贵财富,必须最大限度地把广大文化工作者的积极性、创造性调动起来。我们党在领导文化工作的过程中,特别是在 20 世纪 50 年代末到 70 年代中期,曾经犯过一些严重的"左"倾错误,错误地展开了对一大批文艺作品及其作者的批判,伤害了一大批优秀文化人才。这是一个极为深刻的教训。我们党也正是从总结历史的经验教训中进一步认识到,党在实施对文化工作者的领导中,必须用符合文化艺术规律的方式去做工作,尊重作家、艺术家的创造性劳动,鼓励文化工作者发挥个人的创造精神和主观能动性,在艺术创作中大力提倡不同形式、不同风格的自由发展,对文艺创作不横加干涉,努力营造民主、和谐、宽松的文化发展环境。鼓励和引导广大文化工作者,紧密结合亿万人民全面建设小康社会的伟大实践,创造出更多体现时代精神、符合人民要求的具有中国特色、中国风格、中国气派的文化成果,更好地为人民服务、为社会主义服务、为全党全国工作大局服务。

（五）不断满足人民群众特别是基层群众的文化需求,是党领导文化建设的基本任务

人民群众是历史的主人,是社会物质财富和精神财富的创造者。党的一切工作的立足点和着眼点都是为了广大人民群众的根本利益。回顾文化建设的历史,从《讲话》确立的文艺为以工农兵为主体的广大人民群众服务的方向,到《决定》强调的"满足人民基本文化需求是社会主义文化建设的基本任务",都充分体现了党对保障人民群众文化权益的高度重视。

在我国总体上人民生活达到小康、物质生活水平有了较大提高之后,人民群众对精神文化生活的需求愈加强烈。人们不仅重视和关注经济权益、政治权益的保障,也越来越关注文化权益的保障。读书、看报、听广播、看电视、看电影、观赏文艺节目,成为广大基层群众最基本的文化需求,也是不少基层百姓业余精神文化生活的主要方式。但同国家经济的快速发展相比,我国文化建设还相对滞后,国家对文化的投入不足,提供的公共文化服务和精神文化产品还不能适应人民群众日益增长的精神文化生活需求。尤其是城乡之间、不同群体的人民群众之间文化生活差距拉大,一些农村和边远地区、经济不发达地区文化设施落后,群众的文化生活难以得到保障;不少经济困难家庭特别是广大进城务工人员的文化生活更为贫乏。从一定意义上说,我国文化建设中的问题和矛盾,突出表现在文化生产力和公共文化服务同基层百姓特别是农村地区群众和城市经济困难人群、进城农民工的需求不相适应。在这种情况下,党在领导文化建设的工作中,应当突出地强调让文化建设走进基层,让人民群众共享文化发展成果。

让文化建设走进基层,让人民群众共享文化发展成果,各级党委和政府应当下更大的力气,促进城乡、区域文化协调发展,推动文化下基层、到农村、进群众。努力创造条件去逐步缩小城乡之间、不同职业的社会群众之间、贫富状况不同的社会成员之间在文化生活上的过大差距,保证文化财富在分配对象、分配内容和分配方式上的尽可能公平正义。要进一步加大文化建设的投入,并更多地向农村地区、边远地区和城市基层社区倾斜,使新

闻出版、广播影视、文学艺术等各方面的公共文化服务资源逐步走向均衡，解决一些农村地区文化设施落后、文化场地匮乏、文化产品供应紧张的状况，为城乡基层群众提供必要的文化设施和文化活动场所。要充分尊重和尽量满足不同社会群体的不同文化需求，进一步处理好普及与提高的关系，使所有公民都能在"文化享有"上各得其利，在"文化提高"上各得其所，在"文化创造"上各尽其能。努力使广大农村群众和城市低收入家庭、进城务工人员都有基本的文化活动可以参与，都有适应他们需要的精神文化生活，用丰富的文化产品和文化活动去满足基层群众的精神需求。

让文化建设走进基层，让人民群众共享文化发展成果，就要继续完善有关文化政策，让群众广泛享有免费或优惠的基本公益文化服务。在城市组织的各类演出、展览等文化活动，应尽可能满足不同阶层、不同群体的多方面需要，注意兼顾低收入家庭、困难群众的承受能力。组织更多的公益性文化活动进社区、进校园、进工地、进农村、进营房。要特别关注农村地区和进城务工农民的基本文化需要，采取有力措施，努力为他们创造必要的精神文化生活条件。可以说，没有广大人民群众特别是基层群众文化生活的极大丰富、文化素质的极大提高，就难以形成社会主义文化大发展大繁荣的崭新局面。

从延安文艺座谈会上的《讲话》到十七届六中全会的《决定》，时间跨度70年。70年中，我们党历经革命、建设、改革三个历史时期，走过了一条艰难曲折而辉煌的道路，党的先进文化的旗帜始终在中华大地高高飘扬。迈向新的历史阶段，中国先进文化的继续积极引领，社会主义文化的大发展大繁荣，必将极大地增强全国各族人民的精神力量，在实现中华民族伟大复兴的征程上，不断创造新的业绩。

（原载《中共党史研究》2012 年第 4 期）

毛泽东文艺思想对当代
文艺工作的指导意义

　　毛泽东文艺思想是毛泽东思想的重要组成部分,是中国共产党在长期的革命和建设实践中形成的科学理论,进一步丰富和发展了马克思主义文艺观。纵观党的历史,穿过新民主主义革命的战火硝烟,历经社会主义革命和建设的艰难曲折,毛泽东文艺思想始终指引党的文艺事业伴随时代前进的脚步而不断发展繁荣,从而为激励和鼓舞人民奋勇前进凝聚起强大的精神力量。

　　进入改革开放和社会主义现代化建设的历史新时期,世情、国情、党情发生深刻变化,我国文艺工作面临的国内外环境和社会条件前所罕见,推动社会主义文化大发展大繁荣的历史任务十分艰巨。在新的形势下,毫无疑问,毛泽东文艺思想仍然是指引当代文艺工作的理论基础和行动指南。

一、为人民服务,是文艺工作必须
始终坚持的正确方向

　　为什么人服务的问题,是文艺工作的根本问题。1940 年 1 月,毛泽东在著名的《新民主主义论》中,将新民主主义的文化定性为"无产阶级领导的人民大众的反帝反封建的文化",并第一次鲜明地指出:"这种新民主主义的文化是大众的,因而即是民主的。它应为全民族中百分之九十以上的工农劳苦民众服务"。① 1942 年 5 月,毛泽东在延安亲自主持召开了中国共

---

　　① 《毛泽东选集》第二卷,人民出版社 1991 年版,第 708 页。

产党历史上第一次高规格大规模的文艺座谈会并发表重要讲话,讲话的第一个问题便是:我们的文艺是为什么人的? 他开宗明义地回答说:我们的文艺是"为人民的"。毛泽东还具体解释说:"什么是人民大众呢? 最广大的人民,占全人口百分之九十以上的人民,是工人、农民、兵士和城市小资产阶级。所以我们的文艺,第一是为工人的,这是领导革命的阶级。第二是为农民的,他们是革命中最广大最坚决的同盟军。第三是为武装起来了的工人农民即八路军、新四军和其他人民武装队伍的,这是革命战争的主力。第四是为城市小资产阶级劳动群众和知识分子的,他们也是革命的同盟者,他们是能够长期地和我们合作的。这四种人,就是中华民族的最大部分,就是最广大的人民大众。"①

毛泽东在延安文艺座谈会上鲜明地提出文艺"为人民大众首先为工农兵服务",从根本上指明了党领导的文艺工作的政治方向,这是毛泽东文艺思想的核心和灵魂。以此为开端,解放区的广大文艺工作者以及当时国统区的一些作家艺术家把自己的立场转变到人民的立场上来,按照文艺为工农兵服务、为人民大众服务的方向,纷纷下乡下厂下部队,向工农兵群众学习,从工农兵群众的火热生活中汲取营养,创作出一大批反映人民群众现实生活、为人民群众喜闻乐见的优秀文艺作品,为中国人民革命事业的胜利作出了不可磨灭的历史性贡献。

新中国成立后,我国广大文艺工作者继续坚持文艺为人民服务的正确方向。当然,这一时期,"人民"的概念和范畴较之延安文艺座谈会时期有了一定的变化,但其本质是一致的。党的十一届三中全会后,党在文艺战线进行了拨乱反正。邓小平 1979 年在第四次文代会上的祝词,一方面重申"我们要继续坚持毛泽东同志提出的文艺为最广大的人民群众、首先为工农兵服务的方向";另一方面提出文艺要"围绕着实现四个现代化的共同目标"②,为实现四个现代化这个"压倒一切的中心任务"服务。邓小平的这一表述,在坚持毛泽东提出的文艺为人民服务的同时,形成了文艺为社会主义服务的重要思想。到 1980 年 7 月 26 日,《人民日报》根据邓小平这一思想,发表了《文艺为人民服务、为社会主义服务》的社论,从此,我国新时期

---

① 《毛泽东选集》第三卷,人民出版社 1991 年版,第 855—856 页。

② 《邓小平文选》第二卷,人民出版社 1994 年版,第 210、211 页。

文艺事业发展的方向正式表述为"二为"方向,即"为人民服务、为社会主义服务。"

文艺为人民服务、为社会主义服务,其本质属性是文艺的人民性。文艺属于人民,人民是文艺工作者的母亲。人民需要艺术,艺术更需要人民。正是广大人民群众创造了社会物质财富和精神财富,他们是社会的主人,是历史前进的动力。而在当代中国,社会主义道路、社会主义制度,是中国人民的历史选择,反映和代表了最广大人民群众的共同愿望和根本利益。因此,党领导下的文艺工作,必须始终坚持为人民服务、为社会主义服务,把满足人民群众精神文化需求作为根本出发点和落脚点,高扬爱国主义、集体主义、社会主义主旋律,唱响共产党好、社会主义好、改革开放好、伟大祖国好、各族人民好的时代最强音,努力建设社会主义核心价值体系。坚持"二为"方向,是文艺工作的生命所系、力量所在,也是我国社会主义文艺同其他社会制度下的文艺的根本区别。背离"二为"方向,文艺工作就会丧失人民性,失去社会主义性质,走上改旗易帜的邪路。

二、百花齐放、百家争鸣,是文艺工作
必须始终坚持的正确方针

新中国成立标志着中国的历史掀开了崭新的一页。党领导全国各族人民奋发图强、艰苦奋斗,迅速改变了旧中国的落后面貌。随着经济建设高潮的兴起,一个文化建设的高潮也必然到来。1956 年 4 月 28 日,毛泽东在中共中央政治局扩大会议上的总结讲话中提出:"艺术问题上的百花齐放,学术问题上的百家争鸣,我看应该成为我们的方针。"①1957 年 2 月,毛泽东在最高国务会议第十一次(扩大)会议上发表了《关于正确处理人民内部矛盾的问题》的重要讲话。讲话再次明确指出:"百花齐放、百家争鸣的方针,是促进艺术发展和科学进步的方针,是促进我国的社会主义文化繁荣的方针。"②"双百"方针的提出,是毛泽东文艺思想的重大发展,它同"二为"方

---

① 《毛泽东文集》第七卷,人民出版社 1999 年版,第 54 页。
② 《毛泽东文集》第七卷,人民出版社 1999 年版,第 229 页。

向一道,构成了毛泽东文艺思想的基本体系。

作为一定社会的政治和经济在观念形态上的反映,文学艺术要真实地反映丰富的社会生活,表现时代前进的要求和历史发展的趋势,讴歌人民群众建设美好生活的高昂热情和崭新面貌。同时,文学艺术有着它自身发展的规律,文艺不是简单地反映生活、反映现实,它要通过有血有肉、生动感人的艺术形象,通过作家、艺术家的创造性劳动,给人们以美的艺术享受,从而收到塑造美好心灵、陶冶精神情操、丰富文化生活的效果。"双百"方针的提出,适应了国家和人民需要迅速发展文化的迫切要求,体现了文学艺术自身发展的内在规律,是完全正确的方针。

"双百"方针提出之后,在一段时间内,我国文学艺术界鼓励艺术上不同形式和风格的自由发展,尊重和支持作家艺术家的创作,大力促进文学艺术的繁荣,文化建设取得了显著的成绩。但随着 20 世纪 60 年代党内"左"的错误日趋严重,"百花齐放、百家争鸣"这一正确方针没有得到有效贯彻,甚至出现了"文化大革命"那样的全局性错误,给我国文学艺术事业造成了灾难性的后果。

进入改革开放和社会主义现代化建设的历史新时期,我国文学艺术事业迎来了新的春天,"百花齐放、百家争鸣"作为发展文学艺术事业的正确方针被重新提到了重要位置。邓小平在第四次文代会的祝词中强调,要继续坚持贯彻"双百"方针,在艺术创作上提倡不同形式和风格的自由发展,在艺术理论上提倡不同观点和学派的自由讨论。由于认真贯彻执行"双百"方针,我国文艺事业呈现出生机勃勃、硕果累累的崭新面貌。文学、戏剧、电影、电视、音乐、舞蹈、美术、书法、曲艺、杂技以及民间艺术、群众艺术等繁花似锦、姹紫嫣红。广大文艺工作者思想解放,心情舒畅,他们以与时代同进步、与人民共命运的崇高责任感和饱满激情,为人民奉献了大量思想内涵丰富、艺术品质上乘的精神食粮,对满足人民精神需求、丰富人民精神世界、增强人民精神力量、促进人的全面发展发挥着不可替代的作用。

实践证明,"百花齐放、百家争鸣"的方针是繁荣发展文学艺术事业的正确方针。坚持贯彻执行这一方针,文艺事业就兴旺发达,文艺工作者就积极性高涨;而背离这一方针,文艺园地必定会百花凋零,文艺工作者的聪明才智和创作热情也必定会被扼杀掉。今天,面对推动社会主义文化大发展大繁荣的重大历史任务,我们必须更加自觉地坚定地贯彻好"双百"方针,尊重差异,包容多样,充分发扬艺术民主和学术民主,充分调动广大文艺工作者的积极性和创造性,努力创作生产更多无愧于历史、无愧于时代、无愧于人民的优秀文艺作品,使社会主义文化的百花园更加绚丽多彩。

三、古为今用、洋为中用,是文艺工作
必须始终坚持的正确原则

中华民族有着五千年连绵不断的文明历史,创造了闻名于世的优秀文化。同时,中华文化也在同世界文化的交流交往中,不断书写着新的辉煌。如何对待中国自己的传统文化和外来文化? 毛泽东文艺思想鲜明地回答了这个重大问题,这就是:古为今用、洋为中用。

毛泽东在《新民主主义论》中提出了"民族的科学的大众的文化"这一著名论断,文中指出:"中国应该大量吸收外国的进步文化,作为自己文化食粮的原料","但是一切外国的东西,如同我们对于食物一样,必须经过自己的口腔咀嚼和胃肠运动,送进唾液胃液肠液,把它分解为精华和糟粕两部分,然后排泄其糟粕,吸收其精华,才能对我们的身体有益,决不能生吞活剥地毫无批判地吸收。"[1]在延安文艺座谈会上的讲话中,毛泽东也提出:"我们绝不可拒绝继承和借鉴古人和外国人,哪怕是封建阶级和资产阶级的东西。但是继承和借鉴决不可以变成替代自己的创造。"[2]

毛泽东发表《新民主主义论》和《在延安文艺座谈会上的讲话》时,中国共产党还处在艰苦的革命战争岁月,延安等革命根据地还极为封闭。在那个年代,以毛泽东为代表的中国共产党人即以海纳百川的博大胸怀,正确地对待传统文化和外来文化,强调吸取借鉴一切优秀的文学艺术遗产和人类文明成果,鲜明地体现了毛泽东文艺思想的继承性和开放性。由此,以历史唯物主义的态度,科学对待中国传统文化和外来文化,成为毛泽东文艺思想的重要内容。

按照古为今用、洋为中用的原则,新中国成立后,文学艺术事业在继承

---

① 《毛泽东选集》第二卷,人民出版社 1991 年版,第 706—707 页。
② 《毛泽东选集》第三卷,人民出版社 1991 年版,第 860 页。

和弘扬我国优秀传统文化、吸收国外有益文化成果方面，做了大量卓有成效的工作。改革开放以来，随着我国多层次、宽领域、全方位对外开放格局的形成，我国经济、文化等领域"走出去"、"请进来"的步伐不断加快，文学艺术事业以前所未有的广度和深度，同世界各国文化交流、交融、交往，对繁荣我国文学艺术事业，丰富人民群众精神文化生活，发挥了重要的作用。弘扬中国的优秀传统文化也越来越受到社会的关注，"国学热"成为一种新的文化现象。

在时代发生深刻变化、世界各国经济相互交融、思想文化相互激荡的新形势下，毛泽东文艺思想所提倡的"古为今用、洋为中用"的方针原则，我们必须继续坚持。文学艺术属于意识形态的范畴，具有鲜明的思想性。毫无疑问，对中国古代的文化，对国外的文化，我们要继承、吸收和借鉴，但是这种继承和吸收，不是简单的硬搬和模仿，应当取其精华，去其糟粕，吸收其中一切有益的东西。而且，我们继承弘扬优秀传统文化和吸收国外有益文化，目的都是为了最大限度地满足广大人民群众的精神文化需求，推进中国特色社会主义伟大事业。中国优秀传统文化凝聚着中华民族自强不息的精神追求和历久弥新的精神财富，是发展社会主义先进文化的深厚基础，是建设中华民族共有精神家园的重要支撑。我们应当珍惜、保护和挖掘中华民族优秀文化遗产，使之成为新时期激励和鼓舞人民前进的强大力量。在国际间文化交流日益频繁的今天，排斥外来文化，在文化上把自己封闭起来，只会延缓我们民族文化的发展进程，但借鉴外来文化，必须立足于本民族的实践。要坚持以我为主、为我所用，学习借鉴一切有利于加强我国社会主义文化建设的有益经验、一切有利于丰富我国人民文化生活的积极成果、一切有利于发展我国文化事业和文化产业的经营管理理念和运行机制。在文学艺术事业的发展和文化建设上，同样绝不能盲目崇拜西方文化，更不能搞全盘西化。

四、深入生活、深入群众，是文艺工作
必须始终坚持的正确道路

辩证唯物主义和历史唯物主义告诉我们，人民是真正的英雄，是历史的创造者。一切优秀的文艺作品，都源于人民群众的社会生活。毛泽东《在

延安文艺座谈会上的讲话》,提出了人类的社会生活"是一切文学艺术的取之不尽、用之不竭的唯一的源泉"的著名论断,他还特别强调,"这是唯一的源泉,因为只能有这样的源泉,此外不能有第二个源泉。"①因此,他号召"中国的革命的文学家艺术家,有出息的文学家艺术家,必须到群众中去,必须长期地无条件地全心全意地到工农兵群众中去,到火热的斗争中去,到唯一的最广大最丰富的源泉中去,观察、体验、研究、分析一切人,一切阶级,一切群众,一切生动的生活形式和斗争形式,一切文学和艺术的原始材料,然后才有可能进入创作过程。"②毛泽东的这些论断,根据马克思主义认识论的原理,科学揭示了文艺和生活、文艺和群众的关系,为广大文艺工作者指明了前进的道路,这是毛泽东文艺思想的重要基石。

以延安文艺座谈会召开为新的起点,我国革命文艺工作者提出了"到农村、到工厂、到部队中去,成为群众的一分子"的响亮口号,积极投身于抗日战争的烽火和人民群众的火热生活。正是从广大工农兵群众的现实生活中汲取丰富营养,一大批鼓舞人民抗战斗志、深受群众欢迎的优秀文艺作品应运而生,如大型新歌剧《白毛女》、秧歌剧《兄妹开荒》、小说《小二黑结婚》,等等。这些作品不仅在当时产生了重大影响,而且在中国文艺史上也具有重要地位。

延安时期革命文艺工作者深入生活、深入群众的伟大实践,开辟了我国文艺创作的崭新道路,为广大文艺工作者树立了光辉的榜样,并成为我国文艺工作的优良传统。自此之后的 70 年来,无论是在社会主义革命和建设的热潮中,还是在改革开放的历史新时期,党和政府都大力倡导文艺工作者到基层去,到群众中去,到工农业生产第一线去,同人民群众打成一片,和人民群众交朋友。为推动新闻宣传和文艺战线深入现实生活,增进同广大人民群众的血肉联系,党中央明确提出了"贴近实际、贴近生活、贴近群众"的"三贴近"原则。此外,中央宣传部先后推出的"三下乡"、"走转改"活动,中国文联、中国作家协会组织的作家艺术家采风活动,各宣传文化单位组织开展的"心连心"等文化进工厂、进农村、进社区、进校园、进军营的活动,都架设起了一座座促进文艺工作同群众生活密切联系的桥梁。广大文艺工作

---

① 《毛泽东选集》第三卷,人民出版社 1991 年版,第 860 页。
② 《毛泽东选集》第三卷,人民出版社 1991 年版,第 860—861 页。

者正是从人民群众波澜壮阔的改革进程和如火如荼的发展实践中汲取丰沛的力量源泉,进而开创出我国文学艺术事业发展繁荣的崭新局面。

当今时代,随着信息传播手段的不断改进创新,有一些人错误地认为,即使不深入生活、不深入群众,也可以洞察天下之事,可以获取文艺创作的各种素材,因而他们热衷于从网络拼凑材料进行文艺创作。还有一些人本来就把文艺创作仅看成是自我价值的展示和自我欣赏,根本不把群众的现实生活放在心上,一心躲进自己的"象牙塔"冥思苦想搞创作。这些倾向都是同文艺创作的正确道路背道而驰的。古往今来,一切优秀的文化创造,一切传世的精品力作,都是时代的产物,都是人民生活的艺术再现。因此,无论在任何情况下,文艺工作者必须按照毛泽东文艺思想的要求,坚持深入生活、深入群众,努力走到生活深处,走进人民心中,把艺术才华的增长和艺术表现能力的提高深深植根于生活、植根于社会、植根于人民。像邓小平所指出的那样,"自觉地在人民的生活中汲取题材、主题、情节、语言、诗情和画意,用人民创造历史的精神来哺育自己,这就是我们社会主义文艺事业兴旺发达的根本道路。"[①]

五、在普及基础上的提高,在提高指导下的普及,是文艺工作必须始终坚持的正确规律

毛泽东的《在延安文艺座谈会上的讲话》,作为党领导文艺工作的第一个纲领性文献,全面阐述了文艺工作涉及的重大问题,其中也包括文艺的普及与提高的关系。他在深入分析延安文艺工作的现状后指出,"普及工作和提高工作是不能截然分开的",随着群众文化水平的不断提高,"人民要求普及,跟着也就要求提高。""我们的提高,是在普及基础上的提高;我们的普及,是在提高指导下的普及。"[②]正确认识和处理文艺的普及与提高的关系问题,是毛泽东文艺思想的又一重要内容。它深刻揭示了文艺事业发展的内在规律,反映了人民群众对文艺的认识和审美情趣的渐进过程,指明

---

① 《邓小平文选》第二卷,人民出版社 1994 年版,第 211—212 页。

② 《毛泽东选集》第三卷,人民出版社 1991 年版,第 862 页。

了文艺事业发展繁荣的客观必然性。

从延安文艺座谈会到现在已经过去70余年,我国人民的物质生活水平和文化生活水平同那个年代相比已是天壤之别。但从目前我国文学艺术事业面临的形势和任务来看,既重视普及工作,又重视提高工作,坚持在普及的基础上提高、在提高指导下的普及,依然是发展文艺事业、推进文化建设需要着力解决的重要课题。

我国地域辽阔,人口众多,经济、文化发展的底子都比较薄弱。目前,我国的经济总量虽然已经跃升世界第二,但人均占有量较发达国家还有很大差距,尤其是国内城乡之间、地区之间发展不平衡。在大中城市、东部发达地区和经济条件较好的地区,文化设施比较完善,群众文化生活比较丰富,文化消费水平也相对较高;而在经济欠发达的农村特别是边远地区、贫困地区的农村,在部分城市的基层社区,文化设施落后,群众文化生活相当贫乏,一些困难地区、困难家庭的农民和广大进城务工人员,甚至根本没有什么文化生活可言。因此,文艺工作必须把继续抓好普及作为十分紧迫的任务提到重要位置。

党的十七届六中全会通过的《中共中央关于深化文化体制改革推动社会主义文化大发展大繁荣若干重大问题的决定》指出:"满足人民基本文化需求是社会主义文化建设的基本任务。"我认为,这里讲的"满足人民基本文化需求",首先需要做好普及工作。要把文艺事业发展和文化建设的重点放到基层,放到农村,放到经济文化比较落后的贫困地区、边远地区和城市基层社区,关注弱势群体和广大农民工的精神文化生活。国家的文化建设资金要更多地投向农村和基层,宣传和文学艺术、新闻出版、广播影视部门要大力支持、扶助城市基层和农村地区的文艺工作,大力倡导文艺工作和文学艺术作品进基层、进农村、进社区,让基层百姓特别是广大农民和进城务工人员能读到报刊书籍,能看到电影电视,能欣赏到文艺演出,能有各种自娱自乐、愉悦身心的业余文化生活。搞好普及工作,事关广大人民群众基本文化权益的保障,事关社会公平正义,必须引起党和政府以及宣传文化艺术部门的高度重视。

较之文艺的普及工作,提高工作的任务也极为迫切。一方面,从中华文化"走出去"的需要来看,中国是个文化大国,目前我国已成为世界第一大电视剧生产国、第三大电影生产国,新闻出版业的总量在世界上也位居前列,但中国还不是文化强国,中华文化在世界上的影响力同中国的国际地位还很不相称。建设社会主义文化强国,我们必须拿出高水准的文学艺术产品在世界上占据市场、扩大影响、提高地位。另一方面,从国内人民群众对文艺工作的需求来看,在广大人民群众的精神文化生活日益丰富的大背景下,人们欣赏文学艺术作品的水准提高了,要求也更高了。广大城市居民和经济发达地区的农民群众,已经不是简单地满足能看到电影电视和文艺节目,他们有高尚的审美需求,希望看到高水平的影视节目,愿意欣赏名人大腕的精彩演出,盼望有更多能满足不同层次、不同爱好的各类群众需要的文学艺术作品。这一切,都对文学艺术事业的发展提出了更高的要求。党和政府以及宣传文化艺术部门必须着力抓好提高工作,努力扶持和创作更多思想内容好、艺术水准高、为广大群众喜闻乐见的文学艺术作品,努力提高人民群众的精神文化生活水平。

从一定意义上说,文学艺术事业是循着普及、提高,再普及、再提高这样一个客观规律而发展前进的。普及工作做好了,群众自然会提出提高的要求,相应地也会孕育和促进文艺事业新的发展繁荣。人民群众对文学艺术的不懈追求和日益强烈的精神文化需求,永远是激发文艺事业发展繁荣的强劲动力。

毛泽东文艺思想内涵丰富、博大精深。在长期的革命和建设中,毛泽东文艺思想照亮了我国文学艺术事业发展的道路。党的十一届三中全会以来,以邓小平同志为核心的党的第二代中央领导集体、以江泽民同志为核心的党的第三代中央领导集体和以胡锦涛同志为总书记的党中央,都在不同历史阶段对党的文艺工作提出了一系列重要思想、重要论断,制定了关于文艺工作的一系列正确的方针政策,继承和发展了毛泽东文艺思想,开创了中国特色社会主义文化建设的广阔道路。党的十八大之后,以习近平同志为总书记的党中央高度重视文艺工作,文学艺术事业展现出欣欣向荣、繁花似锦的美好前景。文艺是民族精神的火炬,是人民奋进的号角。在实现中华民族伟大复兴的征程上,中国特色社会主义文艺的火炬必将永远闪亮,中国特色社会主义文艺的号角必将永远吹响。

(原载《光明日报》2013 年 12 月 18 日)

建设社会主义文化强国的理论基石

——学习邓小平关于文化建设的战略思想

党的十七届六中全会作出《中共中央关于深化文化体制改革推动社会主义文化大发展大繁荣若干重大问题的决定》,在党的历史上首次提出建设社会主义文化强国的奋斗目标。党的十八大进一步就扎实推进社会主义文化强国建设作出战略部署,号召全党坚持社会主义先进文化前进方向,树立高度的文化自觉和文化自信,向着建设社会主义文化强国宏伟目标阔步前进。

建设社会主义文化强国,是全面建成小康社会、实现中华民族伟大复兴的必然要求,是中国共产党人必须承担起的庄严历史责任。在实现建设社会主义文化强国目标的进程中,认真学习贯彻邓小平关于文化建设的战略思想,对于深刻把握新时期我们党在文化建设上的一系列富有独创性的理论成果,大力繁荣发展中国特色社会主义文化,具有十分重要的指导意义和推动作用。

一、坚持"两手抓、两手都要硬",是建设 社会主义文化强国之本

作为观念形态的文化,一定的文化是一定社会的政治和经济的反映。文化也是人类在社会历史发展过程中所创造的物质财富和精神财富的总和。在当代中国,社会主义先进文化是中国共产党人思想精神上的旗帜,没有文化的积极引领,没有人民精神世界的极大丰富,没有全民族精神力量的极大凝聚,我们的国家、我们的民族就不可能自立于世界民族之林。正是在这个根本问题上,邓小平首先以其政治家的战略眼光,旗帜鲜明地为全党全国人民指明了方向。

党的十一届三中全会之后，我国进入改革开放和社会主义现代化建设的历史新时期，全党的工作重心转移到以经济建设为中心的轨道上来。在这历史的转折关头，邓小平于 1979 年 10 月 30 日在中国文学艺术工作者第四次代表大会上的祝词中明确提出："我们要在建设高度物质文明的同时，提高全民族的科学文化水平，发展高尚的丰富多彩的文化生活，建设高度的社会主义精神文明。"①这是我们党进一步明确提出抓好社会主义物质文明和精神文明即"两个文明建设"的思想。由此社会主义精神文明建设摆上了党和政府新时期工作的重要日程。

进入 20 世纪 80 年代，我国的改革从农村到城市，从经济领域到其他领域全面展开；对外开放也由兴办经济特区到开放 14 个沿海城市而不断扩大。波澜壮阔的改革开放，推动了经济的快速发展，同时也带来了一些新矛盾、新问题、新挑战。在国门打开的情况下，在吸收资本主义优秀文明成果的同时，如何有力抵制资本主义腐朽思想的侵蚀，形成有利于改革开放和社会主义现代化建设的价值观念、舆论环境、文化氛围和社会条件，成为党在新形势下面临的一个重大课题。这一时期，邓小平高瞻远瞩，提出了一系列关于加强精神文明建设的新思想、新观点、新论断。他强调，搞现代化建设一定要坚持以经济建设为中心，但只有一手是不行的，要有两手；不加强精神文明建设，物质文明建设也要受破坏、走弯路，甚至社会也会变质。邓小平还对推进思想道德建设、繁荣文化艺术、发展科技教育事业等问题作出了一系列重要指示，要求加强思想道德教育和思想政治工作，坚决克服社会上的消极腐败现象，搞好我们的社会风气；强调社会主义文艺要努力表现时代前进的要求和历史发展的趋势，用社会主义思想教育人民，激发广大群众的社会主义积极性；提出中国要发展离不开科学；强调要把教育认真抓起来，教育要面向现代化、面向世界、面向未来；等等。80 年代末 90 年代初，国内国际发生政治风波，社会主义事业遭受严重挫折，在这个重大关头，邓小平希望全党冷静地总结过去、思考未来。他鲜明地指出，党的十一届三中全会以来制定的路线、方针、政策没有错，党的"一个中心、两个基本点"的基本路线没有错，今天回头来看，出现了明显的不足，一手比较硬，一手比较软，一硬一软不相称，配合得不好。他要求全党认真解决这个问题。1992 年春

---

① 《邓小平文选》第二卷，人民出版社 1994 年版，第 208 页。

天,邓小平在视察南方的谈话中再一次强调,要坚持"两手抓、两手都要硬","两个文明建设都要搞好",才是有中国特色的社会主义。

邓小平关于"两手抓、两手都要硬"、"两个文明建设都要搞好"的思想,在强调以经济建设为中心的前提下,从根本上突出了文化建设在党和国家工作全局中的重要地位,是我们建设社会主义文化强国的重要思想认识基础。邓小平这一思想也为我们党把文化建设确立为中国特色社会主义事业总体布局的重要组成部分,为社会主义文化发展繁荣大政方针的制定提供了重要的理论依据。物质贫乏不是社会主义,精神空虚也不是社会主义。只有站在这样一个历史的全局的高度,我们才能准确把握我国经济社会发展的新要求,准确把握当今时代文化发展的新趋势,准确把握各族人民精神文化生活的新期待,增强文化建设的责任感和紧迫感,发展面向现代化、面向世界、面向未来的,民族的科学的大众的社会主义文化,提高全民族的文化素质,增强国家文化软实力,努力建设社会主义文化强国。

二、坚持马克思主义的指导地位,
是建设社会主义文化强国之魂

马克思主义深刻揭示了人类社会发展规律,是指引人民推动社会进步、创造美好生活的科学理论。中国共产党是按照马克思主义的革命理论建立起来的政党,党必须始终坚持以马克思主义的科学理论为指导。

进入改革开放新时期不久,邓小平针对粉碎"四人帮"后特别是十一届三中全会三个多月来的形势,于 1979 年 3 月 30 日在党的理论工作务虚会上发表了重要讲话,旗帜鲜明地提出坚持四项基本原则。他指出:"我们要在中国实现四个现代化,必须在思想政治上坚持四项基本原则。这是实现四个现代化的根本前提。这四项是:第一,必须坚持社会主义道路;第二,必须坚持无产阶级专政;第三,必须坚持共产党的领导;第四,必须坚持马列主义、毛泽东思想。"①在谈到必须坚持马列主义、毛泽东思想时,邓小平强调:"我们坚持的和要当作行动指南的是马列主义、毛泽东思想的基本原理,或

---

① 《邓小平文选》第二卷,人民出版社 1994 年版,第 164—165 页。

者说是由这些基本原理构成的科学体系。"①邓小平还特别要求思想理论战线、社会科学研究工作必须高举马列主义、毛泽东思想的旗帜，运用马列主义、毛泽东思想的基本原理，研究新情况、解决新问题。

改革开放初期，我国思想理论界、文化界做了大量有益的工作，取得了显著的成绩，但也存在相当严重的混乱，特别是存在精神污染现象，资产阶级自由化倾向也有所出现。针对这一情况，邓小平认为，思想战线上的战士，都应当是人类灵魂工程师。他指出："作为灵魂工程师，应当高举马克思主义的、社会主义的旗帜，用自己的文章、作品、教学、讲演、表演，教育和引导人民正确地对待历史，认识现实，坚信社会主义和党的领导，鼓舞人民奋发努力，积极向上，真正做到有理想、有道德、有文化、守纪律，为伟大壮丽的社会主义现代化建设事业而英勇奋斗。"②邓小平对那种在理论研究中出现的离开马克思主义方向的情况和用西方资产阶级没落文化腐蚀青年的状况提出了严肃批评。他指出，"属于文化领域的东西，一定要用马克思主义对它们的思想内容和表现方法进行分析、鉴别和批判"③，要"使马克思主义的和社会主义、共产主义的宣传，特别是在一切重大理论性、原则性问题上的正确观点，在思想界真正发挥主导作用。"④

从邓小平在党和国家进入改革开放新时期后的一系列重要讲话中，我们可以清楚地看到，无论在什么情况下，他都始终旗帜鲜明地坚持马克思主义的指导地位，坚持以马克思主义的科学理论指引思想文化战线工作的前进方向。今天，我们努力建设社会主义文化强国，必须毫不动摇地坚持马克思主义基本原理，紧密结合中国实际、时代特征、人民愿望，用发展着的马克思主义指导文化建设新的实践。这是建设社会主义文化强国的灵魂，是中国共产党代表先进文化前进方向的本质要求。

马克思主义是人类思想文化发展史上最伟大的成果。回顾中国革命、建设和改革的奋斗历程，正是有了马克思主义理论的指导，博大精深的中华文化才注入了先进的思想内涵，中国人民才获得了科学的思想武器，凝聚起共同团结奋斗的强大精神力量。我们党坚持把马克思主义基本原理同中国

---

① 《邓小平文选》第二卷，人民出版社 1994 年版，第 171 页。
② 《邓小平文选》第三卷，人民出版社 1993 年版，第 40 页。
③ 《邓小平文选》第三卷，人民出版社 1993 年版，第 44 页。
④ 《邓小平文选》第三卷，人民出版社 1993 年版，第 46 页。

具体实际相结合,不断推进马克思主义中国化,形成了毛泽东思想和包括邓小平理论、"三个代表"重要思想、科学发展观等重大战略思想在内的中国特色社会主义理论体系这两大理论成果,为建设社会主义文化强国提供了根本指针和强大力量。在新的形势下,我们一定要继续坚持马克思主义在意识形态领域的指导地位,坚持用中国特色社会主义理论体系统领文化建设,绝不搞指导思想多元化,确保文化建设的正确方向。

三、坚持"二为"方向和"双百"方针,
是建设社会主义文化强国之路

我们党历来高度重视文化建设。新民主主义革命时期,党制定了新民主主义的经济、政治和文化纲领。特别是在陕甘宁边区,毛泽东提出了文艺为人民大众首先是为工农兵服务的正确方向,开创了革命文艺的正确道路。新中国成立后,党在进一步倡导文艺为人民服务这一政治方向的同时,提出了"百花齐放、百家争鸣"的正确方针,引导文艺、科学等社会事业取得了巨大的成就。后来由于十年"文化大革命"的严重"左"的错误,"双百"方针没能得到贯彻执行,文化工作遭受重大挫折。

党的十一届三中全会之后,通过拨乱反正,党和国家各项事业出现新的转机,文化建设重新走上正确轨道。在 1979 年 10 月底召开的第四次文代会的祝词中,邓小平代表党中央宣布:"我们要继续坚持毛泽东同志提出的文艺为最广大的人民群众、首先为工农兵服务的方向,坚持百花齐放、推陈出新、洋为中用、古为今用的方针,在艺术创作上提倡不同形式和风格的自由发展,在艺术理论上提倡不同观点和学派的自由讨论。"①在祝词中邓小平还指出:"同心同德地实现四个现代化,是今后一个相当长的时期内全国人民压倒一切的中心任务,是决定祖国命运的千秋大业。"②"围绕着实现四个现代化的共同目标,文艺的路子要越走越宽,在正确的创作思想的指导下,文艺题材和表现手法要日益丰富多彩,敢于创新"。③ 正是根据邓小平

---

① 《邓小平文选》第二卷,人民出版社 1994 年版,第 210 页。
② 《邓小平文选》第二卷,人民出版社 1994 年版,第 208—209 页。
③ 《邓小平文选》第二卷,人民出版社 1994 年版,第 211 页。

的这一思想，1980 年 7 月 26 日，《人民日报》发表了《文艺为人民服务、为社会主义服务》的社论。从此，我国新时期文艺事业发展的方向正式表述为"二为"方向，即"为人民服务、为社会主义服务"。

在改革开放头十年间，邓小平在各种会议、各个场合的多次讲话中，反复强调要坚持"二为"方向和"双百"方针，明确指出："思想理论问题的研究和讨论，一定要坚决执行百花齐放、百家争鸣的方针，一定要坚决执行不抓辫子、不戴帽子、不打棍子的'三不主义'的方针，一定要坚决执行解放思想、破除迷信、一切从实际出发的方针。这些都是三中全会决定了的，现在重申一遍，不允许有丝毫动摇。"①又说："毫无疑问，我们仍然坚持'双百'方针，坚持宪法和法律所保障的各项自由，坚持对思想上的不正确倾向以说服教育为主的方针，不搞任何运动和'大批判'。"②针对当时社会上一些人对党要求安定团结、反对资产阶级自由化等举措产生的疑虑，邓小平反复强调：我们要永远坚持"百花齐放、百家争鸣"的方针，这是不会改变的。同时，邓小平还批驳了那种把贯彻"双百"方针同维护安定团结对立起来、同开展批评和自我批评对立起来的思想倾向，指出："我们坚持安定团结，坚持四项基本原则，同坚持'双百'方针，是完全一致的。"③"双百"方针要为在安定团结的基础上进行社会主义现代化建设这个全国人民的最大利益服务；"坚持'双百'方针也离不开批评和自我批评。"④邓小平的这些重要论述，为新时期党在思想文化领域坚持"二为"方向，贯彻"双百"方针，开创中国特色社会主义文化发展道路，指明了前进的方向。

中国特色社会主义文化发展道路，是我们党长期领导文化建设取得的实践经验的集中体现，是对文化发展客观规律的深刻认识和把握，适合中国国情，顺应时代发展潮流，符合广大人民根本利益。"二为"方向和"双百"方针是中国特色社会主义文化发展道路的集中体现。

"为人民服务、为社会主义服务"，决定了这条道路的正确方向。文化建设要坚持以人为本，坚持文化发展为了人民、文化发展依靠人民、文化发展成果由人民共享。要把满足人民群众基本文化需求作为社会主义文化建

---

① 《邓小平文选》第二卷，人民出版社 1994 年版，第 183 页。
② 《邓小平文选》第三卷，人民出版社 1993 年版，第 145 页。
③ 《邓小平文选》第二卷，人民出版社 1994 年版，第 256 页。
④ 《邓小平文选》第二卷，人民出版社 1994 年版，第 392 页。

设的基本任务,大力发展公益性文化事业,着力推动公共文化服务体系标准化、均等化,最大限度地保障人民群众基本文化权益。文化建设要高扬爱国主义、集体主义、社会主义旗帜,热情讴歌改革开放和社会主义现代化建设伟大实践,生动展示全国各族人民奋发有为的精神风貌和创造历史的辉煌业绩,为全面建成小康社会、实现中华民族伟大复兴的中国梦,传播正能量,提供强大精神力量。

"百花齐放、百家争鸣",是通向这条道路的正确途径。文化繁荣发展需要更多的优秀精神文化产品,人民群众渴望更加多姿多彩的文化生活。只有大力弘扬主旋律,提倡多样化,充分发扬学术民主、艺术民主,营造健康向上、宽松和谐的浓厚氛围,提倡不同观点、不同学派充分讨论,鼓励各种体裁、题材、风格、形式、手段自由发展,坚持对思想认识问题、学术问题不抓辫子、不戴帽子、不打棍子,尊重作家、艺术家和文化工作者的创造性劳动,社会主义文化园地才能百花齐放、万紫千红,中国特色社会主义文化发展道路才能越走越宽广。

四、坚持培育"四有"新人,是建设
社会主义文化强国之基

国家的强盛,民族的振兴,人才是最重要的因素,人才是基础,人才是关键。作为党的第一代中央领导集体的重要成员和党的第二代中央领导集体的核心,邓小平以老一辈无产阶级革命家的战略眼光和政治智慧,始终关注人才培养,关注民族素质的提高。

1982 年 7 月 4 日,邓小平在军委座谈会上的讲话中首次提出:"搞社会主义精神文明,主要是使我们的各族人民都成为有理想、讲道德、有文化、守纪律的人民。"①1983 年 4 月 29 日,邓小平在谈到建设社会主义精神文明时又一次提出:"最根本的是要使广大人民有共产主义的理想,有道德,有文化,守纪律。"②1986 年 11 月 9 日,邓小平将此正式表述为"四有",他说,

---

① 《邓小平文选》第二卷,人民出版社 1994 年版,第 408 页。
② 《邓小平文选》第三卷,人民出版社 1993 年版,第 28 页。

"现在中国提出'四有',有理想、有道德、有文化、有纪律。"①几个月后,他再次指出:"我们提出要教育人民成为'四有'人民,教育干部成为'四有'干部。"②邓小平提出的培育"四有"新人的目标和要求,是他立足于国家长治久安所作的战略思考。正如他后来在南方谈话中所深刻总结的:"正确的政治路线要靠正确的组织路线来保证。中国的事情能不能办好,社会主义和改革开放能不能坚持,经济能不能快一点发展起来,国家能不能长治久安,从一定意义上说,关键在人。"③有理想、有道德、有文化、有纪律,不仅是邓小平对人民群众和青年一代的要求和希望,他也要求老同志、广大党员干部、思想文化战线的工作人员首先做到"四有",并肩负起教育引导人民特别是青少年的责任。他提出,要教育全党同志发扬大公无私、服从大局、艰苦奋斗、廉洁奉公的精神,坚持共产主义思想和共产主义道德,每个党员在端正党风和社会风气方面都要以身作则。他强调,思想文化战线的同志要成为人类灵魂工程师。他提出,"革命的理想,共产主义的品德,要从小开始培养","学校要大力加强革命秩序和革命纪律,造就具有社会主义觉悟的一代新人。"④邓小平的这些重要思想,着眼于培养"四有"新人、提高社会全体成员思想道德素质,是我们建设社会主义文化强国的重要基础,也是新时期党确立和加强社会主义核心价值体系建设的基本内容。

文化具有以文化人的功能,也应当承担起以文化人的责任。在建设社会主义文化强国的历史进程中,培养一代又一代"四有"新人,既是应有之义,又是根本保障。

马克思主义认为,人类社会的历史是人自己创造的,社会发展的核心是人的发展,离开了人的发展就谈不上社会的发展,离开了人的活动,就不可能有社会发展的历史。当今世界处于大变革大调整之中,世界多极化不可逆转,经济全球化深入发展,科技革命加速推进,综合国力、科技实力、国防实力的竞争愈加激烈。而这一切竞争归根到底是人才的竞争。对于一个国家、一个民族来说,人民的思想道德素质和科学文化素质如何,代表了这个国家、这个民族的文化软实力。因此,我们扎实推进社会主义文化强国建设,必须首

---

① 《邓小平文选》第三卷,人民出版社1993年版,第190页。
② 《邓小平文选》第三卷,人民出版社1993年版,第205页。
③ 《邓小平文选》第三卷,人民出版社1993年版,第380页。
④ 《邓小平文选》第二卷,人民出版社1994年版,第105页。

先像邓小平所指出的那样,靠理想和纪律把人民团结起来,用坚定的信念把人民团结起来,最大限度地把广大人民团结和凝聚在中国特色社会主义伟大旗帜之下,大力弘扬以爱国主义为核心的民族精神和以改革创新为核心的时代精神,增强民族自尊心、自信心、自豪感,激励人民把爱国热情化作振兴中华、实现中华民族伟大复兴中国梦的实际行动。坚持以人为本,着眼于社会全体成员思想道德素质和科学文化素质的提高,培养和展现中华儿女锐意进取、奋发向上的良好精神风貌,必须贯穿于社会主义文化建设的全过程。

与此同时,我们还要深刻认识到,人民群众是历史的创造者,是文化的创造者。一切进步的文化创作生产都源于人民、为了人民、属于人民。建设社会主义文化强国,必须紧紧依靠人民,充分发挥人民在文化建设中的主体作用。毫无疑问,促进人的全面发展,提高广大人民群众的思想道德素质和科学文化素质,一代一代"四有"新人在中华大地上茁壮成长,将会有力推动社会主义文化强国建设的进程。

五、坚持弘扬优秀传统文化、植根群众火热生活,是建设社会主义文化强国之源

文化是民族精神的火炬,是时代和人民奋进的号角。中国特色社会主义文化,渊源于中华五千年文明,植根于当代伟大实践,也吸收着世界优秀文明的成果,成为中华民族独特的象征,并为世界所瞩目。

改革开放初期,针对"文革"十年文化工作遭受严重挫折、中国传统文化受到严重摧残的状况,邓小平从战略的高度,深刻阐述了传承弘扬优秀传统文化,大力发展社会主义文化的极端重要性。他指出:"我国历史悠久,地域辽阔,人口众多,不同民族、不同职业、不同年龄、不同经历和不同教育程度的人们,有多样的生活习俗、文化传统和艺术爱好。""我国古代的和外国的文艺作品、表演艺术中一切进步的和优秀的东西,都应当借鉴和学习。"①他要求:"所有文艺工作者,都应当认真钻研、吸收,融化和发展古今中外艺术技巧中一切好的东西,创造出具有民族风格和时代特

---

① 《邓小平文选》第二卷,人民出版社1994年版,第210页。

色的完美的艺术形式。"①邓小平还特别讲到,振兴中华民族,一定"要懂得些中国历史,这是中国发展的一个精神动力。"②邓小平把学习中国历史文化,继承弘扬中华优秀传统文化,提到了促进中国发展、振兴中华民族的高度。

当我们的国家进入社会主义现代化建设新时期之后,邓小平围绕实现"四个现代化"这个压倒一切的中心任务,对文化建设进行新的战略思考。他指出:"我们的文艺属于人民。我们的人民勤劳勇敢,坚韧不拔,有智慧,有理想,热爱祖国,热爱社会主义,顾大局,守纪律。""文艺创作必须充分表现我们人民的优秀品质,赞美人民在革命和建设中、在同各种敌人和各种困难的斗争中所取得的伟大胜利。"③他还强调说:"我们的社会主义文艺,要通过有血有肉、生动感人的艺术形象,真实地反映丰富的社会生活,反映人们在各种社会关系中的本质,表现时代前进的要求和历史发展的趋势,并且努力用社会主义思想教育人民,给他们以积极进取、奋发图强的精神。"④"人民是文艺工作者的母亲。一切进步文艺工作者的艺术生命,就在于他们同人民之间的血肉联系。忘记、忽略或是割断这种联系,艺术生命就会枯竭。人民需要艺术,艺术更需要人民。自觉地在人民的生活中汲取题材、主题、情节、语言、诗情和画意,用人民创造历史的奋发精神来哺育自己,这就是我们社会主义文艺事业兴旺发达的根本道路。"⑤邓小平还严厉批评了一些人对人民群众为社会主义现代化而奋斗的英雄业绩和火热生活缺少热情,却热心于写阴暗面的、灰色的,以至胡编乱造、歪曲革命的历史和现实的东西;严厉批评了"一切向钱看"、把精神产品商品化的错误倾向。邓小平关于文化工作必须弘扬优秀传统文化、植根当代群众火热生活的一系列论述,指明了发展社会主义文化的源头活水,是我们在推进社会主义文化强国建设中必须认真把握的。

一个国家、一个民族不能割断自己的历史和文化。中华民族是一个有着五千多年文明史的古老民族。在我国漫长的历史中,在中国人民抵御外

---

① 《邓小平文选》第二卷,人民出版社1994年版,第212页。
② 《邓小平文选》第三卷,人民出版社1993年版,第358页。
③ 《邓小平文选》第二卷,人民出版社1994年版,第209页。
④ 《邓小平文选》第二卷,人民出版社1994年版,第210页。
⑤ 《邓小平文选》第二卷,人民出版社1994年版,第211—212页。

国侵略、维护国家主权、建设美好家园的征途上，不断培育和弘扬了爱国统一、热爱和平、勤劳勇敢、团结友善、艰苦奋斗、自强不息的民族精神。这种民族精神，成为中华民族世世代代生生不息的力量源泉，也成为中华民族悠久历史文化的优良传统。同时，中华民族精神正是通过文化的载体，薪火相传，绵延不断。源远流长的中华民族传统文化，是社会主义文化建设的宝贵资源和财富。在新的历史时期，我们必须继承弘扬祖国的优秀传统文化，用已经为历史所证明是正确的思想观念、伦理道德、规矩规范，作为我们今天开展民族精神和思想道德教育的借鉴。

毫无疑问，文化的发展是伴随着社会的发展、时代的前进而与时俱进的。当今时代，全国各族人民正在党的领导下，意气风发地全面深化改革，推进社会主义现代化建设。亿万人民火热的生活、奋进的精神，为文化工作提供了丰沛的力量源泉。文化工作者应当像邓小平所要求的那样，把人民当作自己的母亲，把同人民之间的血肉联系当作自己的艺术生命，满腔热情地深入群众生活，始终不渝地面向广大群众。古往今来，一切优秀的文化创造，一切传世的精品力作，都是时代的产物，都是人民生活的艺术再现。文化工作者只有坚持深入生活、深入群众，努力走进生活深处，走进人民心中，把艺术才华的增长和艺术表现能力的提高深深植根于生活、植根于社会、植根于人民，才能获取最广大最丰富的源泉，不断创作出无愧于历史、无愧于时代、无愧于人民的优秀精神文化产品，满足广大人民群众日益增长的精神文化需求。

邓小平关于文化建设的思想，内容极为丰富，内涵极为深刻，涵盖了文化建设的重要地位、指导思想、发展道路、根本任务、方针政策、人才保障等方方面面，丰富和发展了马克思主义和毛泽东的文艺思想、文艺理论，是新时期指引我国文化发展繁荣的强大思想武器，也是新形势下推进社会主义文化强国建设的理论基石和行动指南。文化建设始终是我们党关于中国特色社会主义事业总体布局中的一个重要组成部分和战略重点。党的十三届四中全会以来，江泽民、胡锦涛、习近平同志在不同历史阶段，都对文化建设提出了一系列新的思想、观点和论断，形成了完整的、科学的中国特色社会主义文化建设思想理论体系。当今时代，文化越来越成为综合国力的重要标志，文化的力量深深熔铸于民族的生命力、创造力和凝聚力之中。我们要紧紧抓住机遇,继续深化改革,在建设社会主义文化强国的伟大实践中,不断谱写社会主义文化大发展大繁荣的新篇章。

（原载《中共党史研究》2014 年第 8 期）

我国文化体制改革的发展历程和启示

党的十一届三中全会开启了我国改革开放的历史新时期。经济体制改革的率先推进,为经济发展注入了强大活力,我国经济建设取得了令世界瞩目的巨大成就。伴随着经济领域改革大潮的兴起,文化体制的改革也逐步被提上了重要议程。今天,在深入贯彻党的十七届六中全会决定精神的过程中,回顾我国文化体制改革的发展历程,梳理在文化体制改革中积累的宝贵经验,是党史学界应该做的一件很有必要的事情。本文试就这个问题作一个初步的探讨。

一、文化体制改革的历史背景

党的十一届三中全会之后,我国文化艺术事业迎来了发展繁荣的春天。1979 年 10 月 30 日,邓小平在中国文学艺术工作者第四次代表大会的祝词,代表党中央提出了新时期我国文化艺术事业发展的一系列指导方针。在这一正确方针的指引下,文艺界坚决落实党的知识分子政策和文艺政策,过去受到人民欢迎、在"十年动乱"中被封杀的一大批文艺作品重新和群众见面。广大文艺工作者心情舒畅,创作热情高涨。文化战线的各领域、各部门坚持"二为"方向和"双百"方针,解放思想,开拓创新,推动着文学艺术、新闻出版、广播影视、哲学社会科学等各项事业蓬勃发展,群众文化活动日益丰富多彩,公共文化基础设施建设也越来越受到党和政府的重视。然而,我国文化事业发展的水平同人民群众日益增长的文化需求相比,依然显得很不适应。文化部门自身存在的体制、机制等方面的缺陷,也严重制约着文化的发展。因此,文化体制和管理制度改革的任务,开始提到了党和政府及文化管理部门的面前。

进入 21 世纪之后,经过 20 年改革开放,我国的综合国力大大增强。文化作为国家综合实力的重要组成部分,迈开了发展繁荣的新步伐。覆盖全社会的公共文化服务体系逐步建立,人民群众的精神文化生活更加丰富,文化事业、文化产业发展规模迅速壮大,中华文化的国际影响力进一步提高。据统计,截至 2002 年年底,全国共有各类文化单位机构 30. 99 万个,从业人员 168. 3 万人;艺术表演团体 2587 个,共新排上演剧目 5272 个;公共图书馆 2697 个,总藏书量为 4. 26 亿册(件);全国文化系统固定资产投资项目总数为 972 个,计划总投资达 239. 2 亿元;兴建了一大批群艺馆、文化馆、文化站等公共文化服务设施。文化建设的加强,为推进中国特色社会主义事业提供了强大的精神力量。

随着我国文化建设进入新的发展阶段,国际局势发生了新的深刻变化,国际间综合国力竞争越来越激烈,各种思想文化相互激荡。国内改革发展处于关键时期,新情况新问题层出不穷,不断巩固全党全国人民团结奋斗的共同思想基础,提高全民族思想道德素质和科学文化素质的任务更加艰巨。随着社会主义市场经济的深入发展和对外开放的不断扩大,我国文化生存和发展的经济基础、体制环境、社会条件等发生了深刻变化。原有的文化体制与新时期人民群众日益增长的精神文化新需求新期待、与全面建设小康社会的新目标新任务、与完善社会主义市场经济体制遇到的新情况新问题、与深化改革和扩大开放的新形势新要求不相适应。在新的历史时期,全面贯彻落实科学发展观、构建社会主义和谐社会的需要,完善社会主义市场经济体制、增强国家软实力的需要,推动文化事业发展、满足人民群众精神文化需求的需要,适应对外开放新形势、推动中华文化走向世界的需要,都把继续深化文化体制改革的战略任务,历史性地提到了党和政府的面前。

文化建设的实践呼唤改革,文化发展的时代要求改革,广大人民群众和文化工作者渴望改革。我国文化体制改革从提出到逐步推进再到全面拓展和不断深化,都是适应新形势新任务的客观需要,顺应文化建设发展的客观规律,顺应人民群众对美好文化生活的新期待、新要求应运而生的。同时,文化体制改革也是党中央、国务院科学判断国际国内形势,全面把握当今世界文化发展趋势和我国经济社会发展全局而作出的一项重大战略决策。

二、文化体制改革的发展历程

我国的文化体制改革从最初的艺术表演团体改革开始,到党的十七届六中全会作出《中共中央关于深化文化体制改革推动社会主义文化大发展大繁荣若干重大问题的决定》,前后历经近30年,大体可以分为5个阶段。

(一)20世纪80年代文化体制改革的起步

进入20世纪80年代初期,我国文化艺术界贯彻党的十一届三中全会确定的路线方针政策,胜利完成了拨乱反正的历史性任务,各项工作步入正轨。适应国家进入社会主义现代化建设新时期的需要,文化艺术界肩负着"发展高尚的丰富多彩的文化生活,建设高度的社会主义精神文明"的光荣任务。为此,从1983年开始,国务院有计划、有步骤地部署文化体制改革。这一阶段对改革的酝酿和考虑,主要是针对文化部门的艺术表演团体。文化部在对全国艺术表演团体的历史和现状进行调查研究的基础上,于1985年年初提出了改革的初步设想。1985年4月,中共中央办公厅、国务院办公厅正式批准《文化部关于艺术表演团体的改革意见》(以下简称《意见》)。中办、国办在转发这一《意见》的通知中提出:"目前我国艺术表演团体的体制和领导管理工作存在许多弊端,很不适应艺术事业的发展和建设'两个文明'的需要,必须有计划、有步骤地进行改革"。《意见》从合理调整艺术表演团体的布局,改革艺术表演团体的领导体制,扩大艺术表演团体的自主权,改革完善管理制度等方面,提出了改革的方案;同时对繁荣艺术创作,加速培养艺术人才,也提出了若干具体措施。《意见》下发之后,各地普遍进行了承包经营责任制等形式的艺术表演团体体制改革试验,取得了一定的成效。但总体上改革的步子迈得不快,许多关系没有理顺,配套政策还不健全。

为了加快和深化艺术表演团体改革,克服长期以来国家对大多数艺术表演团体实行统包统管体制的弊端,增强艺术表演团体的经营机制和竞争机制,提高艺术表演人员的积极性和创造性,1988年9月,国务院批转了《文化部关于加快和深化艺术表演团体体制改革的意见》。这一文件在艺术表演团体的组织运行机制上,首次倡导逐步实行"双轨制"的改革思路,即：需要国家扶持的少数代表国家和民族艺术水平的、或带有实验性的、或具有特殊的历史保留价值的、或少数民族地区的艺术表演团体，可以实行全民所有制形式，由政府文化主管部门主办；大多数艺术表演团体，应当实行多种所有制形式，由社会主办。"双轨制"的提出，是艺术表演团体体制改革的重大突破，也成为这一时期文化体制改革的一大亮点。

（二）20 世纪 90 年代文化体制改革在探索中不断前进

1992 年邓小平视察南方的重要谈话和党的十四大召开，标志着我国改革开放和社会主义现代化建设进入了加快发展的新阶段。十四大报告在论述我国社会主义精神文明建设时提出，"积极推进文化体制改革，完善文化事业的有关经济政策"。特别是 1996 年 10 月，党的十四届六中全会分析了社会主义精神文明建设面临的形势，专题讨论了思想道德和文化建设方面的问题，作出了《中共中央关于加强社会主义精神文明建设若干重要问题的决议》，第一次以中央全会重要决议的形式，提出了文化体制改革的任务。《决议》指出："改革文化体制是文化事业繁荣和发展的根本出路"，"改革的目的在于增强文化事业的活力，充分调动文化工作者的积极性，多出优秀作品，多出优秀人才。改革要符合精神文明建设的要求，遵循文化发展的内在规律，发挥市场机制的积极作用。文化产品具有不同于物质产品的特殊属性，对人们的思想道德和科学文化素质有重要影响。要坚持把社会效益放在首位，力求实现社会效益和经济效益的最佳结合。改革要区别情况、分类指导，理顺国家、单位、个人之间的关系，逐步形成国家保证重点、鼓励社会兴办文化事业的发展格局。文化企事业单位要深化改革，加强管理，建立健全既有竞争激励又有责任约束的机制。"这些论断是党中央对文化体制改革的指导思想、目标任务、方针原则所作出的高度概括和集中表述。

这一时期，文化体制改革在实践中不断探索，不断前进。其中重点从改革经费投入机制入手，推动艺术院团的内部改革；以组建大型文化集团为突破口，加快市场整合和结构调整，全国先后组建了一批报业集团、出版集团、发行集团、广电集团、电影集团；完善国家文化经济政策，国务院继 1996 年出台《关于进一步完善文化经济政策的若干规定》之后，2000 年又下发了《关于支持文化事业发展若干经济政策的通知》；从中央到省级财政对宣传文化部门实行税收优惠政策，建立了宣传文化发展专项资金，对推动文化体制改革、发展文化事业发挥了重要作用。

（三）十六大之后文化体制改革由试点向面上逐步推开

进入 21 世纪,文化成为世界各国综合国力竞争的一个重要领域。面对当今世界文化与经济和政治相互交融的新形势,2002 年 10 月召开的党的十六大,对加强文化建设、推进文化体制改革作出了新的部署,提出了新的要求。十六大报告在阐述"文化建设和文化体制改革"时强调:"根据社会主义精神文明建设的特点和规律,适应社会主义市场经济发展的要求,推进文化体制改革";要求"抓紧制定文化体制改革的总体方案";明确提出要"深化文化企事业单位内部改革,逐步建立有利于调动文化工作者积极性,推动文化创新,多出精品、多出人才的文化管理体制和运行机制。按照一手抓繁荣、一手抓管理的方针,健全文化市场体系,完善文化市场管理机制"。

按照十六大的部署,2003 年年初,中央宣传部会同文化部、国家广电总局、新闻出版总署等有关部门,制定了《文化体制改革试点工作方案》。7月,中共中央办公厅、国务院办公厅转发了《中央宣传部、文化部、国家广电总局、新闻出版总署关于文化体制改革试点工作的意见》,确定北京、上海、广东、浙江、重庆、深圳、沈阳、西安、丽江 9 个省市作为文化体制改革综合性试点地区,国家图书馆、中国出版集团、中国电影集团公司、北京青年报业集团、山东大众报业集团、浙江广电集团、深圳电视台等 35 家新闻文化单位为改革试点单位。为了保障改革试点工作的顺利进行,国务院颁布了《文化体制改革试点中支持文化产业发展的规定(试行)》和《文化体制改革试点中经营性文化事业单位转制为企业的规定(试行)》两个重要文件,对文化体制改革涉及的财政税收、资产处置、工商管理等 10 个方面的问题提出了明确的指导意见,为文化体制改革提供了政策上的实际支持。

从 2004 年开始,文化体制改革试点工作在试点地区和单位全面展开并取得明显成效。以北京市为例,北京作为改革的综合性试点地区,首先启动了北京儿童艺术剧院的改革,由北京青年报社控股,组建了北京儿童艺术剧院股份有限公司,并在很短时间内推出了大型儿童魔幻剧《迷宫》,当年即在北京演出 61 场,票房收入达到 693 万元。改革使北京儿童艺术剧院提高了效益,壮大了实力。改制三年中,剧院演出场次由 2003 年的 144 场上升到 2006 年的 303 场;总收入由 2003 年的 77 万元上升到 2006 年的 5500 余万元。2006 年剧院总收入是 2003 年的 72 倍,职工收入也大幅增加。北京儿童艺术剧院的改革一炮打响,得到中央领导和文化界的高度评价,中共中

北京歌舞剧院为"财富论坛"演出歌舞《北京之夜》

央政治局常委李长春称赞该院的改革有"三好"：第一，用股份制的形式转制，一步到位好；第二，北京青年报社控股股东选得好，有策划运作能力，有产业关联度；第三，试点单位选得好，有远见卓识。

　　像北京儿童艺术剧院股份有限公司一样，所有进行试点的文化单位都在改革中转换了体制机制，激发了内在活力，实现了社会效益和经济效益的双丰收。试点的成功为文化体制改革积累了经验。2006 年 3 月，党中央、国务院召开全国文化体制改革工作会议，吹响了文化体制改革由试点向面上全面推开的号角，全国的文化体制改革在文化艺术、广播影视、新闻出版等各个领域整体推进、整体提速，文化管理体制改革迈出实质性的步伐，国有文化事业单位成功转企改制，文化产业呈迅猛发展之势，社会资本大量投资文化建设。《国家"十一五"时期文化发展规划纲要》的制定和颁布，就是这一时期文化体制改革经验和成果的集中体现。

　　与 20 世纪 80 年代、90 年代的文化体制改革比较，十六大报告提出和在十六大之后进行的文化体制改革，是一场全方位、宽领域、多层面的真正意义上的文化体制改革。它突破了过去主要在艺术表演团体进行改革的格局，将改革推向宣传文化领域的各个部门、各个单位；它突破了过去更多的是从机制层面进行改革的做法，牵住了从体制上进行改革的"牛鼻子"；它适应社会主义市场经济发展的要求，把文化区分为"文化事业"和"文化产业"两个方面，为文化事业和文化产业的同步发展、又好又快发展注入了强大的生机和活力。

（四）十七大之后文化体制改革全面推进，纵深拓展

2007年10月召开的党的十七大，进一步深刻阐述了文化建设的极端重要性，向全党发出了推动文化大发展大繁荣、兴起社会主义文化建设新高潮的号召。十七大报告强调："深化文化体制改革，完善扶植公益性文化事业、发展文化产业、鼓励文化创新的政策，营造有利于出精品、出人才、出效益的环境"。

为了贯彻落实党的十七大精神，2008年4月10日至11日，中央召开了全国文化体制改革工作会议，部署进一步解放思想、转变观念，加大力度、加快进度，推动文化体制改革取得新的实质性进展，为促进社会主义文化大发展大繁荣提供良好体制环境。2011年4月30日至5月1日，中央又一次召开全国文化体制改革工作会议，强调继续深化文化体制改革，不断拓展中国特色社会主义文化发展新路，不断提升我国文化的整体实力和竞争力。会议还提出要把握好"三加快一加强"的文化改革发展总体布局，即：加快文化体制机制改革创新，加快构建公共文化服务体系，加快发展文化产业，加强对文化产品创作生产的引导。

党的十七大和十七大之后中央关于深化文化体制改革的一系列战略部署，推动全国文化体制改革进入全面推进、纵深拓展的新阶段。文化艺术、广播影视、新闻出版等各领域的改革既有明确的"路线图"，又有具体的"时间表"，经过几年的努力，文化体制改革取得丰硕的成果。这主要表现在：覆盖全社会的公共文化服务体系初步形成，人民群众的基本文化权益得到切实保障；培育了一大批新型文化市场主体，文化产业发展的规模和效益大大提升；文化产品更加丰富，文化市场更加活跃，人民群众的精神文化生活得到更好满足；推动文化产品和文化服务走出国门，中华文化在国际上的影响力进一步扩大。"十一五"时期，我国文化产业增加值平均增速高于同期国内生产总值的平均增速，2010年文化产业增加值达到11052亿元。我国成为世界第一大电视剧生产国，第三大电影生产国，新闻出版业的总规模位居世界前列。

（五）党的十七届六中全会将文化体制改革推进到一个崭新的阶段

2011年10月,党的十七届六中全会专题研究深化文化体制改革、推动社会主义文化大发展大繁荣,作出了《中共中央关于深化文化体制改革推动社会主义文化大发展大繁荣若干重大问题的决定》(以下简称《决定》)。《决定》深刻阐述了推进文化改革发展的重要性和紧迫性,明确了推进文化改革发展的指导思想、目标任务、重要方针,提出了推进文化改革发展的重大举措,这是我们党指导社会主义文化建设的一个纲领性文献,在我国文化改革发展史上具有里程碑式的重要意义。

目前,全党全社会正在深入贯彻党的十七届六中全会精神,以高度的文化自觉和文化自信,大力推进文化的改革发展。全党对文化建设的极端重要性的认识达到了新的高度,对文化改革发展的科学规律的把握达到了新的水平,推进文化改革发展的总体要求和重大举措比任何时候都更加明确、更加有力,深化文化体制改革的各项政策措施也比任何时候都更加配套、更加完善。我们相信,在党的十七届六中全会《决定》精神的指引下,我国的文化体制改革必将进入一个持续深化、全面到位、硕果累累的崭新阶段,在建设社会主义文化强国、实现中华民族伟大复兴的道路上迈出新的坚实的步伐。

三、深化文化体制改革的几点启示

我国的文化体制改革是在没有现成的模式和经验可以借鉴的情况下进行的。"摸着石头过河",在实践中提出改革的任务,在实践中探索改革的路子,在实践中积累改革的经验,这是文化体制改革近30年走过的历程。回顾这一历程,研究党在这一时期领导文化改革发展的历史经验,会给我们留下许多宝贵的启示。

（一）必须坚持文化体制改革的正确方向

文化建设是中国特色社会主义事业的有机组成部分。党领导的文化体制改革,必须高举中国特色社会主义伟大旗帜,坚持马克思主义在意识形态领域的指导地位,坚持社会主义先进文化的前进方向,坚持为人民服务、为社会主义服务,百花齐放、百家争鸣。文化属于社会主义精神文明的范畴,深化文化体制改革,要根据社会主义精神文明建设的特点和规律,适应社会主义市场经济的要求,弘扬主旋律、提倡多样化,大力发展先进文化,支持健康有益文化,努力改造落后文化,坚决抵制腐朽文化。要正确处理文化产品的意识形态属性和商品属性的关系、社会效益和经济效益的关系,任何时候都把社会效益放在首位,努力实现社会效益和经济效益的有机统一。文化是综合国力的重要标志,是国家的软实力、民族的脊梁,在坚持改革开放、大力吸收和借鉴世界有益文化的同时,文化体制改革必须切实保护民族文化瑰宝,努力维护和保障国家文化安全。在不断深化文化体制改革的全过程中,党和政府始终强调这些政治上、原则上的根本要求,这就为改革指明了正确的前进方向。

（二）必须明确文化体制改革的根本目的

党和政府一贯强调,我们一切工作的着眼点和落脚点都是为了人民群众,为了实现好、维护好、发展好人民群众的根本利益。人民创造了文化,文化属于人民。文化的改革和发展,根本目的是为了满足人民群众日益增长的精神文化需求,切实保障人民群众的基本文化权益。因此,改革必须有利于解放和发展文化生产力,促进文化事业的发展繁荣,推动精神文化产品的极大丰富,为广大人民群众提供更多更好的精神食粮。在改革中,宣传文化部门以各种方式,大力提倡文化工作者走进实际、走进生活、走进群众,向人民群众学习,拜人民群众为师,增进同人民群众的感情,创作出为人民群众喜闻乐见的精神文化产品。文化体制改革的成效如何,最终要由人民群众来检验,要看人民群众的基本文化权益是否得到了切实保障,各阶层人民群众的精神文化生活是否得到了更好的满足。文化体制改革的成果,一定要惠及广大人民群众,特别是基层百姓。文化体制改革以来,国家有关部门先后推出的"广播电视村村通"、"全国文化信息资源共享"、"农家书屋"等工程,使广大农村群众得到了实惠,受到农村基层干部群众的热烈欢迎。一切为了人民,服务人民群众,这是深化文化体制改革所必须始终坚持的。

（三）必须抓住文化体制改革的战略重点

文化体制改革顾名思义是要改革体制,这是改革的战略重点、主攻方向。文化体制改革命题的提出,源于文化单位、文化工作的体制弊端是阻碍文化生产力发展的瓶颈。因此,在文化体制改革的各个阶段,都把体制改革作为重中之重的任务提了出来。但实践证明,体制的改革是重点更是难点。在相当长的一段时间,在相当多的文化单位,人们还不敢去触动体制上的问题。究其原因,主要是思想不解放,还存在"姓社姓资"的疑虑,也发怵利益关系调整带来的麻烦。党的十六大以来,文化体制改革的战略重点真正转移到了体制的改革创新,提出了一系列明确的要求和具体的政策,从根本上推进了文化体制改革的进程。以新闻出版业为例,2006 年以来,根据中央关于文化体制改革的总体部署,新闻出版总署先后对出版社、报刊社的体制改革作出明确规定:除人民出版社、盲文出版社、藏学出版社和少数民族出版社之外,所有出版社一律转制为企业;所有非时政类报刊社基本转制为企业。近几年,新闻出版总署加大推进力度,逐年提出改制的明确要求,使整个新闻出版业的体制改革取得重大进展。到 2010 年,除被保留事业体制的公益性出版单位外,全国经营性图书、音像出版单位基本完成转制,组建了120 多家新闻出版企业集团,其中有 50 家企业集团成功上市。体制的改革创新,有力地推动了新闻出版业的发展。2010 年,全国年出版图书 33 万种、71 亿册;出版报纸 1939 种,年发行量超过 450 亿份;出版期刊 9884 种,发行量超过 32 亿册。新闻出版业实现总产值达 1.27 万亿元,增加值 3500亿元。

实践证明,文化体制改革不能只在机制层面上做文章,更不能将工作层面的某些调整、改进当作改革的全部内容,只有在体制改革上取得了突破,才能真正建立起一套充满活力的运行机制,最大限度地解放和发展文化生产力。

(四) 必须激发文化体制改革的内在活力

文化体制改革的主体是宣传文化战线的工作人员。文化体制改革能否顺利推进,能否取得切实成效,关键要看能否最大限度地调动广大文化工作者的积极性、主动性和创造性,激发改革的内在活力。改革涉及体制、机制的转换,涉及利益格局的调整,人们会存在种种疑虑、困惑,这是很正常的现象。但如果不能很好地解决这些问题,改革便无法进行。因此,变"要我改"为"我要改"就成为文化体制改革中必须做好的一项工作。"要我改",这是被动的、消极的应付改革;"我要改",才是主动的、积极的精神状态。在推进文化体制改革的整个过程中,党和政府及宣传文化部门的各级领导,都始终坚持做深入细致的思想政治工作,向干部职工反复讲明改革的重要性、必要性，讲明改革的各项政策措施，具体的改革方案也在干部职工中广泛开展讨论、征求意见，使干部职工形成"早改早主动、迟改迟主动、不改就被动"的强烈共识，积极拥护改革、支持改革、参与改革。

文化体制改革的经验表明，凡是内在改革动力强劲的单位，改革进展就顺利，改革效果就明显。电影业的改革就是一个很好的例子。由于电影界改革启动早，力度大，改革热情高涨，比较早地完成了 35 家电影制片厂、20 余家省市电影公司、近 300 家电影院等国有经营性事业单位转企改制，从而大大提高了电影制作生产能力，2010 年电影故事片产量达到 526 部，进入世界前三名。中国杂技团、中国木偶艺术剧院、北京歌舞剧院等一批演艺团体，也是主动谋划改革，较早完成改制，实现了剧院团的跨越式发展。

（五）必须完善文化体制改革的政策措施

文化体制改革，实施改革的是文化单位，但改革中涉及的机构、编制、人员、资产、财税、社会保障等问题，与政府许多主管部门密切相关。改革必须依靠强有力的政策支持。为此，在文化体制改革的过程中，特别是党的十六大之后，国务院和国家有关部门都及时颁布有关政策规定，支持文化的改革发展。国务院印发的《文化体制改革试点中支持文化产业发展的规定（试行）》和《文化体制改革试点中经营性文化事业单位转制为企业的规定（试行）》、《关于非公有资本进入文化产业的若干规定》等重要文件；国家广电总局、商务部联合发布的《电影企业资格准入暂行规定》、文化部等五部委联合制定的《关于文化领域引进外资的若干意见》等一批部委的文件，都像"及时雨"，解决了文化体制改革中遇到的财政税收、资本投入、资产划拨、人员分流、社会保障等一系列实际问题。没有这些相关配套政策的颁布和实施，文化体制改革就会寸步难行。在改革中各文化单位普遍遇到的人员分流的困难，正是因为有了国家有关部门出台的"老人老办法、新人新办法"的具体政策引导，才有力地保障了改革中的职工利益，维护了改革过程中的安定团结。

（六）必须强化文化体制改革的组织领导

文化体制改革是文化领域一场深刻的革命，关系文化事业、文化产业的长远发展，关系广大干部群众的切身利益。同时，文化体制改革还不可避免地会遇到意识形态领域的敏感、复杂问题。为了保障改革的顺利进行，为了坚守党的思想文化阵地，在文化体制改革中，必须始终坚持加强和改进党的领导,以有力的政治组织保障推动文化体制改革的健康发展。中央领导同志在部署文化体制改革的历次会议讲话中,都一再强调加强党的领导,加强组织协调。宣传文化单位的各级党组织,坚决贯彻落实中央关于文化体制改革的一系列重要指示精神,按照中央要求,做了大量艰苦细致的工作,在改革中发挥了党组织的领导核心作用。加强和改进党的领导,除了把握好改革的政治方向之外,还有两项重要的工作。一是用好干部,着力培养选拔一批政治上坚强可靠、改革意识强、熟悉宣传文化工作、清正廉洁的高素质领导人才。改革的实践证明,哪个单位选好了改革的带头人,配好了强有力的领导班子,哪个单位的改革就有新局面、新气象、新成果。二是做好深入细致的群众工作,用中央关于文化体制改革的精神武装干部职工头脑,统一思想,凝聚力量,树立改革的信念,增强改革的信心。改革的实践同样证明,哪个单位的群众工作做得好,改革中遇到的矛盾就能及时化解,哪个单位的改革就进展顺利,干部群众就有良好的精神面貌。

在党中央的坚强领导下,我国的文化体制改革形势发展很好,取得了历史性成就,创造了丰富的经验。当然,如同经济领域和其他领域的改革一样,文化体制改革是一个漫长的、不断深化、不断完善的过程。解决我国文化建设面临的问题,推动文化的大发展大繁荣,根本动力和出路依然是不断深化文化体制改革。深入学习贯彻党的十七届六中全会精神,坚持走改革发展之路,我们一定会迎来社会主义文化建设的新高潮,实现人民群众对美好生活的新期待。

(原载《百年潮》2012 年第 8 期)

满足群众文化需求是文化建设的基本任务

党的十七届六中全会专题研究部署深化文化体制改革、推动社会主义文化大发展大繁荣,进一步兴起社会主义文化建设新高潮,作出了《中共中央关于深化文化体制改革推动社会主义文化大发展大繁荣若干重大问题的决定》。这一《决定》是新时期党中央加强社会主义文化建设的一个纲领性文献,在党和国家的文化建设史上,具有里程碑式的重要意义。

作为观念形态的文化,一定的文化是一定社会的政治和经济的反映。任何一个国家,任何一个民族,文化是其生生不息、薪火相传的血脉和精神。胡锦涛同志指出,"当今时代,文化在综合国力竞争中的地位日益重要","没有先进文化的积极引领,没有人民精神世界的极大丰富,没有全民族创造精神的充分发挥,一个国家、一个民族不可能屹立于世界民族之林"。[①]在新的形势下,大力加强社会主义先进文化建设,必须把不断满足人民群众日益增长的精神文化需求作为基本任务,确保人民群众特别是基层群众的文化权益。

一、关注人民群众文化需求是党的优良传统

一部中国共产党的历史,文化建设是其重要组成部分。新民主主义革命时期,毛泽东在 1940 年 1 月发表的《新民主主义论》中就深刻阐明,"所谓新民主主义的文化,一句话,就是无产阶级领导的人民大众的反帝反封建

---

① 胡锦涛:《在中国文联第八次全国代表大会、中国作协第七次全国代表大会上的讲话》,《十六大以来重要文献选编》(下),中央文献出版社 2011 年版,第 752 页。

的文化"。① 毛泽东还首次提出了发展"民族的科学的大众的文化"的任务,强调"这种新民主主义的文化是大众的,因而即是民主的。它应为全民族中百分之九十以上的工农劳苦民众服务,并逐渐成为他们的文化。"②1942 年 5 月 2 日至 23 日,党中央在延安召开了文艺座谈会,这是中国共产党在革命战争年代召开的第一次大规模、高规格的文艺座谈会。毛泽东来到延安杨家岭窑洞前,在会议开始时作了"引言"的讲话,会议结束时作了"结论"的讲话。毛泽东的《在延安文艺座谈会上的讲话》,是中国共产党在革命根据地局部执政条件下第一个指导文艺工作的纲领性文献。《讲话》科学总结了五四运动以来我国革命文艺发展的历史经验,密切联系延安和各抗日根据地文艺工作的客观实际,紧紧围绕文艺工作的若干重大问题,全面、深刻、系统地阐述了党的文艺思想,精辟阐述了文艺为什么人服务的问题。强调文艺必须为工农兵服务,为人民大众服务。《讲话》对"人民大众"作了解释:"什么是人民大众呢? 最广大的人民,占全人口百分之九十以上的人民,是工人、农民、兵士和城市小资产阶级。所以我们的文艺,第一是为工人的,这是领导革命的阶级。第二是为农民的,他们是革命中最广大最坚决的同盟军。第三是为武装起来了的工人农民即八路军、新四军和其他人民武装队伍的,这是革命战争的主力。第四是为城市小资产阶级劳动群众和知识分子的,他们也是革命的同盟者,他们是能够长期地和我们合作的。"③《讲话》强调的文艺为这四种人服务,奠定了文艺工作为广大人民群众服务的根本政治方向。

延安文艺座谈会的召开,受到革命文艺工作者的热烈欢迎和衷心拥护。在《讲话》精神的鼓舞下,延安和各敌后抗日根据地的文艺工作者响亮地提出了"到农村、到工厂、到部队中去,成为群众的一分子"的口号。按照《讲话》倡导的文艺为人民大众服务、为工农兵服务的方向,文艺工作者纷纷下乡下厂下部队,向工农兵群众学习,从工农兵群众的火热生活中汲取营养,创作出了一大批鼓舞人民抗战斗志、深受广大群众欢迎的优秀文艺作品。比如:在戏剧方面,创作演出了大型新歌剧《白毛女》,秧歌剧《兄妹开荒》、

① 《毛泽东选集》第二卷,人民出版社 1991 年版,第 698 页。
② 《毛泽东选集》第二卷,人民出版社 1991 年版,第 708 页。
③ 《毛泽东选集》第三卷,人民出版社 1991 年版,第 855 页。

《夫妻识字》，评剧《逼上梁山》、《三打祝家庄》；在文学方面，有赵树理的《小二黑结婚》、《李有才板话》、《李家庄的变迁》，欧阳山的《高干大》，丁玲的《太阳照在桑干河上》，周立波的《暴风骤雨》等一批新作；街头画报、街头演出、街头音乐、街头诗朗诵等群众性文化活动在延安和一些抗日根据地也开始活跃起来。

延安时期，党在抗战最艰难的岁月，依然十分关注文化工作，关心人民群众的文化生活。《白毛女》、《兄妹开荒》演出时，毛泽东、朱德等领导同志都亲临观看，对文艺工作者演出的为工农兵服务的这些剧目给予高度赞扬。毛泽东还亲自到延安鲁艺视察发表讲话，勉励鲁艺的文艺工作者走出"小鲁艺"，到人民群众生活的"大鲁艺"中去。尔后，当鲁艺的文艺工作者到群众中送秧歌进乡村、送年画进农户，受到群众欢迎时，毛泽东又给予了热情的称赞。

文化承载着为党的事业、为人民引领前进方向的任务，承载着为党的事业、为人民提供思想动力的使命，承载着为社会、为人民创造文化生活条件的责任。在革命战争年代，中国共产党依靠"手里拿枪的军队"和"文化的军队"，即依靠"枪杆子"和"笔杆子"，团结自己，战胜敌人，夺取了新民主主义革命的胜利。党从这一时期领导文化工作的实践中，积累了文化建设的丰富经验，形成了始终关注人民群众文化需求的优良传统。

二、满足人民群众文化需求是文化建设的现实需要

改革开放以来特别是党的十六大以来，在以胡锦涛同志为总书记的党中央领导下，随着国家对文化投入的大幅增加和文化体制改革的不断深化，我国文化建设不断开创新局面，取得新成就。马克思主义在意识形态领域的指导地位更加巩固，社会主义核心价值体系建设扎实推进，文化事业进一步繁荣，文化产业快速发展，公共文化设施建设取得重要进展，优秀精神文化产品大量涌现，人民群众的精神文化生活更加丰富。但也必须看到，在我国总体上人民生活达到小康、物质生活水平有了较大提高之后，人民群众对精神文化生活的需求愈加强烈。人们不仅重视和关注经济权益、政治权益的保障，也越来越关注文化权益的保障。而同国家经济的快速发展相比，我

国文化建设还相对滞后。国家提供的公共文化服务和精神文化产品还远远不能适应人民群众日益增长的精神文化生活需求。尤其是城乡之间、不同群体的人民群众之间文化生活差距拉大，已经成为建设和谐社会、实现公平正义的一个突出矛盾，应当引起党和政府的高度重视。人民群众文化生活差距扩大，具体表现在以下几个方面：

就城乡而言，现在城市人特别是大城市的居民文化生活比较丰富，他们有较多的文化设施可以使用，有丰富多彩的文化艺术演出可以欣赏，有各种喜闻乐见和自身参与的精神文化生活。而农村地区群众的文化生活则相对比较贫乏。

就农村而言，经济发达地区和经济欠发达地区、边远地区农民群众的文化生活存在很大差距。在经济发达的省区，已建成较完备的公共文化服务体系，基层文化设施比较齐全，群众文化生活较为丰富。而在经济欠发达地区特别是一些贫困地区、边远地区的农村，文化设施十分落后，群众的文化生活难以得到保障，除了有电视可以看看外，一些农民至今仍过着日出而作、日落而息的生活。

就城市而言，不同群体、不同阶层群众的文化生活差距很大。高收入阶层、经济状况较好的家庭在物质生活比较富有的同时，有条件享受到丰富多彩的精神文化生活。而低收入群体、弱势群体、经济困难家庭文化生活则比较贫乏，特别是占城市人口相当数量的广大进城务工人员，几乎没有什么文化生活可言。

据国家统计局 2010 年的统计，我国城镇居民家庭平均每人全年文化消费支出占总消费的比例为 12.08%，北京、上海、江苏、浙江等大城市和东部发达地区都在 14% 以上，高出全国平均水平；而云南、青海、西藏等西部地区则大大低于全国平均水平，西藏仅占 4.93%。

从一定意义上说，我国文化建设现实的问题和矛盾，突出表现在文化生产力和公共文化服务同基层百姓特别是农村地区群众和城市经济困难人群、进城农民工的需求不相适应，形成城乡人民群众精神文化生活的"剪刀差"。毫无疑问，出现这一情况，是在社会主义初级阶段基本国情下经济社会发展不平衡的客观反映。在这样一个历史阶段，人们文化权益的保障和文化生活的满足，不可能是绝对的，只能是相对的。但我们必须正视并努力创造条件去逐步缩小城乡之间、不同职业的社会群众之间、贫富状况不同的

安塞腰鼓街头表演

社会成员之间在文化生活上的过大差距,保证文化财富在分配对象、分配内容和分配方式上的尽可能公平正义。

文化,是在人民群众伟大的社会实践活动中孕育和创造的,人民群众是文化建设的主人,文化发展的成果也理应由人民群众共享。党的十七大报告和十七届六中全会决定强调推动社会主义文化大发展、大繁荣,兴起社会主义文化建设新高潮,这是全党的重大战略任务。从国家文化建设的全局来考量,可以说,没有我国广大农村地区文化的发展繁荣,没有广大人民群众特别是基层群众精神文化生活的日益丰富,就难以形成社会主义文化大发展大繁荣的崭新局面。

三、让文化建设服务人民群众,惠及基层百姓

一切为了人民的利益、全心全意为人民服务,这是党的全部工作的出发点和落脚点。社会主义文化是面向现代化、面向世界、面向未来的,民族的科学的大众的社会主义先进文化。文化大发展大繁荣的根本目的在于,不

断满足人民群众日益增长的精神文化需求,不断促进人民思想道德素质和科学文化素质的提高,为国家经济发展和社会进步提供强大的思想动力和智力支持。让文化建设服务人民群众,惠及基层百姓,是社会主义文化的本质要求,也是新形势下文化建设的基本任务和主要工作着力点。实现这一基本任务,需要从多方面下功夫。

(一) 政府要加大对农村地区和城市基层社区的文化投入

公益性的文化事业,离不开政府的资金投入和支持。鉴于目前农村地区特别是经济欠发达农村地区和边远地区文化设施落后的状况,国家在制定文化发展规划、安排文化发展年度计划时,应当把工作重点转向农村,转向城市基层社区。近些年来,中央文化、广播影视、新闻出版部门已经先后实施了"全国文化信息资源共享工程"、"村村通工程"、"农家书屋工程",为解决农村地区广大农民群众看电影难、看电视难、看书难等问题发挥了实际的作用。但这三大工程的巩固和拓展,都需要一定的资金保障。从农村地区文化发展繁荣的总体布局考虑,还应有计划地兴建一批群众文化馆、文化活动站、青少年宫等新的公共文化设施。因此,要进一步加大文化建设的投入,并更多地向农村地区、边远地区和城市基层社区倾斜,使文学艺术、新闻出版、广播影视等各方面的公共文化服务资源逐步走向均衡,解决一些农村地区文化设施落后、文化场地匮乏、文化产品供应紧张的状况,为城乡基层群众提供必要的文化设施和文化活动场所。

(二) 大力倡导文化工作进基层、进农村、进社区

70年前,毛泽东在延安文艺座谈会的讲话中就精辟阐述了文艺和群众、文艺和生活的关系,强调人民生活"是一切文学艺术的取之不尽、用之不竭的唯一的源泉",要求"中国的革命的文学家艺术家,有出息的文学家艺术家,必须到群众中去,必须长期地无条件地全心全意地到工农兵群众中去,到火热的斗争中去,到唯一的最广大最丰富的源泉中去"。① 进入改革开放新时期,邓小平在中国文学艺术工作者第四次代表大会上的祝词中也深刻指出:"我们的文艺属于人民。""人民需要艺术,艺术更需要人民。自觉地在人民的生活中汲取题材、主题、情节、语言、诗情和画意,用人民创造历史的奋发精神来哺育自己,这就是我们社会主义文艺事业兴旺发达的根

---

① 《毛泽东选集》第三卷,人民出版社1991年版,第860—861页。

本道路。"①党的领导人的这些重要论断,为文艺工作者从人民群众和社会生活中汲取丰富营养,推动文化发展繁荣,指明了前进的道路。

在新的历史条件下,文化建设服务人民群众,满足基层群众精神文化生活需求的任务更加艰巨,要求也更为紧迫。党和政府以及宣传文化工作部门,应当以更大的力度、更有效的措施,鼓励和引导广大文化工作者到基层群众中去,到生活实践中去。近些年来,"三下乡"、"心连心"、"走转改"等一系列推动文化下乡的活动,取得了明显的成效,要继续坚持。同时,我们绝不能满足于这些临时性、阶段性、个别性的办法和举措,而要研究、制定推动文化工作进基层、进农村、进社区的长效机制,提倡和引导文化工作者深入生活、深入群众,向人民群众学习,增进同人民群众的感情。宣传文化单位要有一些硬指标,建立相对固定的基层联系点,帮助建设文化设施和文化活动场所,并把精神文化产品免费送到农村群众中去、送到城市社区居民中去。

还需要指出,倡导文化工作进基层、进农村、进社区,不是简单地凑几个人送戏下乡、送电影下乡就行,这里也有一个与时俱进的问题。由于电视的逐步普及,从总体上说,人民群众包括基层农民群众的文化欣赏水准有了较大提高,他们也希望看到高水平的文艺演出,听到大腕明星的演唱。因此,在推动文化下基层的过程中,要正确处理好普及与提高的关系,切实满足人民群众对高品位文化艺术生活的需求。

(三)努力创作更多能满足各阶层群众文化生活需要的优秀精神文化产品

目前,我国精神文化产品的规模、质量和效益已发生历史性的变化,到2010年为止,我国已成为世界上第一大电视剧生产国、第三大电影生产国,新闻出版业的总规模也稳居世界前列。但人们常常也感叹,我们的精神文化产品既"多"又"缺"。多了为什么还缺? 主要是缺少思想性、艺术性俱佳,能够真正叫得响、留得住、传得开的精品力作;缺少能够适合基层人民群众欣赏水准的文学艺术作品。

在我国的文化发展历史上,由于坚持"二为"方向和"双百"方针,广大文化艺术工作者重视从人民群众火热生活中汲取营养,在不同历史时期创

---

① 《邓小平文选》第二卷,人民出版社1994年版,第211—212页。

作了一大批为人民群众喜闻乐见的文学艺术作品,影响了一代又一代人。现在,在电影、电视剧、戏曲等各类文艺作品数量猛增的情况下,反映基层人民群众生活、深受基层群众特别是工人、农民、解放军指战员和青少年欢迎的文学艺术作品却明显感到缺乏,没有多少农民真正喜欢的电影、电视剧可看,反映工农兵群众生活题材的文艺作品也不多见。这一现象启示我们,要满足基层广大人民群众的文化生活需求,必须加强对精神文化产品生产的指导与规划,大力弘扬主旋律,提倡多样化,努力创作一大批优秀的文学、戏剧、音乐、舞蹈、影视、美术、杂技、曲艺等各方面的优秀作品,积极开展各类丰富多彩的文化活动,用丰富的文化产品和文化活动去满足基层百姓的精神需求。让喜欢看书的有书可读,喜欢看戏的有戏可看,喜欢听音乐的有优美乐曲欣赏,喜欢看电影、电视剧的有大量影视佳作可看,喜欢唱歌、扭秧歌的群众也有自娱自乐的场所,等等。各个艺术门类都有喜爱自己的受众群体。城里人有条件欣赏高雅艺术的可以欣赏高雅艺术,基层群众也能有自己喜闻乐见的文学艺术作品,有各种乐于参与的文化娱乐生活。

(四) 制定完善推动文化建设服务基层群众的文化经济政策

把满足群众文化需求作为文化建设的基本任务,推动社会主义文化大发展大繁荣,需要依靠强有力的政策保障。党的十六大以来,随着文化体制改革的不断深化,文化建设已呈现文化事业、文化产业双轮驱动、比翼齐飞的生动局面。必须强调,无论是文化事业还是文化产业的发展,都应把满足人民群众日益增长的精神文化需求作为根本目的,这是一个大政策、大目标。

一方面,从党和政府工作的角度,要在已经出台了若干扶植文化事业、文化产业发展政策规定的基础上,继续研究、制定和完善有关的文化经济政策。比如,鉴于城市低收入家庭、困难家庭和农村经济欠发达地区农民家庭文化生活贫乏,文化消费水平偏低的状况,可否在有条件的地方尝试设立群众文化生活补偿资金,为经济有困难而又有需求的家庭免费订阅报刊,减免有线电视网的收看费用。同时,国家应鼓励和支持社会团体和个人到农村投资兴办文化设施和文化活动场所,举办健康有益的群众文化活动。

另一方面,宣传文化部门和文化企业要把服务人民群众、满足基层群众文化需求作为重要任务。在发展社会主义市场经济的条件下,文化企业固然要讲经济效益,但必须考虑我国文化消费的基本国情,维护人民群众的实际利益。在城市组织的各类演出、展览等文化活动,应尽可能满足不同阶层、不同群体的多方面需要,注意兼顾低收入家庭、困难群众的承受能力。鼓励和引导宣传文化单位为困难家庭、为弱势群体免费订报、免费送去群众需要的文化生活。在农村开展的各项文化活动,绝不能给农民增加任何经济负担。这些措施和办法,都应当从政策层面上予以保障。

文化建设更好地满足群众文化需求,更多地惠及基层百姓,可以有效地缩小城乡之间、社会成员之间在文化生活上的过大差距,保障人民群众的基本文化权益。同时,文化建设所带来的知识的力量、精神的动力,将极大地提高全体人民的科学文化素质和思想道德水准,使人民精神风貌更加昂扬向上。

(原载《前线》2012 年第 9 期)

新时期我国对外开放的历程及基本经验

4月14日至23日,中国浦东干部学院举办了省部级干部"拓展对外开放,提高开放型经济水平"专题研究班。参加这次学习,通过听老师讲课、参观考察、学员研讨交流等活动,自己学习到了有关经济领域对外开放的一系列方针政策和基本知识,了解了这方面的丰富经验,引发了对拓展对外开放,提高开放型经济水平的进一步思考。可以说,这是一次很好的学习、补课。

党史工作的根本任务是围绕中心,服务大局,以史鉴今,资政育人。从这个意义上讲,我在这次学习中,围绕研究班的主题,着重从党史工作的角度,就我国对外开放的历史进程和基本经验,做了一些初步的回顾和梳理,作为这次学习的总结。

对外开放是我国振兴经济促进社会发展的长期国策。自1979年以来,由兴办经济特区起步,又在特区建设取得显著成就和总结特区经验的基础上,经过几个阶段的发展,最终形成了全方位、多层次、宽领域的对外开放格局。对外开放,在我国经济社会发展中发挥了良好的示范效应和推动作用,同时也为我们提供了很多宝贵的经验。在改革开放即将迎来30周年之际,我们回顾对外开放所走过的艰辛历程,总结其中的宝贵经验,具有重要意义。

一、对外开放是适应历史潮流
具有世界眼光的重大决策

在进入新的历史时期以后实行对外开放,不能理解为我国的一项权宜之计,必须从历史发展趋势、从全球经济战略,特别要从新的技术革命的发展形势这样一个高度来认识,才能更深刻地理解这是党中央具有世界眼光的重大战略决策。

生产和交换活动的国际化以及世界范围内国际经济的相互依存,这是人类社会发展的历史规律。马克思恩格斯早就预言过,由于开拓了世界市场,"一切国家的生产和消费都成为世界性的了"。并断言:"自给自足和闭关自守状态,被各民族的各方面的互相往来和各方面的互相依赖所代替了"。这就是以商品生产的高度发展为背景所出现的客观必然趋势。这种生产和交换国际化的进程自第二次世界大战后,越来越加快,各国间互相联系、相互依赖的关系也越来越紧密,任何一个国家的生产力的发展,如果脱离世界经济联系的合力作用,将必然陷于停滞落后。随着世界范围内科学技术的迅速发展,这一点就更加明显了。

但是,尽管以上所讲的是不容争辩的基本常识,但在"左"的思想影响下,我国较长时间却把闭关锁国、自给自足理解为"自力更生",把发展国际经济关系看成是引入资本主义。一直到十一届三中全会后的一段时间,"对外开放"在一些人心目中仍然被看成禁区。

在党的十二届三中全会通过的《中共中央关于经济体制改革的决定》中明确了社会主义经济的商品经济属性后,才为深刻理解对外开放政策,进一步扫清了理论障碍,使人们认清了开放正是商品经济发展的必然要求。商品生产需要有市场,并且必然要开拓出开放的世界市场。封闭的市场是阻挡不住商品经济发展洪流冲击的。我国社会主义商品经济既不能对内搞条条封闭、块块封闭,也不能对外搞一国封闭。打破封闭,始终是加快我国社会主义商品经济发展的必要条件。

以上是我国实行对外开放国策的一般理论依据,无须多加论证。现在需要研究探讨的是,为什么要拓展对外开放,并实行全方位、多层次、宽领域对外开放的问题。

首先,要看到,当今时代,生产国际化的进程由于科学技术的迅猛发展而大为加速,科学技术作为生产力在世界范围内对各国经济发展的影响越来越巨大。我们正面临一次新的技术革命,这是更加咄咄逼人的形势,必须抓紧时机采取有力措施来加快缩短与发达国家的科技差距,这也就是通常所说的必须在面对这场挑战时采取有效的对策。这是我国推进现代化建设所必须解决的战略任务。为此,我国必须大大加强国际经济、技术联系,使生产和交换更广泛和深入地参与到世界市场中去。经济特区以至于全方位、多层次、宽领域对外开放格局的开辟和形成,就是为了适应这种需要。对外开放应看成是我国应对世界新技术革命的重要对策,是推进社会主义现代化的战略部署的一个重要组成部分。

还要看到,从 20 世纪 60 年代以来,太平洋地区的经济地位日益上升,世界经济中心已呈现向太平洋转移的迹象,在太平洋圈内的南弧带,主要经济力量将是日本和中国。在经济强手面前,我国经济的发展能否形成为亚太圈的经济中心地带,主要取决于我国沿海地带的经济能否加快发挥出巨大潜能。而沿海对外开放带的形成,还承担着作为未来的中国经济中心地带的任务。

实行对外开放政策,还应与世界范围内各国之间的经济实力和综合国力的激烈竞争联系起来加以考察。在许多发展中国家,包括发达国家,可以看到,它们在沿海或交通枢纽地带竞相设置自由贸易区、免税区、出口加工区等经济性特区或开放区。如联邦德国的 60% 的对外贸易就是通过不来梅港和汉堡等自由贸易区进行的。美国则设有免征关税的对外贸易区 84 个,以此吸引外商。至于新加坡、韩国、菲律宾的出口加工区更为人们所熟知。我国台湾的出口加工区和科学工业园在引进外资和技术以及发展贸易方面也大有收获。我国兴办综合性经济特区和开放沿海城市,以及开辟对外开放带等等,可以说既是参照了国外吸引外资和技术的有效方式,又创造了符合我国国情的对外开放模式。

从迎接世界新技术革命和全球的经济发展战略来看对外开放,我们对国家实行对外开放政策的长期性和具有的深远意义,就能理解得更透彻、更深刻。

二、新时期我国对外开放的历史进程

从我国对外开放的历史进程来看,它大体经历了"创办沿海经济特区"、"开放沿海城市"、"沿边沿江扩大对外开放"、"形成全方位、多层次、宽领域对外开放格局"等几个主要历史阶段。

1.创办沿海经济特区。创办沿海经济特区的设想萌芽于党的十一届三中全会之前，付诸实施于十一届三中全会确定对外开放的方针之后。在一个国家中划出一定区域，引进资本主义发达国家的资金、技术设备和管理方式，组织面向国际市场的生产和经营，这在世界上虽有先例，但在社会主义国家中还属首创。这不仅是中国共产党人对社会主义传统模式的大胆突破，也是把马克思主义基本原理同中国实际和当代特征相结合的一个创造。

1978年，国务院先后组织了两批人员分赴西方国家和我国的港澳地区进行考察，吸取当地发展经济的先进经验，以推动我国的现代化建设。一批是4月份派出的由国家计委和外贸部有关人员组成的港澳经济贸易考察组，对港、澳地区作实地调查研究；另一批是5月初派出的由国务院副总理谷牧为团长，以轻工业部、水电部、农业部、国家计委、北京市等单位30多人组成的中国政府代表团，着重对西方国家的经济进行考察。

参加考察的人通过实地观察，开阔了眼界，打开了思路，学习到了大量对外开放包括创办经济特区可资借鉴的新鲜经验。其中港澳经济考察组回到北京后立即向中央写了一份《港澳经济考察报告》。报告提出把靠近港澳的广东宝安、珠海划成出口基地，力争经三五年的努力，建设成具有相当

今日深圳新貌

水平的对外生产基地、加工基地和吸引港澳人的游览区。6 月 3 日,中共中央、国务院的主要领导人听取了考察组的汇报并作出指示:"总的同意",要求"说干就干,把它办起来"。

地处沿海的广东省的党政领导同志,在国际上已有的各种类型的出口加工区的启发下,也产生了在省内划出一些地方开办几个出口加工区的想法。为了加强对宝安、珠海地区生产建设的领导,建立出口基地,发展对外经济贸易,广东省政府于 1979 年 1 月 23 日作出决定并经国务院批准,将宝安县改为深圳市,珠海县改为珠海市。

1979 年 4 月中央工作会议期间,邓小平在听取了广东省委负责人关于在毗邻港澳的深圳、珠海和侨乡汕头开办出口加工区的汇报后,当即表示:还是办特区好,过去陕甘宁就是特区嘛,中央没有钱,你们自己去搞,杀出一条血路来! 根据邓小平的意见,中央责成广东、福建两省进一步组织论证,提出实施方案。广东和福建省委很快将实施报告上报中央。7 月,中共中央、国务院批转了广东、福建省委关于在对外经济活动中实行特殊政策和灵活措施的报告。中共中央和国务院决定:对广东、福建的对外经济活动给予更多的自主权,以充分发挥两省的优越条件,扩大对外贸易,抓紧当前的有利时机,先走一步,把经济尽快搞上去。同时决定,先在深圳、珠海两市划出部分地区试办出口特区,待取得经验后,再考虑在汕头、厦门设置特区。中央认为,这是一个重要的决策,对加速我国的社会主义现代化建设具有重要意义。

2. 扩大沿海对外开放城市。沿海经济特区创办后,中央对此极为关注。1980 年 5 月 16 日,中共中央转发了《广东、福建两省会议纪要》,并在批示中指出:一年来的实践证明,中央决定广东、福建两省在对外经济活动中实行特殊政策和灵活措施,是正确的。两省工作有很大进展,成绩是显著的。根据两省的有利条件,中央决定,在广东省的深圳市、珠海市、汕头市和福建省的厦门市,各划出一定范围的区域,试办经济特区。经济特区的管理,在坚持四项基本原则和不损害主权的条件下,可以采取与内地不同的体制和政策。由于全国的经济体制还没有作大的改革,广东、福建两省在试行新体制的过程中,出现一些问题是难免的,这是前进中的矛盾。我们的任务就是要认真地、及时地总结经验,研究新情况,解决新问题。广东、福建两省进行经济体制改革,不但有利于加快两省经济的发展,而且有利于全国的经济体制改革。

　　1980 年 8 月，全国人大常委会第十五次会议批准了《中华人民共和国广东省经济特区条例》。此后有关特区的各项法律、法规陆续制定，使经济特区从初创阶段起，便有了法律的规范和保证。为了借鉴国际上不同类型经济特区的做法，应联合国工业发展组织的邀请，1980 年 9 月下旬，时任国家出口管理委员会副主任的江泽民，率领国务院有关部门和广东、福建两省以及深圳、厦门两特区负责人组成的代表团，前往斯里兰卡、马来西亚、新加坡、菲律宾、墨西哥、爱尔兰 6 国的 9 个出口加工区、自由贸易区进行考察，并在途经日内瓦时同联合国有关专家进行了座谈。代表团考察归来后，对国外举办经济特区的重要经验，如立法比较健全，可操作性强；有比较完整系统的开发总体规划，但操作上可逐步进行；管理体制灵活、高效；注重人才培训；有优惠政策等，进行归纳后向中央作了汇报。

　　1981 年 5 月 27 日至 6 月 14 日，中共中央、国务院在北京召开广东、福建两省和经济特区工作会议。会前，中央各部门和两省的同志，做了大量的准备工作，经济界的一些专家也在理论上进行了探讨和论证。会议针对试办特区以来一些人存在的疑虑和担心，在总结两年来工作的基础上，统一了对经济特区的重要性和正确性的认识。

　　这次会议认为，我国的经济特区是利用外资，引进技术，发展经济，促进四个现代化建设的一种特殊形式。它与过去的"租界"、"殖民地"有着本质的区别。会议还提出：特区的规划和建设要因地制宜，注重实效，各有侧重地发展；海关对特区进出口的货物、物品，要给予特殊的关税优惠；简化出入境手续，方便人员往来；特区的劳动工资要实行新制度；特区市场需要的国家出口商品，可由特区向有关外贸公司提出订货，以外汇结算；特区的机场、海港、铁路、电信等企事业，允许引进外资，由特区自营或与外资合营，自负盈亏；必须抓紧制定特区的各项单行法规；特区的行政体制和管理机构的改革，要制定适合特区性质的政策和措施，以利于特区建设的健康发展。

　　1981 年 7 月 19 日，党中央和国务院批发了《广东、福建两省的经济特区工作会议纪要》。这个文件为深圳、珠海、汕头、厦门四个特区的全面建设统一了思想，提供了具体指导，对特区的建立和发展起了重要作用。

　　1981 年 11 月 26 日，全国人大常委会通过《关于授权广东省、福建省人民代表大会及其常务委员会制定所属经济特区的各项单行经济法规的决议》，授权这两个省的人大及其常委会，根据有关的法律、法令、政策规定的原则，按照各省经济特区的具体情况和实际需要，制定经济特区的各项单行经济法规，并报全国人大常委会和国务院备案。

上述各项措施有力地保证了经济特区建设的顺利进行和快速发展，其中以深圳的变化最为显著。到1983年，深圳已和外商签订了2500多个经济合作协议，成交额18亿美元，引进2500台设备和一批技术。1983年与1978年相比，深圳工农业总产值增长11倍，财政收入比办特区以前增长10倍多，外汇收入增长2倍，基本建设投资比新中国成立后30年的总和增加20倍。经济特区取得了举世公认的巨大成就，向世界展现了中国改革开放的雄心壮志，同时也为逐步扩大对外开放提供了经验。

在这之后，我国对外开放步伐不断加快。1983年年初，中共中央和国务院领导人研究了海南岛的开发问题。4月，中共中央、国务院批转了《加快海南岛开发建设问题讨论纪要》，确定了以对外开放促进海南岛开发建设的方针。

1984年1月24日至2月15日，邓小平先后视察了深圳、珠海、厦门和上海的宝山钢铁总厂，对特区建设给予了充分肯定，有力地推动了对外开放的进一步扩大。在视察期间，邓小平相继挥笔题词。在深圳的题词是："深圳的发展和经验证明，我们建立经济特区的政策是正确的。"在珠海的题词是："珠海经济特区好。"在厦门的题词是："把经济特区办得更快些更好些。"回到北京后，他特意就办好经济特区和增加沿海开放城市问题同中央的几位负责同志谈了话。邓小平说："我们建立经济特区，实行开放政策，有个指导思想要明确，就是不是收，而是放。""特区是个窗口，是技术的窗口，管理的窗口，知识的窗口，也是对外政策的窗口。从特区可以引进技术，获得知识，学到管理，管理也是知识。特区成为开放的基地，不仅在经济方面、培养人才方面使我们得到好处，而且会扩大我国的对外影响。""除现在的特区之外，可以考虑再开放几个港口城市，如大连、青岛。我们还要开发海南岛。""要让一部分地方先富裕起来，搞平均主义不行。这是个大政策，大家要考虑。"

根据邓小平的谈话精神，1984年3月26日至4月6日，中共中央书记处和国务院召开沿海部分城市工作座谈会。5月4日，中央批转了这个会议的《纪要》，正式确定开放沿海14个港口城市。它们是：大连、秦皇岛、天津、烟台、青岛、连云港、南通、上海、宁波、温州、福州、广州、湛江、北海。至此,我国的对外开放形成了经济特区——沿海开放城市的新格局。

3.沿边沿江扩大对外开放。经济特区的建立和对外开放区域的扩大,其窗口效应更加明显,人们从中受到了更多的启发,同时也进一步开阔了视野。但我国究竟是怎样的一种开放,还是有些人没有真正搞清楚。针对这一情况,1984年11月1日,邓小平在中央军委召开的座谈会上明确提出:对外开放问题,我们还有一些人没有弄清楚,以为只是对西方开放,其实我们是三个方面的开放:一个是对西方发达国家的开放,我们吸收外资、引进技术等等主要从那里来;一个是对苏联和东欧国家的开放,这也是一个方面;还有一个是对第三世界发展中国家的开放,这些国家都有自己的特点和长处,这里有很多文章可以做。所以,对外开放是三个方面,不是一个方面。邓小平关于三个方面开放的思想,具有重要的指导意义,它进一步指明了我国对外开放的对象和层次。正是在邓小平的这一思想指导下,我国对外开放进一步向多层次宽领域方向发展。

1985年1月,为进一步扩大对外开放领域,国务院召开了长江三角洲、珠江三角洲和闽南厦(门)漳(州)泉(州)三角地区座谈会。会议一致主张,先将长江三角洲、珠江三角洲和闽南厦漳泉三角地区,继而将辽东半岛、胶东半岛开辟为沿海经济开放区,以加速沿海经济的发展,从而带动内地经济开发。在这三个经济开放区,改革的步子要走得更快一些,经济政策再放宽一些,在横向联合中发挥市场调节的作用更多一些。这样,我国的对外开放,将通过经济特区——沿海开放城市——沿海经济开放区——内地这样多层次的探索和实践,由外向内、由沿海到内地逐步推进,从而有效地把发展沿海经济同开发内地经济密切结合起来,解决我国东部和西部共同发展的问题,使我国经济全面振兴,人民普遍富裕起来。2月,中共中央、国务院批转了这个座谈会纪要,并且指出:在长江三角洲、珠江三角洲和闽南厦漳泉三角地区开辟沿海经济开放区,是我国实施对内搞活经济、对外实行开放的又一重要步骤。这三个经济开放区应逐步形成贸——工——农的生产结构,即按出口贸易的需要发展加工工业,按加工的需要发展农业和其他原材料的生产。大力发展出口,增加外汇收入,成为对外贸易的重要基地。同时,又要加强同内地的经济联系,带动内地经济的发展,成为扩展对外经济联系的窗口。

随着《长江、珠江三角洲和闽南厦漳泉三角地区座谈会纪要》的贯彻，开放三个三角地区和两个半岛的工作陆续展开。从 1985 年起，国家即在这些开放地区给予优惠政策，主要是：扩大这些地区的自主权，让它们有充分的活力去开展对外经济活动；对前来投资的外商在税收方面给予优惠待遇，以利于更好地利用外资和引进先进技术；放宽利用外资建设项目和引进技术的审批权限，简化外商出入境手续；允许外商兴办独资企业，适当延长合资企业的合营期限；对确实提供了先进技术的产品，允许在国内市场进行部分销售。由于国家优惠政策的正确贯彻和有关地区、部门的奋发努力，各个经济开放区的建设和发展先后取得了成效。长江三角洲经济开放区通过采取发展外向型工业，走"出口创汇、引进提高、再扩大出口"的路子，其工业化、商品化经济已成为这个地区的明显优势。珠江三角洲经济开放区通过发展外向型经济，大办"三资"企业和"三来一补"（指来料加工，来样加工，来件装配和补偿贸易）企业，加快了加工工业产品和农副产品的生产，拓宽了销售领域，打进了港澳市场。闽南厦漳泉经济开放区、辽东半岛和胶东半岛经济开放区，也都利用各自的优势，大力发展出口创汇产品，打进国际市场；同时，积极与外商合作，发展"三资"企业，推进对外开放。

由于对三个三角地区和两个半岛的开放，从而使我国从南到北形成了由四个经济特区、14 个沿海开放城市、三个开放的三角洲和三角地区、两个开放的半岛构成的辽阔的由沿海向内地逐步扩展的对外开放格局。

4.全方位、多层次、宽领域对外开放格局的形成。随着我国对外开放地区和领域的扩大，对外开放的成就也越来越显著。外贸企业逐步实行自主经营、自负盈亏的新体制，促进了对外贸易和对外经济技术交流。深圳等经济特区和其他开放地区根据中央关于"求稳定、求提高、求发展"的要求，积极吸收、利用外资，引进先进技术，更有效地扩展对外贸易和经济技术交流，把外向型经济提高到新水平。1991 年，全国外贸进出口总额增长 17.5%，大大超过上一年 3.4% 的增长幅度，外汇收支由前几年的逆差转变为顺差，国家现汇结存有较大幅度增加。

进入 20 世纪 90 年代，在对外开放方面，最令人瞩目的举措是上海浦东的开发。这块紧邻上海最繁华的外滩，面积约 350 平方公里，具有巨大发展潜力的土地，长期以来却没有开发。简陋的住宅，大片的农田，与浦西的繁华市区隔江相望，形成巨大反差。旧中国一些有识之士曾几度提出开发浦东、建设浦江两岸共同繁荣的大上海的设想,然而在国民党政府统治下,这些筹划最终皆成泡影。改革开放以后,浦东开发在中国共产党的领导下逐步成为现实。从1984年起,党中央、国务院和上海市委、市政府就提出:要振兴上海,重点是向杭州湾和长江南北两翼展开,创造条件开发浦东,筹划新市区建设。1986年,在当时的上海市市长江泽民主持下,开发浦东的构想开始深化。这年4月,上海市政府向中央上报了《上海市城市规划方案汇报的提纲》。1988年以后,在党中央的支持下,上海加快了浦东开发开放的可行性研究。1990年2月,市委、市政府正式向党中央、国务院上报《关于开发浦东的请示》,提出了浦东开发开放的基本构想。3月初,邓小平在同中央负责同志谈话时提出:"机会要抓住,决策要及时,要研究一下那些地方条件更好,可以更广大地开源。比如抓上海,就算一个大措施。上海是我们的王牌,把上海搞起来是一条捷径。"在邓小平的支持推动下,党中央、国务院经过充分调查研究和论证,于4月正式批准开发开放浦东,在浦东实行经济技术开发区和某些经济特区的政策。当时,国务院总理李鹏代表党中央、国务院宣布这一决策时指出:开发浦东,开放浦东,是中央为深化改革、扩大开放而作出的又一个重大部署,对于上海和全国都是一件具有重要战略意义的事情。此后,浦东开发迅速启动,有实力的跨国公司、中外金融机构纷纷踏上这片改革开放的热土,外商投资逐年增加。一个外向型、多功能、现代化的新城区奇迹般地崛起,带动了全上海以及长江三角洲和整个长江流域经济的新飞跃。浦东由此成为新上海的象征,也成为20世纪90年代中国改革开放取得显著成就的重要标志。

1992年以后,建立社会主义市场经济体制的各项改革,为我国的对外开放增添了新的动力,也提出了新的要求。在这种形势下,党的十四届三中全会在制定建立社会主义市场经济体制的决定时明确提出,要坚定不移地实行对外开放政策,加快对外开放步伐,充分利用国际国内两个市场、两种资源,优化资源配置。积极参与国际竞争与国际经济合作,发挥我国经济的比较优势,发展开放型经济,使国内经济与国际经济实现互接互补。

根据这一要求,我国的对外开放开始向全方位和纵深化方向发展。经济特区、沿海开放城市、沿海开放地带,以及沿边、沿江和内陆中心城市的对外开放继续推进,充分发挥辐射和带动作用;中西部地区积极吸收外资,开发利用自然资源,促进经济振兴;经济技术开发区、保税区加快建设步伐,形成了既有层次又各具特点的全方位开放格局。对外贸易在深化改革中逐步建立起适应国际通行规则的运行机制,积极推进以质取胜和市场多元化战略,获得较快发展。对境外资金、技术、人才和管理经验的引进,逐步由提供优惠政策转向提供良好的投资环境,利用外资的规模和领域进一步扩大。

随着对外开放的不断扩大,原在经济特区实行的某些优惠政策和灵活措施已在内地不少地方逐步推行,并取得显著成效。经济特区在享有优惠政策方面的优势已明显减少,于是,在特区的一部分干部和群众中出现了特区已经不"特",特区还要不要"特",还要不要继续发展的议论。

针对这一新问题。1994年6月19日至21日,江泽民在视察广州、深圳、珠海等地时,进一步指明了特区的发展方向。他代表党中央宣布:中央对发展经济特区的决心不变;中央对经济特区的基本政策不变;经济特区在全国改革开放和现代化建设中的历史地位和作用不变。要把发展经济特区贯穿于社会主义现代化建设的整个过程,基本实现国家的现代化要搞多久,经济特区就要搞多久。对这一点不能有任何动摇。经济特区不仅要继续办下去,还要办得更好。特区发展所必需而又有可能实行的一些灵活政策的优势还得有,但保持优势的立足点和重点不应再放在这上面,而主要应通过采取深化改革、调整经济结构、加强全面管理、提高人员素质、完善投资环境、增进经济效益、健全法制规范等各种措施,使特区整体经济水平再上一个台阶。总之,要增创新优势,更上一层楼。

按照党中央的要求,经济特区的建设者们开始了新一轮创业高潮。在建立社会主义市场经济体制,实现经济体制和经济增长方式两个根本转变,调整经济结构,发展高新技术产业,建立现代企业制度,以及精神文明建设等方面,各个特区都充分利用自己的有利条件进行了新的探索,努力发挥新的优势,继续走在全国对外开放和经济发展的前列。随着经济实力的增强和产业结构的调整,特区的一部分加工工业项目开始向中西部地区转移,这些转移促进了内地市场的开拓和地区之间的经济技术合作与交流。

根据发展社会主义市场经济的需要,为推动我国加入世界贸易组织谈判的进程,进入20世纪90年代后,我国进一步扩大了对外开放的地域和领域。一方面,把对外开放的范围进一步扩大到沿江(长江)、沿线(陇海线、兰新线)、沿边(边境地区),扩大到各省(自治区)的省会城市,吸引更多的外资投向中西部地区。另一方面,有步骤地推进银行、保险、电信、外贸、内贸、旅游等领域的对外开放,逐步对外商投资实行国民待遇。随着对外开放向这些领域的扩展,在 90 年代后期,我国全方位、多层次、宽领域的对外开放格局即最终得以形成。

三、新时期我国对外开放所积累的宝贵经验

我国的对外开放经历了 20 多年的时间。走过了一个艰难而漫长的过程,总结其经验,应该说是多方面的,就其基本方面而言,可以概括为以下几点。

第一,对外开放要坚持解放思想实事求是的原则。对外开放,作为我们国家的一项基本国策,必须长期坚持。而对外开放又是一个不断发展、永无止境的过程。在对外开放过程中,总是会遇到一些新的东西需要我们去认识。解决这些新问题,光靠老办法不行,必须大胆探索,对此我们必须解放思想,大胆试验。这就正如邓小平所说的,在改革开放过程中,我们"要克服一个怕字,要有勇气。什么事情总要有人试第一个,才能开拓新路。试第一个就要准备失败,失败了也不要紧。""改革开放胆子要大一些,敢于试验,不能像小脚女人一样。看准了的,就大胆地试,大胆地闯。"

第二,坚持对外开放必须以自力更生为基础。对此,邓小平曾深刻指出:"对外开放具有重要意义,任何一个国家要发展,孤立起来,闭关自守是不可能的,不加强国际交往,不引进发达国家的先进经验、先进科学技术和资金,是不可能的"。这就是说,我们这样大的社会主义国家搞现代化建设,必须处理好扩大对外开放和坚持自力更生的关系,把立足点放在依靠自己力量的基础上。要引进先进技术,但必须把引进和开发、创新结合起来,形成自己的优势;要利用国外资金,但同时更要重视自己的积累。这样才能争取时间,加快缩小与发达国家的差距。独立自主不是闭关自守,自力更生不是盲目排外。讲独立自主、自力更生,绝不是要闭关锁国、关起门来搞建设,而是要把对外开放提高到一个新的更高水平。

第三,对外开放要从中国的国情出发,不能盲目照抄照搬。对于外国的经验不能不分青红皂白地拿过来用,不结合我国实际。因为外国的东西毕竟总是在一定社会制度下实施的,不能不带有各自社会的特点。即使是在

某些国家行之有效的东西,我们也不能简单化照搬,同样要结合我国情况。在对外开放中,我们必须牢牢把握一点,所引进的必须是有益的东西。也就是邓小平所说的,社会主义要赢得与资本主义相比较的优势,就必须大胆吸收和借鉴人类社会创造的一切文明成果,吸收和借鉴当今世界各国包括资本主义发达国家的一切反映现代社会化生产规律的先进经营方式、管理方法。

第四,扩大开放要建立在提高效益的基点上。发展是硬道理。一切开放措施,一切开放手段,都要讲究开放效益。无论引进外资发展外贸,还是建立开发区或进行对外交往与交流都需要有效益。那种不顾效益的盲目引进,那种损害国家利益一味"优惠"外商的招商引资活动,那种越出法律规范出卖企业利益的"合资"活动,都不是开放的本来含义。注重开放效益,是扩大开放的重要前提。我们欢迎各国投资者来我国投资办厂,合作共赢,但丝毫不是说,我们只能被外商所利用,而全然不顾自身的利益。我们必须站在国家、民族、企业利益的立场上,以维护国家的根本利益和法律政策为前提,努力做到靠市场吸引外资,不断优化外资产业结构和提高引资效益。

第五,对外开放要始终坚持社会主义方向。改革开放是党在新的时代条件下带领人民进行的新的伟大革命,目的就是要解放和发展社会生产力,实现国家现代化,让中国人民富裕起来,振兴伟大的中华民族;就是要推动我国社会主义制度自我完善和发展,赋予社会主义新的生机活力,建设和发展中国特色社会主义。尤其要看到,我们是在极其复杂的国际环境中建设中国特色社会主义的。因此,在对外开放的条件下,我们必须始终保持清醒的头脑。任何时候,"四项基本原则"不能动摇,"两手抓,两手都要硬"的方针不能改变。要自觉抵制西方资产阶级腐朽思想文化对我们的侵蚀。

胡锦涛同志在党的十七大报告中提出,"新时期最鲜明的特点是改革开放"。"改革开放是决定当代中国命运的关键抉择,是发展中国特色社会主义,实现中华民族伟大复兴的必由之路;只有社会主义才能救中国,只有改革开放才能发展中国,发展社会主义,发展马克思主义"。党的十一届三中全会之后我国历史上从未有过的这一波澜壮阔的改革开放,极大地调动了亿万人民的积极性,使我国成功实现了从高度集中的计划经济到充满活力的社会主义市场经济体制,从封闭半封闭到全方位开放的伟大历史转折。今天,一个面向现代化、面向世界、面向未来的伟大的社会主义中国,巍然屹立在世界的东方。我们相信，在党的十七大精神的指引下，在以胡锦涛同志为总书记的党中央领导下，我国的改革开放伟大事业必将取得新的更大的成就。

（本文系作者 2008 年 4 月参加中国浦东干部学院省部级干部"拓展对外开放，提高开放型经济水平"专题研究班的学习总结）

弘扬秋收起义的光荣革命传统

在中国共产党的历史上，毛泽东领导的湘赣边界秋收起义，是一曲彪炳史册的壮歌。

1927年7月大革命失败后，中国共产党开始了武装反抗国民党反动统治的斗争。继南昌起义后，9月9日，毛泽东亲自发动和领导了湘赣边界的秋收起义，公开打出了武装反抗国民党反动统治的战斗旗帜。当起义军进攻长沙受挫后，毛泽东当机立断，率领起义部队向湘赣边界的井冈山进军，走出了中国革命道路——以农村包围城市、武装夺取政权的至关重要的一步。

一、修水是正式宣布秋收起义的地方，也是起义部队举起第一面工农革命军旗帜的地方

修水，作为赣西北的重镇，是工农革命军第一军第一师师部和第一团的驻地。1927年9月9日，工农革命军第一师第一团在修水县城紫花墩操场集会，正式宣布起义。全体官兵颈系红领带，臂佩红领章，高举着革命军第一军第一师的红旗，引吭高歌："红色领带系在颈，只顾死来不顾生。"起义军浩浩荡荡地奔向平江，打响了秋收起义的第一枪。10日深夜，安源工农武装和矿警队组成的第二团宣布起义，向萍乡方向前进。11日，毛泽东亲自指挥驻扎在铜鼓的第三团向浏阳进发。这样，震撼湘赣边界的秋收起义全面爆发。

起义之前，根据中共中央的指示，师部参谋何长工、副官杨立三、参谋处长陈树华在修水县城商会会馆里，设计并制作出我军第一面军旗。确定军

旗的底色为红色,象征革命;旗中央的五星代表中国共产党;五星上的镰刀、斧头,代表工农;在旗左边的白涵管上写着"工农革命军第一军第一师"。整个旗帜的含义是:工农革命军第一军第一师是中国共产党领导下的工农革命武装。

军旗图样经营级以上组织通过后,标志着中共领导的工农革命武装从此有了自己的光辉旗帜。军旗样式确定后,何长工立即组织缝制。当时,修水县城的数十名裁缝主动请缨,义务承担了军旗的缝制任务,布店老板无偿献出红布料。群众日夜紧张地赶制了100面军旗,同时缝制了1000多块红领巾、红袖章,以备起义时用。1927年9月9日,第一面工农革命军军旗在修水城升起。

二、修水党组织和人民群众与起义部队结下鱼水深情

在中国共产党领导下,大革命时期,修水的农民运动就有良好的基础。1927年春,县农协会员已发展到2万余人,工农运动如火如荼。

秋收起义部队在修水休整期间,修水党组织很快与部队取得了联系。当时的总工会委员长徐光华、中共修水支部组织干事甘特吾等人积极与驻军领导取得联系,详细汇报修水党组织在农村活动的情况和工农运动进展情况,并及时为驻军的给养、训练、扩军、医疗等予以多方面的支持。应修水党组织的要求,起义部队派兵打开监狱,解救被关押的共产党员和革命群众,同时派兵与修水西乡数千农民再次攻打曹家地主庄园,为民除害。

当卢德铭警卫团(国民革命军第四集团军第二方面军警卫团)和平江工农义勇队辗转来到修水后,他们纪律严明,秋毫无犯,深受群众欢迎。群众为他们杀猪宰羊,献粮捐菜。县城还组织几十名裁缝和街道妇女,用平江布为起义军赶做千余套军装。

为了扩充兵力,警卫团在修水县城和渣津等地设立新兵招募站。修水党组织积极动员城乡青年参军入伍,在较短时间内,为警卫团招募了一个营的兵力。

秋收起义部队在修水得到了地方党组织和工农群众的大力支持,双方相互支持配合,建立了深厚的友谊,结下了鱼水深情。我党我军领导和发动

第一面军旗

武装起义及初创革命根据地的历史事实说明,中国共产党是广大人民群众利益的忠实代表,党领导的军队是人民的军队,深受人民群众的拥护和爱戴。

三、弘扬秋收起义的革命精神,
推进中国特色社会主义建设

修水,既是秋收起义的重要策源地之一,也是后来湘鄂赣革命根据地的中心之一。

秋收起义后,修水人民在党组织的领导下,继续开展工农运动,建立苏维埃政权,成为湘鄂赣革命的中心。湘鄂赣省委、省苏维埃政府曾两次驻扎修水。1931 年 9 月,湘鄂赣省级机关迁驻修水上衫,10 月在修水县上衫召开了湘鄂赣第一次代表大会,选举产生了湘鄂赣苏维埃政府。1934 年 5 月,省委、省苏维埃移驻修水县古市划坪。三年游击战争期间,修水周边建立了平修铜、修武崇通、修通、修铜宜奉、修武通 5 个边县党组织。苏区人民

在党的领导下,进行了艰苦卓绝的三年游击战争。

在修水这块红色的土地上,也镌刻着老一辈无产阶级革命家的光辉业绩。秋收起义后,彭德怀、滕代远、黄公略、何长工、罗荣桓、萧克、王首道等革命领导人相继来到修水,唤醒工农,领导暴动,把革命火种播撒修河两岸。在《中国红军人物志》中,有39人曾来过修水,有8人成为中国人民解放军的高级将领,其中彭德怀和罗荣桓在新中国成立后成为共和国的元帅。这些都为修水的革命历史增添了厚重的一笔。

新中国成立后,在社会主义建设时期,在中共江西省委、省政府和九江市委、市政府的领导下,修水人民发扬秋收起义的革命精神,团结一心,艰苦奋斗,开拓进取,奋发有为,使革命老区的经济社会发展取得了可喜的成绩。我们有理由相信,在党的领导下,经过修水人民的共同奋斗,革命老区修水的明天会更加美好。

80年前,毛泽东领导秋收起义,并创建了井冈山革命根据地,创造性地探索出一条中国革命的正确道路,进而取得了新民主主义革命的伟大胜利。80年后,中国共产党在毛泽东思想、邓小平理论和"三个代表"重要思想指导下,创造性地探索了一条有中国特色的社会主义道路,并取得了举世瞩目的伟大成就。在新的历史条件下,我们一定要继承和发扬秋收起义的光荣革命传统,承前启后,继往开来,坚定不移地走中国特色的社会主义道路,为全面建设小康社会,实现中华民族的伟大复兴,作出新的贡献!

（本文系作者2007年8月28日在纪念秋收起义80周年学术座谈会上的发言）

湘南起义暨《三大纪律六项注意》颁布功在千秋

80年过去了，我们深切缅怀在湘南起义中为人民革命事业英勇奋斗的老一辈革命家和革命英烈。

80年前的1928年春天，朱德、陈毅同志同中共湘南特委共同组织发动的湘南起义，是中国共产党在土地革命时期的一次重要武装斗争，也是中国共产党人在大革命失败后，为推动中国革命走向复兴而领导的一系列武装起义中很有影响的一次。

还在1927年7月下旬，毛泽东即受中共中央委托起草了湘南工作计划，准备发动湘南起义，建立政权。中共中央同意毛泽东的意见，并决定成立中共湘南特别委员会，由毛泽东任书记。后因形势变化，中共湘南特委于1927年9月成立，领导湘南各县党组织。1928年1月，中共湘南特委配合朱德、陈毅率领的南昌起义部队共同发动湘南起义。从1928年元月宜章年关暴动揭开序幕，到1928年4月朱德、陈毅率领湘南起义部队同毛泽东领导的秋收起义部队在井冈山会师，历时3个多月。湘南起义期间，建立了宜章、郴县等县苏维埃政府，组建了3个农军师和两个独立团；开展了轰轰烈烈的土地革命运动。革命风暴波及20多个县，约有100万人参加了起义。

湘南起义在农村地区发动，并坚持武装斗争与农民运动相结合，正规军与地方农民武装相结合，从而在建党、建军、建政、分配土地等方面，都进行了重要的探索和实践，积累了宝贵的经验和教训。湘南起义部队成为中国共产党领导的人民军队的重要组成部分。湘南起义是中国共产党实行土地革命，武装反抗国民党反动派，探索中国革命正确道路的一次有益尝试，在党的历史上具有重要的地位和重要的意义。

《三大纪律六项注意》是我国人民军队最早的、较为系统的治军纲领。

1928 年 3 月，毛泽东率领工农革命军为策应湘南起义部队到达桂东县沙田村，将过去陆续提出的工农革命军的纪律和注意事项，归纳为"三大纪律"和"六项注意"。"三大纪律"就是"一切行动听指挥，不拿工人农民一点东西，打土豪要归公"；"六项注意"就是"上门板，捆铺草，说话和气，买卖公平，借东西要还，损坏东西要赔"。这些言简意赅、通俗易懂、好记能做的具体规定，进一步严格规范了人民军队的铁的纪律，成为我军后来长期坚持和遵循的《三大纪律八项注意》的重要基础和治军纲领。《三大纪律六项注意》洋溢着公平正义、为民爱民的军民鱼水情谊，它的制定、颁布，大大密切了军民关系、军政关系、官兵关系，促进了对敌斗争的开展和井冈山革命根据地建设，为夺取新民主主义革命的胜利提供了有力的纪律保证和思想保证。

以史鉴今，继往开来。中国共产党的光辉历史和优良传统，是党和人民的宝贵精神财富，是建设社会主义核心价值体系的重要资源。纪念湘南起义 80 周年，我们就要继承和弘扬湘南起义中革命先辈们那种不畏艰险、前仆后继、勇往直前的精神，始终坚持真理，坚定信念，为人民解放和民族独立不惜付出自己的鲜血和生命。同时，要像革命先烈那样，坚持解放思想，敢

参加纪念湘南起义暨《三大纪律六项注意》颁布 **80** 周年活动

为人先,紧密联系实际;坚持为了人民,依靠人民,服务人民,把维护广大人民群众切身利益作为党和人民军队一切工作的出发点和落脚点。

《三大纪律六项注意》颁布于 80 年前,它对我们今天建设中国特色社会主义仍具有重要的指导和激励作用。无论是革命、建设还是改革开放,严格而自觉的铁的纪律,始终是党的事业取得胜利的重要保证。任何时候、任何情况下,我们都必须增强纪律意识,始终保持共产党人的高风亮节和凛然正气,始终保持同人民群众的血肉联系,进一步改进作风,以优良的党风作风密切党群干群关系,艰苦奋斗,勤政为民,团结和带领广大人民群众共同推进中国特色社会主义事业。当前,全党全国各族人民正在全面贯彻落实党的十七大精神,乘成功举办北京奥运会的东风,全面推进改革开放和现代化建设事业。我们纪念湘南起义和《三大纪律六项注意》颁布 80 周年,就是要在以胡锦涛同志为总书记的党中央领导下,高举中国特色社会主义伟大旗帜,继承老一辈无产阶级革命家的遗志,继续做好对党史、革命传统、革命精神的研究和宣传,通过历史经验的传承和革命传统、革命精神的发扬光大,不断推进马克思主义的中国化,激励广大人民群众的信心和斗志,以科学发展观为指导,努力完成党的十七大提出的各项任务。

(本文根据作者 2008 年 9 月 5 日在纪念湘南起义暨《三大纪律六项注意》颁布 80 周年大会上的发言整理)

牢牢把握党史重大题材创作的正确导向

中国共产党的辉煌历史和光荣传统,是党和人民的宝贵精神财富,是建设社会主义核心价值体系的最珍贵的资源。而党史重大题材的写作和宣传,则是向广大干部群众特别是青少年进行党史教育的基本手段和主要方式。因此,搞好党史重大题材的写作,对正确宣传党的历史,继承和弘扬党的光荣传统、优良作风,具有十分重要的意义。

一、充分认识党史重大题材写作在党史宣传教育中的重要作用,牢牢把握正确的舆论导向

搞好党的历史和党的光荣传统、优良作风的宣传教育,一项最基础性的工作就是党史重大题材的写作。只有通过对党的领袖人物、革命英烈、先进典型、党史重要事件、重要问题等党史重大题材的写作,热情讴歌党领导人民进行革命、建设和改革开放的历程,热情讴歌为党和人民的事业而英勇奋斗、立下不朽功勋的老一辈革命家、革命英烈和先进模范人物,正确反映党的历史上的重要会议、重要事件和重要问题,才能使广大干部群众特别是青少年学习和了解党的历史,正确认识党的历史的本质和主流,继承和弘扬党的光荣传统、优良作风,凝聚起在中国共产党领导下建设有中国特色社会主义的强大精神力量。正因为如此,我们必须充分认识党史重大题材写作在党史宣传教育中的重要地位和作用,精心组织、积极支持党史重大题材的写作。

写作、创作出一大批党史重大题材的文章、作品、艺术品之后,靠什么推向社会、推向群众? 我认为,一是靠党史期刊和相关媒体的宣传,二是靠文

艺作品、影视作品和出版物的社会影响力。

党史的宣传教育,是党的整个宣传思想工作的重要组成部分。多年来,中央和各地的新闻媒体、出版单位,围绕党的重要纪念日和节庆活动,用多种形式大力宣传党领导人民走过的光辉历程、取得的伟大成就、创造的丰富经验、涌现的先进典型,在社会上产生了广泛的影响。同时我们也应该看到,作为党史宣传教育的专业部门,全国各级党史部门主办的期刊,是进行党史宣传教育的主阵地,在党史宣传教育中担负着重要的责任,发挥着重要的作用。我们的党史期刊是直接宣传党的历史的。我从各地办的党史期刊上看到,党史期刊发表的大多是涉及党的重要历史人物、重大历史事件以及有关党的历史资料、历史知识等方面的内容。可以说,在宣传党的历史方面,我们的党史期刊发挥了直接的、重要的作用。不少党史期刊如北京市委党史研究室的《北京党史》、上海市委党史研究室的《上海党史与党建》、江苏省委党史工作办公室的《世纪风采》、浙江省委党史研究室的《足迹》、河南省委党史研究室的《党史博览》、湖南省委党史研究室的《湘潮》等,已赢得众多读者,在社会上产生了较大的影响。

正因为如此,我们的党史期刊必须牢牢把握正确的舆论导向,在正确宣传党的历史方面发挥模范带头作用。要坚持以马克思主义为指导,始终高举中国特色社会主义伟大旗帜,在政治上思想上与党中央保持高度一致。要坚持辩证唯物主义和历史唯物主义的立场观点方法,实事求是地阐述和反映党领导人民进行革命、建设和改革开放的伟大实践,坚持突出党的历史的本质和主流,科学总结历史经验。要正确认识和处理政治与学术、研究与宣传的关系,善于从政治上观察和分析问题,严格遵守党的政治纪律和宣传纪律,与各种歪曲党的历史、丑化党的形象的错误倾向作斗争。总之,要通过党史重大题材的研究、写作和宣传教育等工作,大力弘扬党的优良传统和作风,用党的伟大成就激励人,用党的优良传统教育人,用党的成功经验启迪人,用党的历史教训警示人,为党和人民事业的继往开来、不断前进提供强大的精神动力和智力支持,帮助广大干部群众特别是青少年进一步加深对党的认识,牢固树立在中国共产党领导下走中国特色社会主义道路的坚定信念,进一步增强中华民族的凝聚力和创造力。

党史重大题材的另一个宣传渠道就是各类文艺作品、影视作品和出版物。我们要深入进行党的历史的宣传教育,创作文艺作品、拍摄电影电视剧、出版优秀图书、音像制品等,这是最直观、最具影响、最有教育作用的。我曾统计过一个数字,2004年9月,中央宣传部等七部门向社会推荐了100部爱国主义教育影片,其中,同党史题材有关的电影就达54部,占一半以上。可以说,在社会上和群众中真正留得住、传得开、叫得响的文艺、影视作品,很多是党史重大题材作品。1964年,为庆祝新中国成立15周年而编排的音乐舞蹈史诗《东方红》,在全国产生了重大的社会反响。《洪湖赤卫队》、《地道战》、《英雄儿女》等一批老电影在观众心中永存记忆。《暴风骤雨》、《铁道游击队》、《红岩》等一批党史题材的小说,教育感染了一代又一代读者。进入改革开放新时期以来,反映党史重大题材的电视剧作品更是层出不穷,产生了广泛的社会影响和良好的教育作用。因此,这方面的工作大有可为,大有作为。我们从党史工作的角度,也热切希望能有更多的党史重大题材类的优秀文艺作品、影视作品、音像制品和图书问世。涉及党史重大题材的文艺作品、影视作品、图书的内容审查把关工作,中央党史研究室负有重要责任。在这项工作中,我们要按照中央要求,在对党史重大题材作品的政治内容和重要史实等进行把关的前提下,大力支持党史重大题材的创作,为党史重大题材文艺作品、影视剧和出版物的创作提供更好的服务。

二、努力培养一支高素质的党史重大题材写作队伍

要组织好党史重大题材的创作,正确地宣传党的历史,关键在队伍,关键在人才。我们应当看到,进入新世纪新阶段,国际政治经济形势复杂多变,综合国力竞争日趋激烈,西方敌对势力对我国实施"西化"、"分化"的图谋没有改变。在国内,我国正处在改革发展的关键时期,既面临难得的发展机遇,也面对严峻的挑战和压力,处理各种社会矛盾和利益关系的难度进一步加大,思想文化领域也出现了诸多新情况新问题。反映在党史研究、党史宣传工作方面,我们也面临不小的压力和挑战。比如,有的人打着所谓"亲历者"、"当事人"、"见证人"的旗号,撰写一些涉及党史重大题材的文章,歪曲历史事实,贬损别人、抬高自己;有的标榜什么"秘闻"、"揭秘",肆意编造一些离奇故事,甚至公开造谣诬蔑,损害党的领袖人物形象,损害党的形象;还有的公开违背中央已经作出的历史问题决议精神,对党的历史上的一些

重大问题、重要事件,散布与中央决议精神相悖的论调;等等。我们要正确宣传党的历史的本质和主流,就要正视这样一些错误的倾向,用符合历史事实、符合党和人民根本利益的正面宣传,来澄清某些错误言论、错误文章产生的负面影响。同时加强对党史热点问题、敏感问题的引导。

所有这一切,都离不开我们要有一支政治强、业务精、作风正、纪律严的高素质党史重大题材研究、写作、宣传队伍。我们很高兴地看到,多年来,在文学艺术、新闻出版、广播影视单位,在党史研究部门,在社会上,都有一批热心党史题材创作的专家学者和作家艺术家。大家怀着对党的事业的满腔热情,以对党和人民高度负责的精神,以卓越的创作才能和艺术才华,潜心进行党史题材文学艺术、影视剧的创作,写作党史题材的文章,编写出版党史题材的图书,为宣传党的历史作出了重要的贡献。我们要继续高度重视人才队伍的建设工作,努力联络和培养一批优秀的创作党史重大题材的作者、编辑、作家、艺术家,形成党史宣传的强大合力。所有从事这项工作的同志,都要始终坚持正确的政治方向,牢固树立政治意识、大局意识、责任意识,认真学习研究党的历史,不断提高思想政治素质和业务水平。有了这样一支宏大的党史题材作品创作队伍,我们的党史宣传就会开展得有声有色,在普及党史知识、弘扬党的优良传统和作风、营造良好社会文化环境中,发挥重要的作用。

(本文根据作者 2009 年 4 月 17 日在党史重大题材
写作笔会上的发言整理)

缅怀党的重要创始人李达

我们满怀敬仰之情,会聚在李达同志的故乡,隆重纪念这位中国共产党的优秀党员、杰出的马克思主义理论家、教育家诞辰 120 周年,缅怀他为党和人民所建树的光辉业绩,学习和弘扬他的革命精神与崇高风范。

李达是马克思主义在中国最早的传播者之一,也是中国共产党的重要创始人和党创建时期的重要领导人之一。他在半个世纪的革命生涯中,为马克思主义在中国的传播和中国共产党的创建,为马克思主义的中国化、时代化、大众化,为新中国的建设和党的教育事业,作出了十分重要和特殊的贡献。

李达在青少年时代就立志献身于中华民族独立和中国人民解放事业。1919 年五四运动爆发后,在日本学习的他发动留日学生积极响应国内的斗争,同时开始进行社会主义思想的宣传,积极致力于马克思主义的传播。通过五四运动的锻炼,他从一个爱国主义者和激进的民主主义者转变成马克思主义者。他与李大钊等同志一起,对奠定在中国建立无产阶级政党即共产党的思想理论基础作出了重要贡献。

1920 年夏,李达从日本回到祖国,立即投身于上海共产党早期组织的创建工作,成为中国共产党的重要创始人之一。从 1921 年 2 月起,他代理上海共产党早期组织书记的职务。在他主持下,上海共产党早期组织继续加强对其他地区早期党组织的联系和指导,为建立全国统一的共产党组织发挥了重要作用。

李达是党的第一次全国代表大会的主要筹备者和组织者之一。为筹备党的一大,他与李汉俊积极进行了多方面的准备工作。李达本人不仅作为上海党组织的代表出席大会并参加大会文件起草等工作,而且作为上海党组织的实际领导人负责解决会场安排和代表食宿等问题,对于保证大会在上海法租界顺利举行和在浙江嘉兴南湖的游船上圆满闭幕,作出了重要贡献。党的一大宣告中国共产党的正式成立,这是近代中国开天辟地的大事件。李达作为这个大事件的主要参加者,为中国共产党的诞生作出了特殊重要的贡献。由于在建党过程和革命活动中表现出色,贡献突出,党的一大选举由三人组成的第一届中央领导机构中共中央局时,李达当选为中央局成员,成为党的领导人之一,负责宣传方面的工作。党的一大后,李达为党的宣传事业的发展作出了开创性贡献。

1923 年秋,李达在党的有关政策问题上同陈独秀发生激烈争执,随后中断了与陈独秀主持的中共中央的联系。以后的 20 多年中,他虽然从组织上离开了党,但从没有动摇和放弃过对马克思主义的信仰,继续投身于党领导的革命事业。他一直坚持从事马克思主义理论研究和宣传教育,成为中国负有盛名的马克思主义理论家。他利用在国民党统治区担任教授职务之便,长期在大学的讲台上向广大青年学生讲授马克思主义,宣传革命道理。他一直与党组织保持密切联系,坚持为党工作。湖南解放前夕,他参与了策动国民党高级将领、湖南省政府主席程潜和平起义的行动,为湖南和平解放的实现作出了贡献。

1949 年 5 月,李达赴北平参加中国人民政治协商会议和新中国的筹建工作。同年 12 月,由刘少奇作介绍人,毛泽东、李维汉等作历史证明人,经党中央批准,李达重新加入中国共产党。在离开党组织 26 年后,李达终于回到了他亲自参加创建的中国共产党,这是他一生中又一次骄傲和光荣。

新中国成立后,李达长期在高等教育战线工作。他呕心沥血、兢兢业业,为新中国高等教育事业的发展作出了重要贡献。在承担繁重的教育领导工作的同时,他继续从事马克思主义理论研究和宣传,特别是致力于对毛泽东思想的宣传和普及。他著述的《实践论解说》、《矛盾论解说》和主编的《唯物辩证法大纲》,成为广受欢迎的哲学名著,为宣传马克思主义哲学,为推动马克思主义的时代化和大众化,作出了开创性的贡献。

1966 年"文化大革命"发生后,李达遭受残酷迫害,含冤离世。"文化大革命"结束后,在党中央关怀下,中共湖北省委于 1980 年为他彻底平反,恢复了他的党籍和名誉。

李达是马克思主义的忠诚战士,中国人民的优秀儿子。他的一生,是革命的一生,战斗的一生。他把个人理想、前途同祖国和人民的命运紧紧联系在一起、始终忠于民族和人民利益的高尚品格，毫不动摇、始终坚定信仰马克思主义的革命立场，勤于思考、努力推进马克思主义中国化时代化大众化的创新精神，敢于坚持真理、实事求是、刚正不阿的崇高风范，永远值得我们学习。

纵览历史，放眼中华，李达青年时代就立志献身的中华民族独立和人民解放事业，在中国共产党领导下早已完成。李达当年亲自参与创建的中国共产党，从当时的 50 多名党员已经发展到今天的 8000 万党员，成为世界上最大的执政党。李达青年时代所期盼的国家富强和人民幸福，在中国共产党的领导下，也正在实现之中。

中国共产党自成立以来，为中华民族的伟大复兴而不懈奋斗，书写了光辉灿烂的历史。党的历史是中国共产党和中华民族的宝贵精神财富，是新时期推进党的建设新的伟大工程和中国特色社会主义伟大事业的重要力量源泉。李达作为中国共产党的重要创始人之一，他的一生与中国共产党领导中国革命和建设事业的进程紧密联系在一起。因此，我们纪念党的重要创始人李达诞辰 120 周年，缅怀他的历史功绩，就是要学习和发扬他的革命精神，高举中国特色社会主义伟大旗帜，以邓小平理论和"三个代表"重要思想为指导，深入贯彻落实科学发展观，坚定信心，扎实工作，为夺取全面建设小康社会新胜利、开创中国特色社会主义事业新局面而不懈奋斗！

（本文根据作者 2010 年 12 月 15 日在纪念李达同志诞辰 120 周年座谈会上的发言整理）

弘扬"支部建在连上"的光荣传统

　　在即将迎来中国共产党成立 90 周年之际,由中共湖南省委组织部、宣传部、党史研究室和湖南省军区政治部联合举办的"支部建在连上"理论研讨会,今天在具有光荣革命传统和厚重历史文化氛围双重特色的炎陵县开幕了。

　　84 年前,就在我们脚下的这片红色土地上,毛泽东率领秋收起义部队向井冈山的进军途中,由于敌军前堵后追,部队一路艰苦作战,连续行军,伤病员增多,一些人掉了队,也有些人因为怕艰苦不辞而别;一些指挥员还存在打骂士兵的旧军队习气;党组织不健全。原本 5000 多人的队伍,这时只剩下不足一千人。怎样把这支以农民为主体的革命武装,建设成为共产党领导下的完全新型的人民军队? 1927 年 9 月,毛泽东从秋收起义的受挫中吸取教训,认识到必须加强军队中党组织的建设;而实现党对军队的绝对领导,必须将党组织建设的重心下移。为此,毛泽东在"三湾改编"时创造性地提出了"支部建在连上"的原则,决定在各级部队分别建立党的组织:班、排建立党小组,连队建立党支部,营、团建立党的委员会;连以上各级设党代表,由同级党组织的书记担任;全军由党的前敌委员会统一领导。部队的一切重大问题,都必须经党组织集体讨论决定。

　　毛泽东关于"支部建在连上"这一新制度,在随后的革命战争中得到了进一步巩固发展。1929 年 12 月,古田会议决议强调要用无产阶级思想进行军队和党的建设,明确指出,"中国的红军是一个执行革命的政治任务的武装集团",必须绝对服从党的领导,全心全意地为着党的纲领、路线和政策而奋斗。古田会议决议将"支部建在连上"写入了红四军党的文件。1934 年,党中央重新扩充颁布的《中国工农红军政治工作暂行条例(草案)》,也将"支部建在连上"的原则和制度正式纳入了军队法规体系。

"支部建在连上"这一建党原则的提出和确立,具有极其重要的历史意义。在当时敌强我弱、井冈山斗争处于极其艰难困苦的条件下,通过"支部建在连上"这一历史创举,中国共产党的组织在部队形成了系统,党支部掌握了基层,党对军队领导的制度得以确立。由于加强了党的领导,注重了党的思想建设和组织建设,开始改变了旧式军队的习气和农民的自由散漫作风,部队面貌焕然一新,凝聚力、战斗力空前提高。在党员的带领下,部队干部战士忠实于党和人民的事业,不畏艰难困苦,不怕流血牺牲,积极工作,奋勇作战。

确立党对军队的领导,也是建设新型人民军队的重要开端,在人民军队建设史上,具有重要的意义。以此为起点,红军担负起打仗、筹款和做群众工作这三位一体的任务,即"除了打仗消灭敌人军事力量之外,还要负责宣传群众、组织群众、武装群众、帮助群众建立革命政权以至于建立共产党的组织等项重大的任务。"在部队中大力加强政治教育;在军队内部实行民主制度,建立官兵一致的新型关系。所有这些,从根本上划清了新型人民军队同一切旧式军队的界限,开创了部队建设的崭新局面。后来,毛泽东在总结井冈山斗争的经验时指出:"红军所以艰难奋战不溃散,'支部建在连上'是一个重要原因。"此后,无论是在赣南、闽西建立中央苏区的革命斗争中,还是在长征路上;无论是在抗日战争的硝烟烽火中,还是在解放战争的枪林弹雨里,党领导的人民军队始终坚持和弘扬"支部建在连上"的光荣传统,并不断在实践中健全、完善。抗日战争时期,中央批准颁布的《政治工作条例(草案)》、《军队中党的连支部及总支部工作条例》,规定了"支部工作为一切政治工作的基础",并把党支部正式称为"战斗的堡垒"。解放战争时期,我军第一部《党委员会条例(初稿)》首次明确"支部委员会为全连之最高领导机关",明确了党支部在连队的领导核心地位。

党正是始终坚持对军队绝对领导的原则,人民军队正是始终坚持"支部建在连上"的原则,党领导的人民军队经过长期的艰苦斗争,在广大人民群众的支持下,终于打败了日本帝国主义,推翻了蒋家王朝,取得了新民主主义革命的伟大胜利,建立了社会主义的新中国。

中国共产党在领导人民完成实现民族独立、人民解放的历史任务后,踏上了领导人民实现国家富强、人民幸福的新的历史征程。经过 29 年的社会主义革命和建设,经过 33 年的改革开放,今天,中国人民的面貌,社会主义中国的面貌，中国共产党的面貌，发生了历史性的变化，中国特色社会主义事业充满勃勃生机。在新的历史时期，总结"支部建在连上"的历史经验，弘扬"支部建在连上"的光荣传统，坚持"支部建在连上"的建党原则，依然有着重大的现实意义。

胡锦涛同志在庆祝中国共产党成立 80 周年优秀共产党员代表座谈会上讲话指出："80 年来我们党取得的所有成就和胜利，都是同广大基层党组织和共产党员充分发挥作用密不可分的。确立'支部建在连上'的建党原则，高度重视抓基础、打基础的工作，充分发挥共产党员的先锋模范作用，是我们党自身建设的一个显著特点和成功经验。"今天，党领导的改革开放和社会主义现代化建设事业，是一场新的伟大革命。全面建设小康社会，实现中华民族伟大复兴，这是全国各族人民的共同愿望。而要实现这一宏伟目标，必须始终坚持加强和改善党的领导，充分发挥基层党组织的战斗堡垒作用和广大共产党员的先锋模范作用。这就要求我们像当年毛泽东领导人民军队抓"支部建在连上"那样，聚精会神地抓好党的建设，包括大力加强基层党组织建设，大力推进党的建设新的伟大工程，确保党始终成为全国各族人民的主心骨，成为中国特色社会主义事业坚强的领导核心。

（本文根据作者 2011 年 6 月 12 日在"支部建在连上"
理论研讨会上的发言整理）

我国民族区域自治史上的光辉一页

2011 年 10 月,我们迎来了陕甘宁省豫海县回民自治政府成立 75 周年。宁夏将纪念陕甘宁省豫海县回民自治政府成立 75 周年作为纪念中国共产党成立 90 周年活动的重要内容,很有必要,也很有意义。在党的历史上,在我国民族区域自治的历史上,豫海县回民自治政府的成立,写下了光辉的历史篇章。

一、建立陕甘宁省豫海县回民自治政府,是中国共产党 把马克思主义民族理论同中国民族问题具体实际 相结合的一个创举,是党在局部执政条件下民族 区域自治的最初实践

1936 年 10 月,在党中央和毛泽东直接领导下,陕甘宁省豫海县回民自治政府成立,这是中国共产党领导下的我国第一个县级回族自治政权。豫海县回民自治政府首次在党领导建立的政权中使用少数民族"自治政府"的称谓;通过召开代表大会民主选举产生以回族干部为主席的政府领导机构,代表大会的代表中主要有回族代表,又有汉族代表;代表大会通过了《回民自治政府的组织及工作条例》等文件,第一次实现了当地回族人民当家做主的权利。豫海县回民自治政府也是中国历史上第一个有着比较完整意义上的民族区域自治政权,是中国共产党在局部执政条件下对民族区域自治最初的一次比较系统的探索与实践。豫海县回民自治政府的建立,做到了坚持党的领导、保障少数民族当家做主的权利、培养回族干部、帮助少数民族发展经济文化教育事业、加强和维护民族团结。这些实践及原则,体

现了中国共产党人深远的历史眼光和高超的政治智慧,在新中国确立民族区域自治的国家基本政治制度后,至今仍然是正确贯彻和执行党的民族区域自治制度的基础。

历史表明,豫海县回民自治政府的建立,是中国共产党把马克思主义民族理论与中国的民族实际相结合,创造性地解决中国民族问题的一次光辉实践,开创了我国民族区域自治的先河,在我国民族区域自治史上写下了重要的一页,在党的民族理论和民族政策发展史上具有重大意义,在中共党史、中国近现代史和宁夏历史上都具有重要的地位。

在多民族国家中,国家的结构形式问题是关系政局稳定乃至国家命运的重大问题。中国共产党从成立之日起,就对采用什么样的国家结构形式来解决民族问题进行了不懈的探索。确立实行民族区域自治,是党经过艰辛探索、长期实践、反复比较后得出的必然结论。建立陕甘宁省豫海县回民自治政府是党的民族区域自治主张的初步探索和成功实践,为党在全国执政后推行民族区域自治制度积累了宝贵的经验。新中国成立前夕,中国人民政治协商会议正式确定即将诞生的中华人民共和国实行民族区域自治,标志着中国共产党创造性地找到了一条解决中国民族问题的正确道路。周恩来在讲到我国民族区域自治制度的由来时曾说:"我们整个中华民族对外曾是长期受帝国主义压迫的民族,内部是各民族在革命战争中同甘苦结成了战斗友谊,使我们这个民族大家庭得到了解放。"宁夏各族人民在党的领导下创建豫海县回民自治政府的伟大实践,增进了祖国各族人民大家庭的"战斗友谊",为我国民族区域自治制度的确立作出了重大贡献,这段光辉历史我们应该永远铭记。

二、认真实施民族区域自治,是中国共产党团结和领导全国各族人民取得革命、建设和改革开放伟大胜利的一条基本经验

中国共产党在 90 年的发展历程中,领导全国各族人民夺取了新民主主义革命的伟大胜利,取得了社会主义革命和社会主义建设的巨大成就,开启了改革开放和社会主义现代化建设的历史新时期。包括民族区域自治制度

参加纪念豫海县回民自治政府成立 75 周年活动后同当地部分干部群众合影

在内的中国特色社会主义制度,是当代中国发展进步的根本制度保障,集中体现了中国特色社会主义的特点和优点。民族区域自治制度符合我国国情,顺应时代潮流,有利于维护民族团结、社会稳定、国家统一,是推动党和国家全局工作顺利发展的重要保证,是发展社会主义民主政治、建设社会主义政治文明的重要内容,成为中国特色社会主义伟大事业不可缺少的组成部分。在民族区域自治的基本政策、基本政治制度推动下,我国民族地区的经济社会面貌发生了翻天覆地的历史巨变,各族人民形成了平等、团结、互助、和谐的新型民族关系,民族自治地方政治稳定,经济发展,文化繁荣,社会安定,民族团结。各族人民正在党的领导下,向着全面建设小康社会、实现中华民族伟大复兴的宏伟目标阔步前进。

　　75 年前成立的豫海县回民自治政府是宁夏历史上的光辉一页;1958 年 10 月 25 日成立宁夏回族自治区,又掀开了宁夏发展的历史新篇章。自治区成立五十多年来,宁夏各族人民沐浴着党的民族政策的灿烂阳光,沿着社会主义道路奋勇前进,经济、政治、文化、社会、生态文明建设和党的建设取得了巨大成就,一个经济繁荣、环境优美、民族团结、社会和谐、人民富裕的新宁夏正展现在世人面前。

民族问题是当今世界的一个具有广泛而深刻影响的重大问题,关系着国家安定,影响着地区格局,牵动着国际局势。正确处理民族问题,对任何一个多民族国家的政府来说都至关重要。20世纪80年代末90年代初苏东剧变后,国际反华势力加紧利用民族问题对我国实施"分化"、"西化"图谋。但是,社会主义中国始终巍然屹立、安如磐石。这是中国特色社会主义的伟大胜利,也是中国共产党的民族政策尤其是民族区域自治政策的巨大成功。我国民族区域自治的成就,为世界各国正确处理民族问题作出了应有的贡献。正因为这样,民族区域自治作为独树一帜的"中国模式",越来越受到世人的关注。

我国民族区域自治的历程和成就充分证明,解决中国的民族问题,实现各民族共同发展繁荣,必须始终坚持中国共产党的领导,必须坚定不移地高举中国特色社会主义伟大旗帜,必须毫不动摇地坚持和完善民族区域自治制度。这一基本经验,我们也应当永远铭记。

三、充分挖掘豫海县回民自治政府这一独特而珍贵的历史资源,发挥党史工作以史鉴今、资政育人的重要作用

宁夏同心县等地作为当年红军西征的主战场,是一块有着光荣革命传统的红色热土,这块热土上诞生的豫海县回民自治政府是中共党史和宁夏地方党史上的亮点,是党的民族政策发展史上璀璨的明珠,蕴含着独特而珍贵的红色资源。深入挖掘豫海县回民自治政府的历史,对坚持和完善党的民族区域自治制度,增强民族团结,以及扩大宁夏的对外宣传和影响,推动宁夏经济社会发展都有着重要的现实意义。

多年来,在宁夏自治区党委、政府的领导下,包括党史系统在内的各方面同志们共同努力,对豫海县回民自治政府的历史做了大量的研究、发掘和宣传工作,党史遗址保护和开发利用取得明显成效,产生了广泛而积极的影响。从党史工作的角度讲,继续深入挖掘豫海县回民自治政府的历史资源,十分必要,意义重大。我们要站在建设中国特色社会主义民主政治和先进

文化的高度,站在维护民族团结和国家长治久安的高度,不断深化对豫海县回民自治政府历史地位和现实意义的认识。要加大资料征集力度,不断深化研究,努力推出一批有较高学术水平、理论价值及资政作用的研究成果。要加强宣传教育,充分发挥豫海县回民自治政府独特的党史教育和民族团结教育作用,努力把同心打造成全国重要的党史教育基地、民族区域自治教育基地、民族团结教育基地。要发挥同心红色革命遗址遗迹遍布全县各地、发展红色旅游潜力大的优势,把自然资源、人文资源、红色旅游资源开发结合起来,把红色旅游与绿色旅游、民俗文化旅游等结合起来,形成复合型的知名旅游品牌,提升旅游品位,增强红色旅游的吸引力和感染力,在提升文化软实力中发挥独特优势。

（本文根据作者 2011 年 10 月 20 日在纪念豫海县回民自治政府成立 75 周年座谈会上的发言整理）

弘扬李大钊精神　永葆党的纯洁性

　　2012 年 4 月 28 日,是中国共产主义运动的先驱、伟大的马克思主义者、杰出的无产阶级革命家、中国共产党的主要创始人之一李大钊英勇就义 85 周年纪念日。作为中国共产党早期的卓越领导人,李大钊为马克思主义在中国的传播,为中国人民的民族解放事业作出了不可磨灭的贡献,在中共党史及中国近现代史上占有崇高的历史地位。李大钊的高尚道德情操和伟大革命精神,为我们树立了践行党的纯洁性的典范。

　　加强党的纯洁性建设,永葆党的纯洁性,是党的生命线。胡锦涛同志在十七届中央纪委七次全会上,从全局和战略的高度,深刻阐述了保持党的纯洁性的极端重要性和紧迫性,对保持党员干部思想纯洁、队伍纯洁、作风纯洁和清正廉洁提出了明确要求。习近平同志在《求是》杂志发表了《扎实做好保持党的纯洁性各项工作》的重要文章。最近,《人民日报》也连续发表一系列评论员文章,号召全党不断增强党的意识、政治意识、责任意识,切实做好保持党的纯洁性各项工作。河北是李大钊同志的故乡。河北省委党史研究室利用这样的契机,举办"李大钊精神与党的纯洁性建设"研讨会,具有重要的意义。

一、弘扬李大钊精神,就要坚持以中国特色社会主义
　　理论体系为指导,始终保持党在思想上的纯洁性

　　中国共产党是以马克思主义为思想理论基础建立起来的政党。中国共产党的诞生和发展,包括党在领导革命和建设中取得的成就与经历的挫折,都和马克思主义在中国运用是否正确有关。那么是谁在中国最早介绍、宣

传马克思主义的呢？应该说是李大钊等同志。在当时许多人还迷信西方资本主义的情况下，李大钊以严肃科学的态度，对多种学说、主义进行反复观察、比较，结合时代发展和中国国情，总结中国近现代历史的经验教训，最终选择了马克思主义。从五四运动到中国共产党成立，李大钊发表的文章、讲义、演说等有 130 余篇，平均每 6 天一篇。研究这些文章，可以看到，他介绍最多的是马克思主义。关于党的性质，李大钊主张建立以马克思主义为指导的无产阶级政党。他指出："这个团体不是政客组织的政党，也不是中产阶级的民主党，乃是平民的、劳动家的政党，即是社会主义团体。"他主张，中国共产党应以马克思主义为指导思想。党应该有一个共同趋向的理想、主义，这个理想、主义就是马克思主义。李大钊强调了旗帜的重要性，指出："盖主义不明，对内既不足以齐一全体之心志，对外尤不足与人为联合之行动也。"为了促进马克思主义理论在中国的传播，李大钊十分重视马克思主义理论队伍的培养，在他的身边集聚了一批马克思主义著作翻译、理论研究和宣传的骨干。他热忱指导青年学习马克思主义著作。李大钊在宣传马克思主义的同时，同各种非马克思主义的思想观点进行了积极斗争，为捍卫马克思主义的纯洁性作出了贡献。

当前，我国正处在全面建设小康社会的关键时期和深化改革开放、加快转变经济发展方式的攻坚时期，党所面临的执政考验、改革开放考验、市场经济考验、外部环境考验更加突出，所面临的精神懈怠的危险、能力不足的危险、脱离群众的危险、消极腐败的危险更加凸显。在这种形势下，为了永葆党的纯洁性，实现党的历史使命，我们必须始终坚持马克思主义的指导地位，始终坚持中国特色社会主义理想信念不动摇。

二、弘扬李大钊精神，就要严格执行党的纪律，
　保持党在组织上的纯洁性

李大钊提出和要筹备建立的政党，是有严格组织纪律的无产阶级政党。他在《团体的训练与革命的事业》一文中强调，这个政党组织必须是"强固精密"的，必须以"第三国际为之中枢"，只有如此，"中国彻底的大改革"，才能"有所附托"。这就从本质上阐述了党的组织纪律是实现党的任务的根

本保证的思想。按照
"强固精密"的要求，
他提出这个政党必须
由共产主义者来组
织，党的每个成员，必
须都是无产阶级的先
进分子，这些同志必
须紧密团结、密切协
作，要有严密的组织
纪律，以保证这个
党——无产阶级革命
的中枢，像一部强固
精密的机器一样正常
运转。李大钊在领导
党的组织建设时，严
格掌握党员标准和入
党程序，注意深入到
工农群众的革命实践
中发展党员，通过优
秀党员带动和培育各
级地方组织。李大
钊发展党员和培养、

李大钊手书"铁肩担道义，妙手著文章"

选拔革命干部的标准是非常严格的。他要求青年"适应此世界的新潮流"，
沿着"新人生的道路"，"努力前去为人类活动，作出一点有益人类工作"。
在第一次国共合作时期，北方党组织在国共合作形势下健康发展，党组织的
纯洁性、先进性和战斗力不但没有削弱，反而不断发展壮大。作为党的主要
创始人之一，李大钊以身作则，始终自觉执行党的纪律，严格遵守党的纪律，
保持高尚的道德情操，一身正气，两袖清风，不愧为真正的共产主义战士。
今天在新的形势下，我们学习弘扬李大钊精神，永葆党的纯洁性，就要求我
们严格党员标准，严肃党的纪律，增强党性观念，把党的各项纪律内化为自
觉的意识和行动，自觉维护党的纪律的严肃性，确保党的组织的纯洁性。

三、弘扬李大钊精神,就要坚持和发扬党的优良传统和作风,保持党在作风上的纯洁性

李大钊是密切联系群众、关心人民疾苦、艰苦奋斗、无私奉献的光辉楷模。他以挽救国家民族危亡为己任,把"为世界进文明,为人类造幸福"作为自己的人生目的,并最终以共产主义作为自己的崇高理想。为实现这一崇高的理想,李大钊甘于清贫,乐于奉献,他经常以自己的微薄收入帮助学生、帮助青年。在党组织成立后,他更以自己每月工资的三分之二作为党的活动经费,做到了一心为党,一心为民,一生节俭,一生奉献。李大钊注重理论联系实际,紧跟时代潮流,坚持真理,求真务实,忘我奋斗。为了实现认定的理想,他真正做到了自己所说的"勇往奋进以赴之","瘅精瘁力以成之","断头流血以从之","不驰于空想,不骛于虚声,而惟以求真的态度作踏实的工夫"。李大钊"铁肩担道义"的崇高品格和英雄气概,为我们树立了一个共产党人的光辉榜样。在建设中国特色社会主义的今天,弘扬李大钊精神,永葆党的纯洁性,我们就要大力加强党的作风建设,进一步发扬党的优良传统和作风,谦虚谨慎,戒骄戒躁,清正廉洁,艰苦奋斗,始终保持党与人民群众的血肉联系,确保党的作风的纯洁性。

李大钊开创的伟大事业和留下的思想遗产永远不可磨灭,他播撒的革命种子已经在中国大地上生根、开花、结果。正因为如此,今天,我们更加感受到他历史眼光的深邃和思想价值的珍贵,更加感受到他革命精神的崇高和人格力量的伟大。他的思想遗产是党的宝贵精神财富,他永远是共产党人学习的楷模和榜样。作为党史研究部门和党史工作者,今后,我们要更好地开展研究李大钊、学习李大钊、宣传李大钊的活动,弘扬李大钊的伟大革命精神,永葆党的纯洁性、先进性,为推进党的建设新的伟大工程,为实现中华民族的伟大复兴,作出新的贡献。

(本文根据作者 2012 年 4 月 24 日在李大钊精神与党的纯洁性建设研讨会上的发言整理)

红船精神光耀千秋

　　在中国共产党成立 92 周年前夕,在党的群众路线教育实践活动刚刚启动之际,中国中共党史学会、中共浙江省委党史研究室在浙江嘉兴联合举办中国共产党的创建暨红船精神学术研讨会,这对于学习和宣传党的历史,继承和弘扬红船精神,具有重要的意义。

　　92 年前,在上海出席中国共产党第一次全国代表大会的代表们由于受到帝国主义暗探和巡捕的骚扰,被迫转移到浙江嘉兴南湖的一条游船上继续召开会议。在那条小小的游船上,代表们通过了中国共产党的第一个纲领和决议,选举产生了党的中央领导机构,完成了大会的各项议程,宣告了中国共产党的成立。中国共产党的成立,当时在社会上并没有引起多大注意,但在我们党的历史上是开天辟地的大事件,标志着在古老落后的中国出现了完全新式的、以马克思主义为行动指南的、以实现社会主义和共产主义为奋斗目标的无产阶级政党,这是近代中国历史上划时代的里程碑。92 年来的历史表明,中国共产党的诞生,是近现代中国历史发展的必然产物,是中国革命运动发展的必然产物,是中国人民在救亡图存斗争中顽强求索的必然产物。自从有了中国共产党,中国革命有了正确的前进方向,中国人民有了强大的精神力量,中华民族有了光明的发展前景。正如毛泽东所指出的,"自从有了中国共产党,中国革命的面目就焕然一新了。"

　　92 年来,中国共产党紧紧依靠全国人民,把马克思主义基本原理同中国实际和时代特征结合起来,历经千辛万苦,付出各种代价,完成了新民主主义革命,实现了民族独立、人民解放,建立了中华人民共和国;确立了社会主义基本制度,开展了社会主义革命和建设;进行了改革开放新的伟大革命,开创和发展了中国特色社会主义。这一切,从根本上改变了中国人民和中华民族的前途命运,不可逆转地结束了近代以来中国内忧外患、积贫积弱

南湖红船

的悲惨命运,不可逆转地开启了中华民族不断发展壮大、走向伟大复兴的历史进军,使中华民族伟大复兴展现出前所未有的光明前景。正如习近平同志所说,"现在,我们比历史上任何时期都更接近实现中华民族伟大复兴的目标,比历史上任何时期都更有信心、更有能力实现这个目标。"

伟大的事业需要伟大的精神,伟大的实践产生伟大的精神。92年来,沿着当年南湖红船指明的航向,党带领人民劈波斩浪,艰苦奋斗,顽强拼搏,克服各种艰难险阻,战胜各种风险挑战,成功铸就了包括红船精神在内的伟大的革命精神、民族精神和时代精神,激励和引导着中国人民在革命、建设和改革的大道上奋勇前进。对红船精神,习近平同志曾深刻阐述了其科学内涵,这就是:开天辟地、敢为人先的首创精神,坚定理想、百折不挠的奋斗精神,立党为公、忠诚为民的奉献精神。红船精神是中国革命精神之源,也是党的先进性之源。可以说,党的历史上形成的各种革命精神,都与红船精神有着渊源关系。今天,我们在这里研讨红船精神,就是要进一步深刻领会红船精神的科学内涵,深入挖掘红船精神的时代价值,在新的实践中继承和弘扬红船精神,从而为实现中华民族伟大复兴的中国梦提供强大精神力量。

一、实现中华民族伟大复兴的中国梦,必须继承和弘扬开天辟地、敢为人先的首创精神

很难想象,一个伟大的政党诞生于一条小小的游船;必须铭记,中国革命的星星之火点燃于一条小小的游船。正是在红船精神的引领下,中国共产党从小到大,从弱到强,从南湖红船走向井冈山,走向延安,走向西柏坡,走进北京,从一个领导人民为夺取政权而奋斗的党变为领导人民掌握政权并长期执政的党,不断从胜利走向新的更大胜利。回想中国共产党在南湖红船上宣告成立时,当时全国党员人数只有50多人。而时至今日,中国共产党已成为拥有8000多万党员的全世界最大的执政党,党领导人民书写了中华民族发展史上从未有过的壮丽史诗。在过去的92年里,虽然党曾经犯过严重错误,遭遇过严重挫折,经历过惨痛失败,但正是因为党有着开天辟地、敢为人先的首创精神,敢于面对错误,勇于纠正错误,善于总结经验,从中国实际出发,探索出一条成功的革命道路和社会主义建设道路,并不断夺取中国特色社会主义新胜利。要开创工作新局面,赢得事业新胜利,实现中华民族伟大复兴,要求我们必须继承和弘扬开天辟地、敢为人先的首创精神,解放思想、实事求是、与时俱进,坚持以改革创新精神研究和解决重大理论问题和现实问题,坚定不移推进改革开放和社会主义现代化建设。

二、实现中华民族伟大复兴的中国梦,必须继承和弘扬坚定理想、百折不挠的奋斗精神

发展中国特色社会主义,实现中华民族伟大复兴,没有捷径可走,必须坚定理想,脚踏实地,艰苦奋斗,百折不挠。中国共产党在长期艰苦卓绝的奋斗中,历经曲折而不畏艰险,屡受考验而不变初衷,靠的就是坚定的理想信念和百折不挠的奋斗精神。新民主主义革命时期,面对敌强我弱的艰难处境,中国共产党人不怕牺牲,前赴后继,最终推翻了压在中国人民头上的三座大山,夺取了革命的胜利。新中国成立后,在社会主义革命和社会主义建设的实践中,面对帝国主义的封锁、霸权主义的威胁和国内难以想象的各种困难,党领导人民奋发图强,自力更生,艰苦奋斗,取得了社会主义建设的巨大成就。在改革开放和现代化建设新的历史时期,面对各种困难和挑战,党带领人民成功开创了中国特色社会主义道路,不断夺取中国特色社会主

义事业的新胜利。无论在什么时期、什么条件下，如果没有坚定的理想和必胜的信念，没有艰苦奋斗、顽强拼搏的精神，就难以克服前进道路上的重重困难和种种风险。今天，形势的发展、事业的开拓、人民的期待，要求我们必须在新的实践中继承和弘扬坚定理想、百折不挠的奋斗精神，坚定理想信念，坚守共产党人精神追求，不断增强为党和人民事业不懈奋斗的自觉性和坚定性，为全面建成小康社会、实现中华民族伟大复兴而努力奋斗。

三、实现中华民族伟大复兴的中国梦，必须继承和弘扬立党为公、忠诚为民的奉献精神

中国共产党从诞生之日起，就坚持密切联系人民群众，与人民同呼吸共命运，全心全意为人民谋利益。我们党是为人民利益而奋斗的，离开人民，党的一切斗争和理想不但都会落空，而且都会变得毫无意义。立党为公、忠诚为民，要求党的全部执政活动和全部工作，都要坚持从人民的意愿和利益出发，都要坚持把为人民谋利益当作最根本的目的。在任何时候任何情况下，党与人民群众同呼吸共命运的立场不能变，全心全意为人民服务的宗旨不能忘，密切联系人民群众的光荣传统和优良作风不能丢。继承和弘扬立党为公、忠诚为民的奉献精神，就必须始终坚持一切为了群众，一切依靠群众，从群众中来，到群众中去的群众路线，牢记并恪守全心全意为人民服务的根本宗旨，切实改进党的作风，着力加强反腐倡廉建设，以优良的党风凝聚党心民心，以优良的党风促政风带民风，为推动党和人民事业取得更大胜利提供强大力量。

无论是新民主主义革命时期、社会主义革命和建设时期，还是改革开放和社会主义现代化建设新时期，浙江人民在党的领导下都取得了巨大成就，谱写了壮丽篇章，留下了宝贵精神财富。浙江省委也始终高度重视红船精神的挖掘、学习、宣传和弘扬，创造了丰富的经验。这次研讨会在浙江嘉兴的召开，为我们深入研讨红船精神提供了重要机遇，也为我们提供了学习和弘扬红船精神的最好课堂。作为党史研究部门和党史工作者，我们要继续深化关于红船精神丰富内涵的研究，不断赋予红船精神新的时代内容，大力宣传和弘扬红船精神。中央党史研究室、中国中共党史学会和各地党史部门、党史学会以及与党史工作相关的各个部门和单位过去在这方面做了大量富有成效的工作，在社会上产生了很好的反响，今后我们还应当继续下大力气把这些工作做得更好。持续不懈地学习、研究和宣传弘扬红船精神，必

将极大地激励和鼓舞人们沿着中国特色社会主义道路,乘风破浪,奋勇向前。

（本文根据作者 2013 年 6 月 26 日在中国共产党的创建暨红船精神学术研讨会上的发言整理）

发挥八路军文化在先进
文化建设中的重要作用

新民主主义革命时期,在中国共产党领导的文化建设史上,八路军文化写下了浓墨重彩的辉煌篇章。近些年来,中国中共党史学会、中共山西省委宣传部、山西省党史学会连续举办了四届八路军文化研讨会。山西省委、长治市委和武乡县委高度重视八路军文化的挖掘、学习、宣传和弘扬,取得了显著的成绩,创造了丰富的经验。今天,我们来到武乡革命老区,来到八路军文化和太行精神的重要发源地,共同研讨八路军文化,又一次感受到了八路军文化长久不衰的精神魅力,受到了深刻的教育。

八路军文化,既是抗战文化的重要组成部分,也是新民主主义文化的重要组成部分。深入探讨八路军文化的丰富内涵,深入挖掘八路军文化的精神实质,对于继承弘扬党和人民军队的光荣传统与优良作风,进一步建设社会主义核心价值体系,不断推进社会主义文化大发展大繁荣,具有重要的历史意义和现实意义。

八路军文化,是在烽火连天的抗日战争岁月中形成的,是八路军用鲜血、生命和钢铁般的革命斗志谱写出的英雄史诗。在艰苦卓绝的抗日战争年代,中国共产党领导的八路军高度重视部队文化工作,广泛开展抗日文化运动,着力提高部队官兵文化水平。关于军队文化建设的重要性,毛泽东曾明确指出:"我们的工作首先是战争,其次是生产,其次是文化。没有文化的军队是愚蠢的军队,而愚蠢的军队是不能战胜敌人的。"由于党中央、中央军委和八路军总部的高度重视,八路军的文化工作开展得有声有色。同时,为坚决抵抗日本帝国主义的文化侵略,八路军紧密团结和依靠革命的文化工作者,在十分艰苦的条件下,在十分恶劣的环境中,用中国共产党人的伟大理想信念,感召和吸引着大批文化工作者和知识分子投身革命队伍,造就了大批文艺人才,成立了大量文艺团体,创作了众多文艺精品,对于鼓舞部队士气、团结人民群众、坚定抗战信心,对于发展抗日的文化事业和促进抗日根据地的文化建设,对于打败日本帝国主义的文化侵略,都发挥了重要的作用。正是在党的先进文化的引领下,八路军培养和锻炼出大批治党治国治军的文武英才,有力地打击了日本侵略者,极大地提高了共产党和八路军的威望。八路军是国共两党建立抗日民族统一战线的产物,八路军文化在抗日民族统一战线中发挥了重要作用,成为抗日民族统一战线工作的重要内容和有机组成部分。抗日战争能够最后取得胜利,文化建设在其中发挥了重要作用。文化战线和军事战线的有机配合,八路军卓有成效的思想政治工作和文化工作,为八路军官兵提供了丰富多彩的精神食粮,是八路军能够克敌制胜,沉重打击日本侵略者的强大思想武器和力量源泉。

八路军文化,是新民主主义文化的重要组成部分。毛泽东在《新民主主义论》中指出:"所谓新民主主义文化,一句话,就是无产阶级领导的人民大众的反帝反封建的文化。"八路军文化具有新民主主义文化的特征,主要表现在:一是八路军文化是无产阶级领导的文化;二是八路军文化是反对帝国主义侵略和压迫的文化;三是八路军文化是人民大众的文化。可以说,八路军文化的形成和发展,自始至终都是在党的新民主主义文化理论的指导下进行的。邓小平在八路军第一二九师全师模范宣传队初赛会上的报告中明确指出,八路军是"新民主主义文化的传播者与实行者。我们坚决反对殖民地文化,反对买办性的封建主义文化,而为新民主主义的政治目的服务。"

一部中国共产党的历史,文化建设史是其重要的组成部分。中国共产党从诞生之日起,就既是中华优秀传统文化的忠实传承者和弘扬者,又是中国先进文化的积极倡导者和引领者。党历来高度重视运用文化引领前进方向、凝聚奋斗力量,团结带领全国各族人民不断以思想文化新觉醒、理论创造新成果、文化建设新成就推动党和人民事业向前发展,文化工作在革命、建设、改革各个历史时期都发挥了不可替代的重大作用。在革命战争年代,党依靠"手里拿枪的军队"和"文化的军队",即依靠"枪杆子"和"笔杆子",团结自己,战胜敌人,夺取了新民主主义革命的胜利。新中国成立以来特别是改革开放以来,党始终把文化建设放在党和国家全局工作重要战略地位,大力加强社会主义先进文化建设,不断满足人民群众日益增长的精神文化需求,不断促进人民思想道德素质和科学文化素质的提高,推动文化建设不断取得新成就,走出了一条中国特色社会主义文化发展道路,为我国经济社会发展提供了强大的智力支持和思想保证。党90多年来的历史表明,只有始终高举中国先进文化的旗帜,始终代表中国先进文化的前进方向,才能不断推进文化事业的发展繁荣,才能不断推进党和国家的事业胜利前进。

2011年10月,党的十七届六中全会作出了《中共中央关于深化文化体制改革推动社会主义文化大发展大繁荣若干重大问题的决定》,这是新时期党加强社会主义文化建设的一个纲领性文献,在党和国家的文化建设史上,具有里程碑式的重要意义。面对新形势、新任务,我们更深刻感受到,八路军文化所坚持的正确政治方向,八路军文化所形成的光荣革命传统,八路军文化所体现的人民性和大众性,八路军文化所留下的文艺精品佳作,都是当今时代建设社会主义先进文化的宝贵财富。我们要把八路军文化的学习、研究、宣传、弘扬,放到党的全部历史中去认识,放到提高国家文化软实力的高度去谋划,放到中国特色社会主义文化建设全局中去推进,充分发挥八路军文化在社会主义先进文化建设中的积极作用。近些年来,我们对八路军文化的时代背景、主要内涵、历史特点等进行了广泛而深入的探讨和研究,取得了可喜的成绩。中央党史研究室、中国中共党史学会和各地党史部门、党史学会,与党史工作相关的各个部门和单位以及各方面的研究人员,过去在这方面做了大量卓有成效的工作,有力地宣传弘扬了八路军文化。有关部门近年来联合打造推出的大型情景剧《太行山》,更以艺术的形式再现了当年八路军浴血抗战、可歌可泣的感人场面,看后令人震撼,感人肺腑,堪称宣传弘扬八路军文化的一部壮丽史诗,也是一部当代体现社会主义先进文化的精品力作。希望有更多的观众能看到这台精彩演出,也希望在八路军文化的研究传承上取得更丰硕的成果。

（本文根据作者2013年9月3日在第四届八路军文化研讨会上的发言整理）

弘扬孙中山文化，高起点建设翠亨新区

在改革开放进入到新的历史关头，广东省委、省政府将翠亨新区确定为全省转型升级重大合作平台，制定了《广东中山翠亨新区发展总体规划》。中山市委、市政府明确提出以文化为引领建设翠亨新区，这是推动中山市新的发展进程中具有战略意义的重大决策。

以文化为引领，高起点建设翠亨新区，完全符合经济社会科学发展的要求，符合经济转型升级发展的要求，符合广东建设文化强省的要求，对于加快中山文化事业和文化产业发展，推进广东文化强省战略，建设社会主义文化强国，都具有重要的示范作用。那么，如何以文化为引领高起点建设翠亨新区呢？在这里，我提出几点意见和建议。

第一，以文化为引领高起点建设翠亨新区，必须大力弘扬孙中山文化，深入挖掘岭南文化。中山市翠亨村是伟大的革命先行者孙中山的故乡，这里山清水秀，人杰地灵，有着丰富的文化资源和厚重的文化底蕴。孙中山先生在翠亨诞生，在翠亨成长，翠亨的山山水水，翠亨的乡亲乡情，哺育和培养了中华民族的一代伟人孙中山。孙中山先生的一生，致力于近代中国的民族独立、民主自由、民生幸福，早在一百多年前第一个喊出"振兴中华"的响亮口号，提出要"发扬吾固有之文化，且吸收世界之文化而光大之，以期与诸民族并驱于世界"。孙中山先生追求真理的开拓进取精神和矢志不渝的爱国主义情怀，天下为公的博大胸怀和放眼世界的开放心态，生命不息、奋斗不止的坚强意志和鞠躬尽瘁、死而后已的高尚品德，给海内外中华儿女留下了极其宝贵的精神财富。孙中山先生在海内外具有极其广泛而特殊的影响力和感召力，是海峡两岸以至全球华人文化价值认同的一面旗帜。在实现中华民族伟大复兴的征程上，孙中山先生留下的精神遗产仍然具有重要的启迪和教育意义，值得我们永远学习继承和发扬光大。我们要以孙中山故居、孙中山纪念馆等作为孙中山文化的重要载体,作为翠亨新区发展文化事业和文化产业的重要依托,有效保护和合理开发利用好孙中山故乡的文化资源,着力打造以伟人孙中山为主题的特色文化品牌,着力打造以岭南文化为底蕴的地域文化品牌,着力推进伟人文化、历史文化、生态文化的有机融合和协调发展,努力将翠亨新区建设成为海内外中华儿女共同向往的精神文化圣地。

第二,以文化为引领高起点建设翠亨新区,必须积极推进文化体制机制创新,建立健全现代文化市场体系。翠亨新区在推进文化建设时,要紧紧围绕社会主义核心价值体系建设、社会主义文化强国建设以及广东文化强省战略,不断深化文化体制改革,解放和发展文化生产力,加快完善文化管理体制和文化生产经营机制,建立健全现代文化市场体系。要坚持政府主导、企业主体、市场运作、社会参与的原则,鼓励社会力量、社会资本进入文化市场,鼓励各种形式小微文化企业发展和非公有制文化企业发展,真正建立起多层次文化产品和要素市场。要切实优化翠亨新区文化产业布局,科学谋划翠亨新区文化基地建设,着力发展文化创意产业、新型文化业态和文化产业集群,努力提高文化产业规模化、集约化、专业化水平。特别是要充分发挥孙中山先生故居在海内外的影响力,广泛吸纳港澳台同胞、海外侨胞以及海内外各方面的文化投资和文化人才,建设一批与中山文化、与翠亨新区相匹配的重点文化产业和文化项目,打造形成有利于联系海内外华人的独特的政治资源和文化品牌,使翠亨新区的文化建设从一开始就有新意、有特色、高起点、高水平。

第三,以文化为引领高起点建设翠亨新区,必须努力构建现代公共文化服务体系,不断满足人民群众日益增长的精神文化需求。孙中山先生毕生倡导以民生福祉为核心的博爱精神,这同今天党和政府关注人民利益、增进人民福祉的目标要求是相通的。在全面建成小康社会的新形势下,让人民享有健康丰富的精神文化生活,是小康社会的重要内容和应有之义。让文化建设服务人民群众,惠及基层百姓,也是社会主义文化的本质要求,是新形势下文化建设的基本任务。以文化为引领高起点建设翠亨新区,其着眼点和落脚点应是为了不断满足人民群众日益增长的精神文化需求,不断促进人民思想道德素质和科学文化素质的提高,进一步提升社会主义核心价值体系的影响力和感召力,从而为经济发展和社会进步提供强大的思想动力和智力支持,营造健康向上的良好的社会文化环境。人民群众是文化建设的主人,文化发展的成果也理应由人民群众共享。翠亨新区在推进文化建设时,必须着力建立公共文化服务体系建设协调机制,积极争取国家重大公共文化工程和文化项目建设。要特别考虑到,翠亨新区和中山市既有祖祖辈辈居住在这里的当地居民,又有来自祖国各地的务工经商人员,还有来自境内外的旅游观光者和企业家,包括慕孙中山先生之名来翠亨寻根访祖的海外华侨华人。因此,翠亨新区的文化建设,既要着眼于国内人员的需求,又要有全球视野、世界眼光。要适应各方面人员对文化产品和文化服务的需要,着力推动文化惠民项目与群众文化需求有效对接,不断完善公共文化服务体系,努力提高公共文化服务效能,形成多层次、多渠道、宽领域、全方位的文化事业和文化产业格局,扩大文化的社会覆盖面。翠亨新区文化建设的成果,最终应体现在,所有居住在中山和翠亨新区的人民群众,所有来中山和翠亨新区的海内外各方面人员,都有适合自己的文化场所,都有乐于参与的文化项目,都有愉悦身心的文化活动,都能到这里寻到中国文化的根。

我相信,在广东省委、省政府、省政协的关心和支持下,在中山市委、市政府的直接领导下,乘着全面深化改革、推进社会主义文化大发展大繁荣的东风,依托孙中山先生故乡的人文优势,可谓天时、地利、人和,以文化为引领高起点建设翠亨新区的目标一定能够实现。

(本文根据作者 2013 年 12 月 4 日在中山市"以文化为引领高起点建设翠亨新区"专场研讨会的发言整理)

党 史 广 角

周总理关怀北京广播事业

　　1949 年 1 月 31 日,朝霞映红了古城北平的大地,北平和平解放,从此,灾难深重的北京人民迎来了一个崭新的时代。

　　与新北京诞生几乎同步伐,1949 年 2 月 2 日,北京人民广播电台开始播音,当时的呼号是北平新华广播电台。3 月份改称北平人民广播电台;9 月又改称北平新华广播电台第二台;12 月改名北京市人民广播电台。1951 年 3 月 11 日正式定名为北京人民广播电台。

　　由于历史的原因和工作的实际需要,北京人民广播电台的体制几经变化:1949 年 12 月,中央广播事业局和北京市委决定,北京人民广播电台宣传上受北京市委领导,事业上受中央广播事业局领导。1954 年 9 月,中央广播事业局和北京市委又商定,北京台不再单独建台,于 1955 年 3 月 8 日并入中央人民广播电台,北京台成为中央人民广播电台的"对首都广播部"。从 1961 年 1 月 1 日起,北京人民广播电台又从中央广播事业局分出,由北京市委领导。但不论管理体制如何变动,北京人民广播电台始终面向北京城乡人民,宣传中央的路线、方针、政策,报道首都北京的工作,在首都政治、经济、文化和社会生活中发挥了重要的作用。

　　北京人民广播电台在成长、壮大、发展的过程中,得到敬爱的周恩来总理的亲切关怀和直接指导。

　　北京台的老同志都不会忘记,1966 年 3 月 28 日,周总理亲临北京人民广播电台视察工作。他亲切接见了电台干部、职工,对做好广播电台的工作作出重要指示。周总理说:"广播电台是宣传马列主义、毛泽东思想的重要阵地,一定要加强安全保卫工作。"周总理还与北京台的全体工作人员合影留念。

　　就在这次视察北京人民广播电台之后的半个月,4 月 12 日,为党和国家大事日夜操劳的周总理，又来到位于西城区麻花胡同的北京人民广播电台麻花发射台视察。他在机房里一一看望了正在值班的工作人员，勉励大家努力办好广播，确保安全播出。

1966年5月，中国正处于"文化大革命"的前夜，北京市的政治空气已是"山雨欲来风满楼"，对吴晗的《海瑞罢官》和对"三家村"的批判全面展开。也许正是从政治上的考虑，周恩来总理于5月14日作出重要批示：从5月14日起，北京人民广播电台由中央广播事业局代管。也从这一天开始，根据周总理指示精神，为确保广播电台播出节目的安全，电台党委研究决定，全部广播节目由直播改为录音播出。

"文化大革命"期间，周总理为稳定北京台的广播宣传工作，多次对台里的有关重大事项作出指示、批示。从1966年5月到1971年，北京台在"文化大革命"那样的大的政治背景下，按照中央广播事业局的总体宣传精神，和全国广播宣传战线的同事们一样，熬过了那几年的艰难岁月。

时间进入1972年，从总的形势来讲，国家仍处于"文化大革命"的动乱之中。但在林彪"九一三"事件后，全国开展了"批林整风"运动，揭发批判林彪反党集团的罪行。中央开始在一定限度内调整某些政策，恢复一些担任重要领导职务的老同志的名誉，并把一大批下放劳动或"靠边站"的党政军负责干部重新安置到领导岗位。部分行业的调整整顿工作开始着手，国家经济建设逐步恢复正常秩序并开始显露生机。在这样一个大背景下，为了适应北京对外交往对外语的需求，也为了满足在大学停止招生、学校停课后广大干部群众和学生学习外语、学习文化知识的渴求，从1972年6月起，北京人民广播电台着手筹办业余外语广播讲座。

台里研究、起草了开办业余外语广播讲座的专题报告，报告经中央广播事业局报到中央之后，7月18日，周恩来总理亲自作出了重要批示："北京广播外语讲座，一经出现，影响极大。请于7月下旬先将第一月教材稿、教师播讲录音，送外交部由浦寿昌、章含之、唐闻生三同志组织审查，肯定可用后，再在8月中旬于北京开课。"

周总理对北京台开办外语广播讲座作出的这一重要批示，高屋建瓴，对推动群众学习外语，培养外语人才，适应对外工作的需要，特别是体现中国同国际社会加强联系和友好交往的姿态，具有十分重要的意义。同时，周总理的关心重视，也给了北京台领导和干部职工以极大的鼓励和鞭策。

北京人民广播电台在接到周总理的重要批示后,对如何落实总理批示,搞好外语广播讲座进行了认真的研究。台里决定把筹备外语广播讲座的工作交给编辑部的专题组负责,徐宏是组长,我当时也在这个组工作,具体联络这个节目筹备工作的是张大祯。台领导把这项工作作为一项重要的政治任务,除了协调必要的人力参与组织工作外,还打报告向中央广播事业局申请一套频率,用 1480 千赫专门播出北京台第 4 套节目《英语广播讲座》。

教材的编写和教师的播讲都由北京外国语学院承担,学校按照广播讲座教学的要求,编写了专用的教材。前期参加讲课的是张冠林和屠蓓两位老师。他们按照学校编写并经外交部审定的教材进行备课,由北京人民广播电台接他们定时到电台录音室录音。教材编写适合大众学英语的需要,两位老师也是学校精心挑选出来的,英语讲得非常标准且十分动听。录制出第一批教学磁带后,送外交部审查很快便得到通过。

1972 年 10 月 2 日,《业余外语广播讲座(英语初级班)》在北京人民广播电台正式开始播出,立即受到社会的热烈欢迎。英语初级班开课时,60 万册教材在新华书店很快被抢购一空,连续加印了 3 次才满足需求;市场上收音机的销售量也因此而猛增。这充分反映出在经历"文革"动乱后人民群众对学习的迫切需要。节目开播后,在天津也产生很大影响。天津人民广播电台为满足听众的需要,提出让北京电台提供教材及老师的讲课录音,在天津广播电台播出,天津电台几乎与北京同步播出了这一节目。随后全国几十家广播电台采用北京电台的录音磁带和教材,陆续开办了英语广播讲座。

北京人民广播电台的这一举动,果然如周总理批示所预料的那样,"影响极大"。世界上四大通讯社美联社、合众社、路透社、法新社迅速发了消息。他们似乎从这一现象中预感到了中国社会生活将发生的变化。

北京和各地的广大听众也非常欢迎这个讲座,非常喜爱讲课的老师。1973 年 4 月的一天,台里要我陪张冠林、屠蓓两位老师去北京维尼纶厂开座谈会,听取对英语广播讲座的意见。我和两位老师从广播电台坐公共汽车到北京站,从北京站坐火车到顺义牛栏山车站,下车后步行半个小时来到了北京维尼纶厂。厂里知道英语广播讲座的张冠林、屠蓓两位老师要来,就像过节一样热闹。收听过英语广播讲座的工人和干部把两位老师团团围住,问长问短,用刚学到的简单的英语同老师对话。在座谈会上,大家对北京电台开办英语讲座节目给予高度评价,赞扬两位老师的课讲得好。厂里的领导和工人们都向我反映,希望北京电台把外语广播讲座节目继续办下去。

北京人民广播电台继开办英语初级班之后,遵循"从生活语言入手,由浅入深,循序渐进;普及为主,兼顾提高;为现代化建设服务,为普及外语服务"的节目方针,根据听众要求和社会需要,先后开办了从少年儿童到成年人,从初级班到高级班,从基础课到听说课,从英语到日语、法语、俄语等多层次、多语种的外语广播讲座。1985 年年底,开办了具有中级英语水平的《出国人员实用英语会话》讲座,由外籍教师播讲,受到热烈欢迎。1988 年10 月,北京电台和加拿大国际广播电台联合举办的《每日英语》又引起了强烈反响,开办这一讲座的消息一公布,两天内 8 万册教材就销售一空。

在中国广播宣传史上,1972 年 10 月 2 日开播的北京人民广播电台业余外语广播讲座(英语初级班),是全国第一个开办的学外语广播讲座节目,由此拉开了群众学外语活动的序幕。广播电台的外语广播讲座,使不少有志于学习外语的人受益。

为纪念北京人民广播电台开办英语广播讲座和周总理为北京台开办该讲座作出重要批示 30 周年,2002 年六七月间,北京市委宣传部、北京市民讲外语活动组委会办公室、首都精神文明办、奥组委新闻宣传部和北京人民广播电台共同主办了"纪念周总理为北京电台外语讲座开播批示 30 周年、戴尔英语杯'想起当年学外语'大型征文活动",并于 7 月 18 日在人民大会堂举办了征文颁奖仪式暨"今天如何学外语"座谈会。座谈会上,张冠林、张道真等十几位外语专家、学者与到场的 100 余位征文作者,围绕"今天如何学外语"议题进行了交流。经专家对本次征文活动 300 多篇来稿的评选,有 17 篇作品分获一、二、三等奖,市委及主办单位的有关领导为他们颁发了奖品。颁奖仪式上,北京人民广播电台领导将电台保存了 30 年的周总理批示原件移交给中央档案馆保存,并表示,北京电台将适应新形势的发展和听众的需求,下功夫办出高质量、高水平的节目,为进一步提高北京市民的外语水平和文化素质作出新贡献。

2009 年 1 月 31 日,首都北京人民将迎来北平和平解放 60 周年的喜庆日子,北京人民广播电台也将在 2 月 2 日迎来建台 60 周年。回忆周总理对北京广播事业的亲切关怀,特别是周总理在当时的历史情况下对北京台开办外语广播讲座的高度重视,至今仍令我激动不已。这不仅是周总理在关心着北京台的广播事业,更是周总理针对"文革"动乱对文化的破坏所作出的振兴文化教育的重大战略决策。

(原载《北京党史》2009 年第 1 期)

永恒的旋律不朽的歌

"没有共产党就没有新中国，没有共产党就没有新中国，共产党辛劳为民族，共产党一心救中国……"这亲切的歌词，这熟悉的曲调，唱出了亿万人民对中国共产党的热爱，唱出了全体中华儿女的共同心声。

这首歌，几乎人人会唱。但很多人恐怕记不住这首歌的作者是谁，更不知道这首歌诞生于何地。

在这里我要告诉读者，《没有共产党就没有新中国》是作者曹火星在北京房山区霞云岭乡堂上村创作出来的。小小山村飞出了这首世代传唱的不朽之歌。

抗日战争时期，房山属于房涞涿联合县，它是晋察冀抗日根据地平西区的重要组成部分。1941年8月，日军调集大量兵力对平西抗日根据地进行大"扫荡"，两个多月中，烧毁房屋10多万间，杀害群众数千人。在共产党的领导下，平西根据地的八路军和人民群众同日寇进行了顽强的斗争，经过几百次大小战斗，到九、十月间，进占平西腹地的日军先后被迫撤退，平西军民胜利粉碎了日军大"扫荡"，根据地军民的抗日热情空前高涨。

1943年9月，晋察冀边区抗日联合会委派群众剧社40余人，组成若干小分队到平西抗日根据地发动群众，宣传抗日。19岁的曹火星随一支小分队来到了房山堂上村。曹火星原名曹峙，1924年10月出生于河北省平山县西岗南村，1938年2月参加平山县农民抗日救国会，走上了革命道路。同年他被调到平山县抗日救国青年联合会宣传队（即铁血剧社）任演员、音乐队队长。1939年冬天进入华北联合大学文艺学院学习，在这期间创作出第一首歌曲《上战场》。1940年至1943年期间，曹火星创作了《选村长》、《春天里喜洋洋》、《春耕忙》、《万年穷翻身》等多首为人民群众喜爱的歌曲。1943年，铁血剧社调由晋察冀边区抗日联合会领导，并更名为群众剧社;4 月,曹火星光荣地加入了中国共产党。10 月间,他和战友们深入平西根据地开展抗日宣传时,就住在房山霞云岭乡堂上村,深深为这里火热的抗战生活所感染。曹火星满怀对中国共产党的热爱,满怀抗日救国的激情,伏在村龙王庙东厢房土炕的小炕桌上,就着一盏昏暗的煤油灯,忆抗战岁月,思民族命运,心潮澎湃,情浓笔端,针对蒋介石在《中国之命运》中提出的"没有国民党就没有中国"的错误论断,利用当地流行的《霸王鞭》的民歌曲调填写新词,创作出了歌曲《没有共产党就没有中国》。

一首反映历史真实、表达广大人民心声的歌——《没有共产党就没有中国》诞生了。小分队首先教会了堂上村的儿童团员、村剧社的演员们。后来他们又打着"霸王鞭"边舞边唱,很快就把这首歌唱遍了霞云岭。10 月底,群众剧社回到专区,正值专区办县级干部学习班,涞水县的一位干部要去了歌曲,第一次油印成歌片,在县里传唱。尔后边区在易县办 1000 多人的干部学习班时,曹火星又教唱了这首歌。此时,这首歌的词曲也在《晋察冀日报》刊登,很快便唱遍了晋察冀,唱遍了各个抗日根据地。真理的旋律飞出山坳,飞上云端,不朽的歌曲随着抗日战争和解放战争的节节胜利,传遍全中国。

1949 年 10 月 1 日,中华人民共和国成立了,中国人民从此站起来了!1950 年的一天,毛泽东主席在家里听到女儿李讷唱《没有共产党就没有中国》这首歌,便立即纠正说:没有共产党的时候,中国早就有了,应当改为"没有共产党就没有新中国"。毛泽东还正式把这个问题提到中央的会议上。从此,曹火星创作的这首歌就以《没有共产党就没有新中国》而唱遍长城内外、大江南北,回荡在亿万中国人民的心中。

时光又过了半个世纪。2001 年 7 月 1 日,适逢伟大的中国共产党 80 华诞。这年 3 月 5 日,房山区霞云岭乡堂上村 66 名党员满怀激情地给时任中共中央总书记、国家主席江泽民写信,提出堂上村要建"没有共产党就没有新中国"的纪念雕塑,请江泽民题写"没有共产党就没有新中国"这一表达广大党员和人民群众共同心声的文字。信中说:

我们是北京市房山区霞云岭乡堂上村的党员,《没有共产党就没有新中国》这首革命歌曲,就是 1943 年 10 月在我们村诞生的,怀着浓厚的感情,村里的党员群众已经把这首歌唱了近 60 年。我们一直有个愿望,就是在村里建立一个教育基地,让世世代代都记住这首歌。

《没有共产党就没有新中国》歌曲创作地

为了迎接建党 80 周年，我们要做一件事，就是把村里的纪念室修好，再建成一个纪念碑，把村里建成爱国主义教育基地，让更多的人到这儿来，了解这段历史，明白一个伟大的真理："没有共产党就没有新中国"。我们全村老幼希望您给我们这个纪念地亲笔题写"没有共产党就没有新中国"的文字。让全国人民都知道这段历史，让世世代代都会唱这首歌，记住中国共产党的丰功伟绩！

堂上村共产党员的信和房山区关于在《没有共产党就没有新中国》歌曲创作地开展隆重纪念建党 80 周年活动的报告，3 月 23 日由房山区委常委、宣传部长崔国民送给了我，我立即向时任中共北京市委书记贾庆林作了汇报。贾庆林同志十分重视，当即就在他的办公室里审阅了房山区委的报告和堂上村党员的信，并嘱咐我抓紧找市委办公厅办文。第二天，北京市委就正式将请示件上报了中央办公厅。在这期间，我们多次听取了房山区委关于纪念活动的工作汇报。

在中央办公厅的大力支持下，江泽民同志应革命老区堂上村全体共产党员的请求，欣然亲笔题词："没有共产党就没有新中国"。

房山区委、区政府抓紧纪念雕塑的建设工作，同时对原展览馆的展陈内容进行调整。展览分"前言"、"烽火中诞生"、"不朽的史诗"、"春天的旋律"、"唱响新世纪"几部分内容。建成后的纪念雕塑,正面镌刻着江泽民同志的题词"没有共产党就没有新中国",背面是房山区委、区政府建设纪念雕塑的《题记》。著名书法家张瑞龄是位十分热心首都文化事业的书法界名人,他听说堂上村的纪念雕塑要刻《题记》这段文字,就主动到北京市委请缨,市委领导同志也完全赞成。一天之内,张瑞龄就以十分工整漂亮的楷体字写下了这篇《题记》。《题记》全文如下:

房山霞云岭堂上村,乃平西革命老区。公元一九四三年,抗日战争持续六载,我抗日军民在中国共产党领导下,坚持敌后抗战,丰功伟业,彪炳史册。是年十月,晋察冀边区八路军群众剧社曹火星赴堂上村宣传,思民族命运,忆抗战经历,悠悠此怀,豁然昭澈,情寄笔端,创作歌曲《没有共产党就没有中国》。斯歌一出,风靡全国。新中国成立,毛泽东主席亲添"新"字,遂成《没有共产党就没有新中国》,万众心声,唱彻中华,历久弥新。

人类迈进 21 世纪,盛逢中国共产党 80 华诞。堂上党员缅怀胜迹,感慨万千,致信中共中央总书记江泽民敬请题词。总书记欣然应允,挥毫题写"没有共产党就没有新中国"。召聚风云,振巍巍华夏神韵;墨融日月,倾浩浩神州豪情,以此砺心铭志,激励吾辈与党同心同德,共肩建现代化国家之伟任。特立雕塑,敬镌江总书记题词于其上。谨此为记,以昭千秋。

2001 年 6 月 27 日,《没有共产党就没有新中国》词曲创作地纪念雕塑隆重揭幕,北京市领导贾庆林、于均波、李炳华、杜德印、蒋效愚、范远谋、宋维良等参加了揭幕仪式。这天上午,我们来到堂上村,只见通往堂上村的各路口和堂上村的村头院落,挤满了欢笑的群众,男女老少一齐出动,村里洋溢着比过节还热闹的喜庆气氛。

揭幕仪式开始前,贾庆林等同志首先慰问了堂上村 9 名新中国成立前入党的老党员,给他们送去了慰问金及物品,并祝他们健康长寿。老党员们告诉市领导,近些年来,堂上村人民在党的富民政策指引下,充分利用优势资源,发展家庭运输业,全村 350 户农民已有近百户买了汽车,85% 的农民家中安装了程控电话,2000 年全村经济总收入达 1300 万元。在了解到堂上村的经济情况后,贾庆林同志叮嘱村党支部书记任政瑞说,要认真贯彻"三个代表"重要思想的要求,进一步搞好村里的经济建设和社会事业,让革命老区的人民群众生活更加富裕起来。

上午 10 时,贾庆林同志和曹火星的家属(曹火星于 1999 年 4 月 16 日逝世于天津)以及房山区委书记王凤江、堂上村党支部书记任政瑞为雕塑揭幕。此时在场的干部群众热烈鼓掌,并一起唱起了《没有共产党就没有新中国》。雄壮嘹亮的歌声在堂上村上空回荡。

这首歌是永恒的旋律不朽的歌。它激励中国共产党人英勇奋斗、前赴后继,团结和带领广大人民群众取得了民族解放的胜利,建立了新中国。它激励中国共产党人和全国各族人民群众解放思想、实事求是、与时俱进,取得了社会主义革命和建设的巨大成就,开创了改革开放、建设中国特色社会主义的广阔道路。事实已经并将继续充分证明,没有共产党,就没有新中国;没有共产党,就没有改革开放和社会主义现代化建设的伟大胜利。历史已经并将继续证明,《没有共产党就没有新中国》这首人民心中的歌,必将世世代代传唱下去。

2006 年,为纪念中国共产党成立 85 周年,房山区又在堂上村重建了《没有共产党就没有新中国》纪念馆。这年 6 月 26 日,中共北京市委宣传部,北京市委党史研究室,北京市房山区委、区政府,在霞云岭乡堂上村隆重举行了《没有共产党就没有新中国》纪念馆落成仪式。新纪念馆建筑面积1780 平方米,展厅面积 1500 平方米。调整后的展览共分"历史的回响——没有共产党就没有新中国";"深山里飞出不朽的歌——没有共产党就没有新中国";"让心中的歌代代传唱——只有共产党才能领导人民前进"三个部分。展览利用大量真实的历史图片、现代幻影成像技术、多媒体技术,生动展示了歌曲诞生背景、创作过程和历史影响,告诉人们没有共产党就没有新中国这一历史事实和客观真理。为便于各地党团组织在这里开展活动,纪念馆广场建有 4000 平方米红色歌曲传唱大舞台。

如今,堂上村已成为首都北京红色旅游的一个重要景点。每逢节庆日和纪念活动,各界干部群众特别是年轻党员、共青团员、中小学生,纷纷来到堂上村的纪念广场,以《没有共产党就没有新中国》的嘹亮歌声,抒发着他们对中国共产党、对伟大祖国的无比热爱之情。

(原载《中共党史研究》2009 年第 7 期,标题有改动)

为人民服务，对人民负责

——回忆段君毅主政北京时的几件事

2004 年 3 月 8 日，原北京市委书记、中央顾问委员会常委段君毅以 94 岁高龄，离开了他为之播洒心血和汗水的北京，离别了他挚爱的北京市干部群众。全市人民以各种方式表达对老书记的深深爱戴和深切悼念。

3 月 11 日下午，市委派我陪同中共中央政治局常委李长春到段君毅家吊唁。在市委大院南侧 6 号院段君毅家里，大厅已布置上一个肃穆而简朴的灵堂。李长春在段君毅的遗像前三鞠躬并肃立长久后，眼含着泪水慰问段君毅的夫人陈娅奇，他深情地说："段老生前对河南的建设和发展十分关心，我在河南工作的几年中，段老多次回家乡视察指导工作，给了我很多的教诲和帮助，我们深切怀念他。"

段君毅是河南范县人，1910 年 3 月出生，1936 年 3 月加入中国共产党。他年轻时就投身革命，在革命战争年代立下不朽功勋。新中国成立后，他先后任重庆市委常委，西南军政委员会财经委员会副主任兼工业部部长，第一机械工业部副部长、部长，四川省委书记，铁道部部长，河南省委第一书记，北京市委第一书记，1982 年 9 月至 1992 年 10 月任中央顾问委员会常委。

为市民过好春节而操劳

1981 年 1 月 21 日，段君毅从中共河南省委第一书记任上调到北京，接替林乎加担任中共北京市委第一书记。同时，中央还派焦若愚和他搭班子，担任中共北京市委第二书记兼市长。21 日上午，国务院副总理万里、中央组织部部长宋任穷送段君毅、焦若愚到北京上任。在全市干部大会上，宋任穷宣布了中央的任命通知，万里作了重要讲话，他在肯定了北京市前一届领导班子工作取得的成绩、对段君毅和焦若愚作了介绍后，话题一转，就说到了北京面临的市民住房、副食供应、取暖、交通等方面存在的困难。万里风趣地说："再过 10 天就是春节了，在北京，市民春节吃不上花生米，买不到炖肉的大料，市政府就要挨骂。段君毅、焦若愚两位老同志都是久经考验的老革命，相信他们到北京能胜任这项工作。"

1981 年前后的首都北京，在党的十一届三中全会确定的路线、方针指引下，各项工作已开始显露生机，但由于"文革"十年动乱造成的严重影响，北京市的经济发展水平不高，人民生活还相当艰苦。如何让人民群众过好春节，自然就成了市委、市政府关注的重大问题。

21 日下午，段君毅主持召开了他上任后的第一次市委常委会，会议专门研究春节供应问题。会上，市财办负责人汇报了春节供应的紧张情况："猪肉比上年减少 1000 万斤，豆腐没有上年多，江米调不进来，好烟好酒少，酱油质量差……"这些情况，让段君毅十分焦急，他心想，老百姓家里的粮、油、肉、蛋本来就是凭票供应的，但如果连茶、盐、酱、醋都供应不好，是会给首都添乱的。常委会上，他斩钉截铁地要求，必须千方百计调集货源，让首都人民过一个顺心、祥和的春节！

为了保障北京市春节的市场供应，靠北京市自己生产显然已来不及了，段君毅只好抹下脸来求外援。他在四川、河南当过书记，山东、江苏、安徽、云南、广西等地也有不少老部下、老朋友，就连忙给这些地方的有关领导打电话，请他们紧急调运烟、酒、大料、茶叶、江米等过年物资支援北京。焦若愚在沈阳工作过，也打电话给沈阳要酱油。

市委书记、市长亲自为市民春节供应而奔波，感动了全市商业部门的干部职工，大家都紧急动员起来，在本市挖库存，跑外地找货源，马车、汽车、火车、飞机日夜兼程，为北京运送春节物资。

江苏省粮食部门职工放弃休假，加班加点赶碾糯米给北京供货，以便让北京市民正月十五能吃上元宵。安徽支援茶叶，云南支援蚕豆……

经过努力，1981 年的春节，北京市场供应有了很大好转，市民过上了一个欢乐祥和的春节。除夕之夜、大年初一、元宵节，当人们围坐在餐桌旁一家人欢度节日时，他们怎能知道，这餐桌上的丰盛食品，是年已古稀的市委书记段君毅和市领导们在节前紧急动员、紧张工作才得来的。

一场刻骨铭心的大讨论

段君毅到北京市工作后,在走访基层的过程中,在批阅的大量群众来信来访中,了解到市民住房紧张是北京一个十分突出的难题。而恰恰在他上任不久,北京发生了一件令他十分震惊的事关群众住房的事情。

原来,在粉碎"四人帮"之后,北京市为缓解一些干部、群众的住房困难,决定兴建劲松、团结湖两个新的住宅小区。经过建设工人们的辛勤劳动,这两个小区的 42 万平方米住宅楼在 1980 年正式建成。但由于一些部门的扯皮,新建小区的商业服务和文化教育等方面的设施不配套,供气供水也不及时,居民生活很不方便,住户不愿意搬进去。人们注目的两个新住宅小区,有的房屋已闲置两年,对此,群众意见很大。

北京日报记者耳宝君将这一情况写成内参,送到了有关部门。没想到此事一下子惊动了中央最高领导,中央领导同志作出了批示,要求北京市抓住这个问题作为一个突破口,推动各级党组织认真解决人民生活中的重要问题,以密切党同人民群众的联系,改进领导作风和工作方法。中央书记处在开会研究这件事情的时候,还把北京日报记者请到会上作了专门汇报。

中央领导同志的批示下达后,段君毅了解到劲松、团结湖住宅小区出现的问题,对有关部门和一些领导干部推诿扯皮、漠视群众利益的行为十分恼火。在他到任 20 天后的一次市委工作会议上,即提议抓住这件事情,在全市开展一场"为人民服务,对人民负责"的大讨论。2 月 28 日下午,市委又召开全市局级以上领导干部会议,就开展"为人民服务,对人民负责"的大讨论进行动员。我当时作为北京人民广播电台新闻部主任,参加了这次会议的采访报道。那天一走进会场,看到段君毅表情十分严肃,一点也没了平时那种和蔼的笑容。他在会上的讲话中,严肃批评了那种无视群众利益,互相扯皮、不负责任的现象。他强调说,全市各系统、各部门都要深入发动干部群众展开讨论,联系实际,找出问题,提高思想,改进工作。他特别要求这场讨论首先是市委、市政府领导机关要带头,市属各部、委、办和各区县都要积极参与,由上而下和由下而上相结合,通过讨论,切实树立"为人民服务,对人民负责"的精神,让能办到的事情尽快办到,把全市各条战线的工作大大向前推进一步。

这次动员大会之后,按照市委书记段君毅的讲话要求,全市迅速展开了"为人民服务,对人民负责"的大讨论。市委、市政府有关部门和有关区、街道的领导,纷纷查找自身工作上的问题,到劲松、团结湖两个住宅小区现场调研、现场办公,解决小区竣工后群众生活不方便等实际困难。同时,各个部门、各个地区、各个单位都以此为鉴,举一反三,查找在为人民服务、对人民负责方面存在的思想差距和工作差距,并用实际行动改进工作,争相为群众办好事、办实事。一个劲松、团结湖小区的问题,变成党员、干部受教育的生动教材;一场大讨论,成为全市领导机关、领导干部密切党群关系、干群关系的重要桥梁。

事隔许多年之后,北京市不少干部群众仍然对段君毅主导的这场"为人民服务,对人民负责"的大讨论,记忆犹新,教益犹存。

奠定北京城市建设总体规划的基础

北京是座有着悠久历史的文化古都,已有三千多年的建城史。中华人民共和国成立后,作为首都的北京,城市建设的规划布局,始终是党中央、国务院和北京市委、市政府领导十分关心的一个重大问题。

1980年4月21日,中共中央书记处专门开会,讨论首都新时期建设规划问题,并对北京市下达四项重要指示:第一,要把北京建设成为全中国、全世界社会秩序、社会治安、社会风气和道德风尚最好的城市。第二,要把北京建成全国环境最清洁、最卫生、最优美的第一流城市。第三,要把北京建成全国科学、技术、文化最发达,教育程度最高的第一流的城市。第四,要使北京经济上不断繁荣,人民生活方便、安定。中央书记处的四项重要指示,使得当时各方面对北京的城市性质、规模、布局、旧城改造等一些方针性问题的不同认识有了统一的思想基础。

段君毅到北京任职时,中央书记处的四项指示还只是作为一个文件下达到北京市,市委、市政府还没有来得及着手落实。为了着眼北京未来的长远建设和发展,段君毅在抓好北京日常工作的同时,把落实中央书记处四项指示,制定北京市的总体规划提上了重要日程。1982年2月,市委、市政府专门成立了有各方面专家参加的班子，集中研究、制定《北京城市建设总体规划方案》。这个总体规划方案集全市广大干部、群众和各方面专家学者的智慧，认真总结了多年来北京城市建设的经验教训，对北京城市发展的目标、规模、城市建设的重点和布局等，都一一作出了新的规划，描绘出了首都北京建设新的宏伟蓝图。

在研究、制定《北京城市建设总体规划方案》的过程中，段君毅不辞辛劳，亲历亲为，到群众中调查研究，到专家学者中听取意见。他走访了北京的许多工厂、农村、街道，到城建、规划系统听取专家和学者意见，与市人大代表、政协委员座谈，吸收各个方面对城市规划的真知灼见。他特别强调，制定北京城市建设总体规划，必须站得高、看得远，要对历史负责，对人民负责，对子孙后代负责。

经过反复的酝酿、研究和讨论、修改，《北京城市建设总体规划方案》经北京市第七届人大常委会审议通过后，正式上报了国务院。这个规划方案明确北京的城市性质是全国的政治中心和文化中心，没有提经济中心，但强调经济发展要适应和服从城市性质的要求，调整结构，根据资源情况重点发展能耗低、用水省、占地少、运输量少和不污染扰民的工业，对现有重工业进行技术改造，并改变工业过分集中于市区的状况。规划方案强调严格控制城市规模，坚持"分散集团式"城市布局，发展远郊卫星城。规划到2000年全市常住户籍总人口控制在1000万人左右，市区城市人口规模控制在400万人左右。调整市区布局结构，形成以旧城为核心的中心地区和相对独立的10个边缘集团，其间约有2公里左右宽的绿色空间地带相隔离。按照"旧城逐步改建、近郊调整配套，远郊积极发展"的方针，主要在近郊通过用地调整建设一批新居住区及相应配套设施，并于北郊建设国家奥林匹克体育中心和亚运村，形成中轴延长线上新的功能区。以黄村、昌平为近期建设重点，开展了远郊卫星城规划建设。规划方案根据北京历史文化名城的地位，对保留、继承和发扬文化古都风貌提出了更高的要求。明确对文物古迹和革命文物要扩大保护范围，不但要保护古建筑本身，还要保护古建筑的环境，保留北京的特色。

1983年7月14日，党中央、国务院对北京市上报的《北京城市建设总体规划方案》正式作出了10条批复，批复的基本内容是：

1.北京市的性质：北京是全国的政治、文化中心；2.控制人口和规模，到

2000 年,人口在 1000 万左右;3.北京不发展重型、耗能多、用水多、运输量大、占地大、污染扰民的工业,着重发展高精尖、技术密集型的工业;4.北京的建设要反映出中华民族的历史文化、革命传统和社会主义国家首都的风貌;5.加快城市基础设施建设,兴建住宅、文化、生活服务设施;6.搞好郊区县的城镇建设;7.大力加强城市环境建设;8.实行统一规划、统一发展、统一建设的体制;9.安排好城市建设资金;10.加强规划建设的指导。

时间过去二十多年,今天,回过头来审视段君毅主政北京时制定的北京城市建设总体规划,我们可以看到他对北京的建设、发展,具有何等敏锐、卓越的战略眼光! 那为举办 2008 年奥运会而建造的"鸟巢"、"水立方"等一批体育场馆在北中轴延长线拔地而起,就是最高的评价、最好的印证!

选举中的认真负责劲儿令人感动

1997 年 9 月 12 日,中国共产党第十五次全国代表大会在北京隆重开幕。段君毅作为党的十五大特邀代表,参加了这次代表大会,并作为北京代表团的成员,和北京市的十五大代表一起参加会议的活动。

在听取和讨论江泽民所作的《高举邓小平理论伟大旗帜,把建设有中国特色的社会主义事业全面推向二十一世纪》的报告之后,大会开始进入选举阶段。经过各代表团的酝酿,16 日上午,大会主席团将第十五届中央委员会委员名单提交各代表团进行预选。

北京代表团的驻地是中协宾馆。这天上午,北京的代表在宾馆的一个大会议室里参加预选。段君毅虽已 87 岁高龄,仍和代表们一样,提前来到了会场。大家都围上前去,争着同老书记握手、问候,他笑呵呵地和大家说着、聊着,精神气儿特别好。

北京代表团的会议开始了,主持人详细介绍了预选办法及注意事项,随后,工作人员把选票和厚厚的一本候选人名单、简历发给了大家。

段君毅由秘书胥仕中陪着,坐在自己的座位上听主持人讲选举办法。拿到选票之后,胥仕中为减轻老书记的负担,就替他想好了几个差额的人选,想让书记照此划一下选票就行了。没想到,这下段君毅发火了,他在座位上同秘书呛了起来:"我是代表,我得负责任,我要自己来选,用不着你管!"说着,他从秘书手里把选票和那本候选人名单拿了过去,仔细翻阅起来。

选票拿到手里,段君毅刚想给候选人划钩打叉,把他想选的人划上钩,不想选的人叉掉。没想到这回选举填写选票的办法改了,不用划钩打叉,而是同意的什么也不用划,不同意的和弃权的才做出标志,把一个空格子用专用选举笔涂满。这下,段君毅又向秘书发了火:"选举不让划钩打叉,我怎么行使选举权利? 不让我划钩,我不选了!"秘书连忙给他做解释。听着他直嚷嚷,同在北京团的李鹏、贾庆林等同志都过去一个劲地安慰,工作人员也跑到老书记面前解释新的选票填写办法,又是哄,又是劝,这才把老书记的火消了下来。他在自己的座位上,认认真真地填写选票,按照大会的规定填写好选票后,他庄重地把选票投进了票箱。

在静静的会议室里,段君毅那带着浓厚河南腔的一番话调门还特别高,代表们全听到了,大家都为老书记那种严肃、认真、负责的精神所感动,同时,他那"老小孩"的劲儿把大家也都逗乐了。投完票后,代表们一个个跑到他面前,问候他,和他一起照相,段君毅又满面笑容,和北京的代表们一一合影留念。

(原载《党史博览》2009 年第 2 期)

饱含激情回到党的怀抱

——第一个采访丁玲

在中国的文坛上,丁玲的名字始终是那么显赫。不论她如何身处逆境,历经磨难,她的才华横溢,她的耿直正义,都一直为人们所仰慕。她对中国文学艺术事业的贡献,永远彪炳中华文化史册。

丁玲,1904 年 10 月 12 日出生于湖南省临澧县,幼年丧父,4 岁便跟着当小学教员的母亲辗转漂泊,深受母亲反抗封建礼教、主张妇女独立自强思想的熏陶。五四运动爆发时,她在桃源第二女子师范读书,积极参加当地的进步活动,后转入长沙周南女子中学和岳云中学。1922 年年初到上海,就读于平民女子学校。1924 年春到北京大学等校旁听文学课。1927 年 12 月发表第一篇小说《梦珂》,翌年 2 月又发表著名的《莎菲女士的日记》,成为当时引人注目的女作家。1930 年,丁玲在上海参加了中国左翼作家联盟,主编"左联"的机关杂志《北斗》月刊,1932 年加入中国共产党,全力投身于党领导的革命文学创作活动。1948 年她写成的长篇小说《太阳照在桑干河上》,后来获斯大林文学奖,成为丁玲文学创作的一个里程碑。

中华人民共和国成立后,丁玲先后担任了中国文联常委,中国作协党组书记、常务副主席,《文艺报》主编、《人民文学》主编等职务,是中国现代文学史上创作活动时间长、影响大的著名女作家。在 1955 年、1957 年的政治运动和后来的"文化大革命"中,丁玲受到迫害,多年被关押。1975 年被释放,安排在山西省长治市郊区的老顶山公社嶂头大队"养老",每月给 80 元生活费。

粉碎"四人帮"后,1978 年 7 月,丁玲被摘掉了"右派"帽子。此后,在太行山下的这个普通村子里,丁玲得知中央开始平反冤假错案的消息,便着手写材料陈诉冤情。1978 年 4 月和 12 月,材料分别送到了中组部、中宣部、文化部，得到了中央有关领导同志特别是胡耀邦的重视和关注。

1979 年元旦过后不久，经中央组织部同意，丁玲和爱人陈明终于从山西回到了北京。丁玲一边治病，一边等候组织上平反的消息。我和丁玲并不认识，但我很早之前就读过她写的小说《太阳照在桑干河上》，加之她又是我们湖南籍的一代文豪，心中对她十分敬重。我打听到了丁玲回北京的消息，就在这一年的 5 月底和我的同事林燕南一起，到北京友谊宾馆丁玲、陈明夫妇临时的住所采访他们。

这是丁玲有了落实政策的消息回北京后接待的第一个记者采访。也许是第一个的缘故，我们一见面十分亲切，丁玲笑容满面，和陈明一起把我们引进客厅。从门厅到客厅短短的一段距离，他们俩人拉着手，是那样的亲切、自然。这对恩爱夫妻在饱经十年"文革"的煎熬之后，看到粉碎"四人帮"，党和政府开始平反冤假错案，国家的形势越来越好，他们的心中洋溢着无限的喜悦之情。至今，丁玲那一张笑脸上的乐观和自信，依然如在眼前。陈明给我们倒上了一杯茶水，热情地让我们坐下。谈话也就从这时开始了。

我那时是北京人民广播电台新闻部主任，我们带着录音机，一边对丁玲进行访谈，一边录音。话题首先是从北大荒的故事开始的。

由于丁玲和陈明在反右斗争中都被错划为"右派分子"，1958 年 3 月和 6 月，陈明、丁玲先后被送到北大荒接受监督，进行改造。丁玲对我们说：到了北大荒，她被安排在畜牧队劳动，每天清早 4 点钟就起来剁鸡食，一干就到上午 9 点，有时手腕都酸痛得连右胳膊都抬不起来，但她并不感到苦和累。陈明在生产队里劳动，干活处处抢在前面。他们俩和当地群众的关系相处得都很好，大家从不把他们当"右派"看。加上夫妻俩在一起相互关心、照应，生活虽然清苦却很舒坦，他们甚至把在北大荒住的小房子比作是北京的住地"多福巷"。1964 年，中宣部通知丁玲和陈明可以回北京工作，而他们竟然舍不得离开。没想到错过这个机会就赶上了"文化大革命"，丁玲、陈明又被当作"牛鬼蛇神"批斗，被关进"牛棚"。讲起这段经历，丁玲对我们说，当时有些好心人怕他们在"文革"中挨斗，劝她改个名字，丁玲回答说："我光明磊落，行不改名，坐不改姓。"讲到这里，我看到了丁玲那刚毅的神情。这就是丁玲！

我怕他们二位说起这段伤心的事太影响情绪和身体，就把话题转到党的十一届三中全会召开后落实干部政策的情况,我问丁玲对此有什么想法。她用略带湘音的坚定语气回答说:"中国共产党是伟大的,任何时候我都坚信党,坚信毛主席和毛泽东思想。不论遇到什么挫折,我都无怨无悔。现在党中央纠正'文化大革命'的错误,平反冤假错案,解放了一大批老同志、老干部,我们党、我们国家更有希望了。我从心里感到高兴。"此时,丁玲、陈明已经"心中有数",他们相信自己不久会得到组织上的彻底平反,现在只是在北京静候佳音。我们两个年轻的记者,同样也在心里默默地祝福,祝他们早日如愿以偿。

丁玲作为蜚声中外的著名作家,在采访中我们自然要问到她的创作情况和打算。说到这里,丁玲抑制不住心中的激动,"我现在终于能够自由写作了!"她向我们一一介绍自己的创作情况和计划:正在写《杜晚香》、《我所认识的瞿秋白》。丁玲心里始终放不下她那未完成的长篇小说《在严寒的日子里》,这是她20多年前就开始构思和创作的一部作品,因种种政治原因而辍笔了,她表示一定要把这部作品写出来。

由于长期经受政治风浪和艰苦生活的折磨,丁玲的身体受到很大损害。回到北京时,腰椎的剧烈疼痛,使她无法坐在椅子上写作,但她依然以顽强的毅力笔耕不辍。说到丁玲不顾病痛坚持写作的事,在一旁的陈明马上拿出他为丁玲精心设计制作的一块写字板给我们看。陈明得意地向我们介绍说,丁玲腰椎不好,疼痛起来时坐在椅子上实在困难。于是,他就找来了一块比课桌面略小一点的胶合板,在板子的两边拴上宽带子,丁玲要写作时,就把带子套在她的脖子上,吊着这块胶合板,丁玲就可以站着以板子为书桌写稿子了。我仔细端详着这块特殊的胶合板,丁玲和陈明怕我们体会不到这块板子的用途,便由陈明当场把写字板吊在丁玲的脖子上,丁玲一笔一画地写字给我们看。此时,这对相濡以沫的夫妻互相对视着都笑开了,我们也跟着笑起来。

这次采访进行了一个小时,丁玲因患病脸色有些苍白,但始终精神饱满,笑容满面,还不时地拽拽她身上穿的那件灰色涤卡外衣,拢拢头发,透出她那一贯的清爽和干练。我们把这次采访制作成了一篇录音报道,在北京人民广播电台"首都生活"节目中播出。节目的大部分都是丁玲的讲话实况,播出后,受到广大听众的欢迎。十分遗憾的是,前些日子当我向北京人民广播电台询问这个节目录音带是否还保留着的时候,电台回答说由于台里的节目量太大,加上相隔时间太久,原来的录音磁带已无法保存下来。要是这个节目的录音带还有的话,我一定会把丁玲的讲话全部整理出来,那是一篇很好的文章。

这次对丁玲的采访,令我们终身难忘。本来我们事先并不知道在丁玲、陈明回北京后是否已有记者采访过他们,但陈明是见证人,他说我们北京人民广播电台是头一个采访丁玲的。在这次采访之后,我和丁玲、陈明家里一直保持着联系。丁玲1986年3月4日不幸病逝,中国文坛失去了一位伟大的作家。丁玲曾经工作生活过十多年的北大荒,沉浸在对这位为黑土地流过血汗的老作家的无限哀思之中,在丁玲的追悼仪式上,北大荒人敬献了一面写着"丁玲不死"四个大字的红旗。"丁玲不死",这不也正代表了我心中对丁玲的敬仰吗!

这些年来,每每碰到陈明,他总是要对我说这句话:"你是第一个采访丁玲的。"他还特别提到,1979年丁玲写的《"七一"有感》正是那次采访谈话的结果。《"七一"有感》发表在这年7月1日的《北京日报》上。我谨抄录这篇文章的一段话:

"二十一年了,我被撵出了党,我离开了母亲,我成了一个孤儿!但,我不是孤儿,四处有党的声音,党的光辉,我可以听到,看到,体会到。我就这样点点滴滴默默地吮吸着党的奶汁,我仍然受到党的哺养,党的教导,我更亲近了党,我没有殒殁,我还在生长。二十一年了,我失去了政治地位,但我更亲近了劳动人民。劳动人民给我以温暖,以他们的纯朴、勤劳、无私来启发我,使我相信人类,使我更爱人民,使我全心全意,以能为他们服务为幸福。今天,我再生了,我新生了。我充满喜悦的心情回到党的怀抱,我饱含战斗的激情,回到党的行列。党啊!母亲,我回来了!"

丁玲这番发自肺腑的话,至今读来依然令我深受教育,令我感奋不已。

近30年过去了,如今,在我的书架上,珍藏着陈明亲笔签名送给我的《书语——丁玲陈明爱情书简》、《左右说丁玲》等书籍。同时,在我的心中,也珍藏着29年前在友谊宾馆采访丁玲、陈明的那次难以忘却的记忆。

(原载《湘潮》2008年第12期,标题有改动)

任继愈与《中华大典》

今年 7 月 11 日,是我国著名哲学家、历史学家任继愈先生逝世一周年忌日。这一年来,每每想起我在新闻出版总署工作期间,任老对国家重大文化出版工程《中华大典》所付出的巨大心血,我的心头便情不自禁地涌动起对这位文化伟人的无尽思念、无限感激。

我是 2005 年年底到新闻出版总署工作的。刚到任一个多月,2006 年 2 月 23 日,任继愈先生打电话到我办公室,说是要来署里找我,谈一谈《中华大典》编纂出版的事。我在电话中一再央求:"您老人家这么大年纪了,到署里来不方便,还是我到您家去拜访您吧。"电话中传来的是任老真诚、恳切的话语:"我就去这一回,以后您到我家来多少次都可以。"俗话说,"恭敬不如从命",我只好按他的意见办了。

任老约定来署里的时间是 2 月 24 日上午 9 时,我早早就在总署大门口迎候。8 点 50 分左右,任老的车子开进了院里,他穿一件黑色羊绒大衣,系一条灰色围巾,手里拿着一根拐杖,精神矍铄地从车里走出来。我连忙迎上去,陪着他到了我办公室。

任老原来就认识我,他参加过北京市的多次重大文化活动,就在这次见面前不久,我们还一起参加了新落成的首都博物馆开馆仪式。知道我到新闻出版总署工作,他很高兴,所以一坐下来,他就开门见山地说了:"这次来是想谈谈《中华大典》编纂出版工作中遇到的困难,希望你这个新署长多关心一下,把这个项目赶紧抓起来。"任老接着向我详细介绍了《中华大典》启动和编纂的大体情况。

《中华大典》是 1990 年经国务院批准,以国家名义组织编写的一部古籍大型系列丛书。作为中国古典文化集成,《中华大典》工程量是明朝《永乐大典》的两倍多,是清代《古今图书集成》的四倍多。该工程 1992 年正式启动编纂。按照规划,全书分为 24 个典,包含 116 部分典,收入 2 万多种古籍,共近 8 亿字,经费总投入约需 4 亿元人民币。到 2005 年年底,已先后启动 9 个典,即《文学典》、《医药卫生典》、《历史地理典》、《历史典》、《法律典》、《语言文字典》、《教育体育典》、《哲学典》和《林业典》总计 3 亿多字的编纂工作,陆续成书并出版的有 23 册,约 5200 万字。

任老在介绍完《中华大典》编纂工作的基本情况后特别讲到,由于资金、人员等方面的困难,《中华大典》的编纂工作实际上已经停下来了,上头也没有人抓,光靠我这个老头子去组织又难以推动。他动情地说:"我心里着急啊,我今年已经 90 岁了,还能活多少年啊,就算 5 年吧,一定用 5 年时间,到我 95 岁时把《中华大典》搞完,这样我也就放心了"。

听着任老的介绍,特别是他对《中华大典》编纂出版工作所寄予的殷切希望,令我深受感动。我当即和他商量:"如果从 2006 年重新启动《中华大典》的编纂工作,5 年有没有把握完成?"任老肯定地说:"只要经费有保障,人力跟得上,出版社选得好,5 年完成没问题。"任继愈先生是《中华大典》编纂委员会主任,他有这个魄力和决心,自然我心里就有底了。于是,我们俩商定:以新闻出版总署的名义向国务院领导写报告,争取财政部经费支持,并尽快开一个《中华大典》重新启动的工作会议,把大典的编撰出版工作全面推动开来,力争 2009 年新中国成立 60 周年时基本完成《中华大典》24 个典的编纂出版工作,到 2010 年"十一五"规划期末全面完成大典各项工作任务。

任继愈先生的这次来访,给新闻出版总署的工作带来了压力,也带来了动力。按照国务院关于编撰出版《中华大典》的批复,新闻出版总署署长是中华大典工作委员会的主任。实际上,这项工作推进得快不快、好不好,总署承担着重要的责任。就在任老来访后的第五天,我主持召开新闻出版总署党组会,专题研究《中华大典》重新启动工作。会上,我把任老同我谈的情况以及他的想法和建议,向党组同志们作了通报,大家一致赞同任老的意见。党组决定,千方百计抓紧重新启动《中华大典》的编纂工作,总署向国务院写报告,请国务院领导同志主持召开一次《中华大典》工作会议,向财政部申请经费支持。同时总署党组还决定,由于永湛副署长主抓这项工程,成立专门的工作机构,选定办公地点,从总署有关司局抽调必要的人力到大典办公室做日常工作,为参加大典编纂工作的专家学者提供服务。

　　新闻出版总署关于重新启动《中华大典》编纂工作的报告上报国务院之后，时任国务委员陈至立高度重视、全力支持。经过一段时间的协调、筹备，5月30日，陈至立在京西宾馆主持召开《中华大典》工作会议。她在讲话中代表国务院向与会的专家学者表示亲切慰问，她指出：编纂出版《中华大典》，不仅有利于全面整理我国浩如烟海的古籍，抢救、保护和继承我国优秀的传统文化，同时这也是当今中国经济文化繁荣昌盛的重要标志。目前，大典编纂出版工作已经取得了阶段性重要成果，希望大家再接再厉，切实促进这一工程的顺利进行，确保总体目标的如期实现。

　　任继愈先生在会上讲话表示，目前编纂出版《中华大典》面临极好的机遇，我们要在社会各界的支持下，精心编纂，精心编辑，精心印制，把《中华大典》做成高质量的精品，体现出我国当代学术研究和古籍整理的水平，在社会主义现代化建设和国际文化交流中长期发挥作用，对中华文化建设作出积极贡献。

　　经费问题一度是制约《中华大典》工程的一大难题。财政部领导在了解到这一情况后，决定全力支持《中华大典》的编纂出版工作。时任财政部部长助理张少春在会上讲话明确表态：编撰出版《中华大典》意义重大，社会效益显著，财政部在资金资助上，将保证投入，创新机制，积极推进古籍整理和保护工作，把《中华大典》编纂出版这件好事办好。张少春还专门率领有关同志到新闻出版总署现场办公，解决《中华大典》的经费问题。财政部当年即拨给了总署6千万元用于《中华大典》的编纂工作。国务院领导的亲切关怀，财政部领导的大力支持，为《中华大典》这一浩繁的文化出版工程重新和全面推动起到了十分关键的作用。

　　这次会议召开之后，新闻出版总署在总结前些年《中华大典》编纂出版工作积累的初步经验的基础上，抓住工作中的重点难点，决定从四个方面推进大典的工作：一是强化精品意识，狠抓编撰出版质量；二是落实工作规划，保证出版时间；三是改进工作机制，落实项目责任制；四是加强组织协调，做好信息沟通和服务工作。带着总署的这几点想法，我和于永湛以及大典工作委员会办公室副主任伍杰一起，三次到任继愈先生家看望，就一些重大事项听取他的意见。

　　记得第一次去任老家的时候，他正在书房里伏案工作。我们到后，他立即走出书房，在客厅里与我们交谈起来。我们首先感谢任老为《中华大典》

所付出的辛劳和智慧,对他90高龄仍全力关注、亲自统帅这部我国最大"类书"的编纂表示深深的敬意。接着,我们把总署的上述四条工作设想向他作了介绍,征求他的意见,任老表示完全同意。我清楚地记得,任老这天心情特别高兴,整个谈话过程笑容满面。他特别提出,要抓紧把各个分典的主编确定下来,并尽快选定有出版某方面专长和特色的出版社。任老的这一意见确实抓住了关键,抓住了要害。

按照和任继愈先生达成的一致意见,新闻出版总署以大典的工作班子为主要力量,紧锣密鼓地开始工作。

首先,我们的一切工作出发点立足于出精品,确保编纂出版的质量。《中华大典》编纂工程最早是由18家古籍出版社负责人提出倡议,包括钱钟书、冯友兰、任继愈、钱学森、季羡林在内的300多位学者联名向国务院呼吁发起的。作为《国家"十一五"重点出版规划》和《国家"十一五"时期文化发展规划纲要》的重点项目,《中华大典》的成败在质量。在这个问题上,任继愈先生明确向我们表示,所有典的主编一定是该专业、该领域的国内著名专家、学者。他还一个一个提出了有关典的专家、学者名单,而且很有把握地说,凭着《中华大典》的历史地位和社会影响,加上他在学术界的人脉关系,完全可以请到这些著名专家、学者领衔担纲。这件事几乎没让新闻出版总署领导操心,都是由任老一个一个打电话或写信联系,最后确定各典的主编的。例如,南京大学教授、中国著名古代文学史学家程千帆担任《文学典》主编;中国政法大学教授、著名法学家张晋藩担任《法律典》主编;复旦大学历史系教授、历史研究所所长熊月之担任《历史典》主编;中央美术学院美术史系主任、教授金维诺担任《艺术典》主编;中国中医研究院院长、中国中医药学会副会长傅世垣担任《医药卫生典》主编;而任继愈先生本人则兼任《哲学典》、《宗教典》的主编。

其次,我们着重研究和改进工作机制,狠抓项目责任制的落实。由于《中华大典》是一部全面、系统、科学地对中国文化古籍进行整理、分类、汇编和总结的新型类书,在编排上既包含了我国古代类书编排的优点,又具有现代科学系统的分类特点,吸取和运用现代图书分类的方法。每一部分典的内容都是从几千种古籍中提取出来的,编的时候要进行普查,再确定通用书目。因此,编纂工作其难度之大、要求之高是文化出版工程中所罕见的。为了使每一部典、每一部分典都确保最高水准,我们必须建立一套行之有效的工作机制,建立十分严格的责任制。根据全国各有关出版社的出版条件、实力、经验,我们和任继愈先生一起再次确定了出版社。例如,长江出版集团承担《语言文字典》的编纂出版工作;岳麓书社负责《艺术典》;云南教育出版社负责《哲学典》;西泠印社负责《历史地理典》;山东出版集团负责《数学典》;重庆出版集团承担《天文典》和《地学典》的出版任务。我们把每一部典的编纂、主编、副主编和作者联络以及编务、出版、印刷等业务工作交由一家出版社全权负责。承担任务的出版集团、出版社,有的成立大典工作领导小组,有的成立专门的项目部,全面落实各项工作责任。

至于加强组织协调、落实工作计划的事,于永湛带领大典工作委员会办公室工作班子全力投入,他们制定了周密的工作计划,适时召开专门的工作调度会,并逐一走访承担编纂、出版任务的专家、学者和出版社。办公室还编发简报,交流情况,沟通信息。《中华大典》的整个编纂、出版工作进入了一个新的阶段。

我在新闻出版总署工作的一年多时间里,任继愈先生以“老骥伏枥”的精神,全身心地扑在《中华大典》的工作上。他过生日和春节,我们都去他家看望、祝贺。而每次见面,他的话题都是在谈《中华大典》的编纂工作,他和我们一样,期盼着《中华大典》完全出齐、出好的日子。

2007年4月中旬,我离开了新闻出版总署,到中共中央党史研究室工作。想到任老对《中华大典》尽心尽力,想到他对我的工作的关心、支持,我给他老人家写了一封信,表达内心对他的感激之情。我的信发出没几天,任老亲自给我回了一封信,他对我们那一段时间密切配合、推进《中华大典》的编纂出版工作非常满意,也嘱咐我在新的岗位上做好工作、劳逸结合。任老对晚辈的这种关切之情,始终铭刻在我的心中。

正是怀着对任继愈先生的崇敬和怀念,我写下这样一篇文章,作为对任老与《中华大典》的片段回忆。《中华大典》前后运作20余年,现在还在继续进行中。相信在不久的将来,《中华大典》工程将全面完成,那时,任老在天之灵定会含笑祝福的。

(原载《博览群书》2010年第7期)

北京早期的电视剧创作和引进

　　1958 年 9 月,由中央广播事业局主管的"北京电视台"正式播出,她是中央电视台的前身,并于 1978 年 5 月正式改名为中央电视台。

　　20 世纪 70 年代中后期以来,电视事业逐步发展,电视机也开始更多地进入家庭。面对这一情况,北京市提出了筹建"首都电视台"的计划。北京市广播事业局从当时北京人民广播电台抽调一批新闻宣传业务人员和技术人员,于 1977 年 2 月开始筹建,1979 年 5 月 16 日用 6 频道正式播出。此时因原北京电视台已改名为中央电视台,北京市把"北京电视台"的名称接了过来,拟建的"首都电视台"正式定名为"北京电视台"。从此北京市有了一个自己的电视台。

　　北京电视台建立之初,条件十分艰苦,但台领导带领全台同志,坚持艰苦奋斗、开拓进取,开创出首都电视事业的崭新局面。本文仅就北京电视台早期的电视剧创作和引进,介绍一些令人难忘的往事。

中国本土电视剧的"正史"开端——《四世同堂》

　　20 世纪 90 年代以来,随着电视机的逐步走进家庭,人们对电视节目的需求越来越强烈。电视剧又是最能吸引观众的节目之一。在国产电视剧还未提上议程之前,电视台偶尔播出的也都是从海外引进的电视剧。基于对电视剧未来发展趋势的科学判断,北京市广播电视局和北京电视台领导,以战略眼光提出了成立北京电视制片厂的设想。在筹备两年多之后,1982 年 9 月,我国省级地方电视台第一个专门从事电视剧创作和译制的北京电视制片厂正式诞生,1985 年 4 月更名为北京电视艺术中心。

1985 年 8 月初,北京电视台播出了由北京电视艺术中心拍摄的 28 集电视连续剧《四世同堂》,随后,8 月 16 日至 9 月 9 日中央电视台又播出了该剧,在社会上引起巨大反响。这是中国大陆摄制的第一部电视连续剧,被业界评论为"代表了中国本土电视剧的正史开端"。

《四世同堂》是中国著名作家老舍创作的长篇小说。作品以祁家四世同堂的生活为主线,辅以北平小羊圈胡同各色人等的荣辱浮沉、生死存亡命运,真实地记述了北平沦陷后的

《渴望》剧照

畸形世态,形象地描绘了日寇铁蹄下广大平民的悲惨遭遇、心灵震撼和反抗斗争,刻画出一系列栩栩如生的艺术形象,史诗般地展现了第二次世界大战期间中国人民与世界人民一道反法西斯的伟大历程及生活画卷。

1985 年是中国人民抗日战争胜利 40 周年。还在这之前的一年多,北京电视艺术中心著名导演林汝为即着手筹划将老舍名著《四世同堂》搬上电视荧屏。除了电视剧脚本的改编外,重中之重的是挑选演员。林汝为从中国戏剧界、影视界挑选了邵华、李婉芬、周国治、郑邦玉、李维康等著名演员,由邵华扮演祁老爷子,李婉芬扮演大赤包,周国治扮演冠晓荷,李维康扮演好媳妇韵梅;当时还是首钢业余文艺青年的赵宝刚被林汝为选进剧组演了祁家老二瑞丰这个角色。演员们一个个十分认真,每个人身上都有一叠卡片,写自己对饰演对象的人物分析。正是凭深厚的艺术功底和生活积累,他们为观众塑造出一个个感人至深的艺术形象。电视剧《四世同堂》还离不开一位重要人物,这就是主题歌《重整河山待后生》的演唱者骆玉笙。演

唱《重整河山待后生》时，骆玉笙已经 70 多岁，可这段唱词的每个字、每句话、每个韵，她都仔细推敲过，她会跟作曲商量："这一句有点儿靠近梆子，这一句又靠近昆曲了，这两句才是典型的京韵大鼓味儿。这一句这么甩腔是不是更好一点儿？"林汝为感慨道："这是对艺术的何种执著！"骆玉笙正式录音时，《四世同堂》剧组几乎所有的演职员都跑去听，当骆玉笙用她那特有的嗓音如诉如泣、大气沧桑唱起这首主题歌："月圆之夜人不归，花香之地无和平。一腔无声血，万缕慈母情。为雪国耻身先去，重整河山待后生……"演职人员无不感动得热泪横流。

电视连续剧《四世同堂》以爱国主义的主题思想，扣人心弦的人物命运，加上演员们对剧中人物惟妙惟肖的艺术再创造，深深打动和感染着广大电视观众。《四世同堂》播出之后引起的热烈反响和收到的社会效果，成为我国当年宣传文化界一大盛事。1985 年 9 月 3 日，中央主管宣传工作的领导胡乔木、邓力群等同志在中南海怀仁堂与《四世同堂》剧组的演职人员座谈，对这部电视连续剧给予了高度评价。国家广播电视部决定授予该剧特别奖，并于 1985 年 10 月 16 日举行了隆重的颁奖大会，薄一波、胡乔木等中央领导同志亲自出席。一部电视连续剧能获得如此的殊荣，在中国电视发展史上是不多见的。

第一部室内电视剧《渴望》的轰动效应

"肥皂剧"这个名称，大约是从播出巴西长篇电视连续剧《女奴》后开始在我们的观众中叫开的。实际上，它是指那种在室内拍摄的长篇电视连续剧。当年，北京电视台播出的这类电视剧，大体是我国香港、台湾生产拍摄的，再就是从拉美国家如巴西、墨西哥引进的。

能不能我们自己创作室内电视连续剧？这项开拓性的工作任务，1988年下半年被提上了北京电视艺术中心的工作日程。在市广电局和电视台领导的关心、支持下，电视艺术中心决定集中力量，拍出一部有影响的室内电视连续剧来。

头一件大事是抓剧本创作。从当时播出的一些有影响的海外室内电视连续剧的经验看，要取得好的收视效果，这类剧一般以故事情节曲折动人的情感类题材取胜。电视艺术中心的年轻编剧李晓明承担起了这项任务,他和郑万隆、王朔、郑晓龙等整天在一起侃故事,经过同有关方面的反复商量,剧本主题就定在体现和歌颂中华民族优秀传统美德上,剧本定名为《渴望》,意在反映人们对在新的历史条件下继承和弘扬中华民族优良传统道德的一种呼唤与期盼。

《渴望》的故事开始于一段复杂的恋情:年轻漂亮的女工刘慧芳面对两个追求者迟疑不决。一个是车间副主任宋大成,一个是来厂劳动的大学毕业生王沪生。她渴望爱情,但这两个人,前者于她有恩;后者则身处困境。慧芳左右为难。

时值 1969 年,王沪生的父亲作为著名学者,在"文革"初期被抓下落不明;母亲忧急交加病发身亡;姐姐王亚茹是医生,在送别未婚夫罗冈去干校后发现自己已有身孕,她不顾罗冈的劝阻偷偷生下女儿,取名罗丹。罗冈突然深夜回京,王亚茹惊喜中并未察觉他神色有异。罗冈带女儿悄然离去,留下一封信,告知他因日记中写有对"文革"的真实体会而被打成反革命,受到通缉,生还无望,请亚茹忘掉他;在逃亡路上,罗冈遗失的女儿丹丹被慧芳的妹妹捡到,慧芳不顾母亲的劝阻收养了她。

在王沪生最困难的时候,慧芳毅然冲破家庭、社会的种种阻力与沪生结婚。慧芳对妹妹燕子捡来的女婴已萌母爱,沪生却极不情愿,迫于慧芳的坚持只好同意,取名刘小芳。一年后,他们有了自己的儿子王东东。深感失望的宋大成与刘慧芳的好友徐月娟结婚,但对她毫无感情。

"文革"结束后,沪生的父亲得到平反,全家决定搬回小楼。向来自视知识分子而看不起慧芳的亚茹,以小芳不是王家亲骨肉为由对慧芳百般刁难,慧芳不忍抛下小芳最终没有住进王家;沪生的初恋肖竹心回到北京,慧芳恍然大悟并与沪生离婚;小芳偷偷去见爷爷不小心掉进工地陷阱而瘫痪……燕子的大学老师竟是罗冈,他被慧芳伟大的母爱深深感动,并与小芳建立了深厚的感情。偶然间,罗冈发现小芳就是自己丢失的女儿;亚茹经过几年的钻研终于治愈了小芳的瘫痪。生活再次迫使慧芳做出痛苦的选择……

一边编故事,一边找拍摄场地。北京电视艺术中心几经努力,租用了位于香山脚下的某部队的一个篮球馆。中心的美工们夜以继日地在这里制作剧情需要的各种景片,搭建起一间间剧中人工作、生活的房间,又从各处找来一些适用的旧家具,在整个篮球馆的四周构筑起完全可以开拍电视连续剧的一道道景观、一个个场景。一个总面积1300多平方米的摄影棚就这样在原来空荡荡的篮球馆里诞生了。

1989年8月21日,《渴望》正式开机。总导演鲁晓威、总摄像毕建华等一批主创人员都是北京电视艺术中心的业务骨干。著名演员李雪健、张凯丽、蓝天野、韩影、黄梅莹、郑乾龙、孙松、吴玉华、庞敏等都加盟剧组担任角色。演员们的出色表演,把两对年轻人复杂的爱情经历演绎得扣人心弦,把人们对爱情、亲情、友情以及对美好生活的向往,展现得刻骨铭心。特别是张凯丽饰演的刘慧芳温柔善良,李雪健饰演的宋大成憨厚老实,他们成了人见人爱、家喻户晓的知名人物。

全部拍摄过程中,所有的演职人员团结一心,顽强拼搏,克服了在技术、设备等方面的许多困难,探索出同期录音、多机拍摄、现场切换的拍摄方法,大大提高了拍摄进度,节省了时间和经费,开创了我国室内电视剧拍摄、制作的先河。我在剧组搭景和拍摄过程中,几次去现场察看,剧组全体同志无私奉献的工作精神,敢打硬仗的团队作风,对电视艺术精益求精的敬业态度,都给我留下了难忘的记忆。

1990年11月15日,50集大型室内电视连续剧《渴望》在北京电视台第一套节目正式播出,受到广大观众的热烈欢迎。一时间,只要播出《渴望》,家家收看,万人空巷。观众为剧中人物的命运而牵肠挂肚,为刘慧芳、宋大成等一批剧中人物那质朴的情感、美好的心灵而感动落泪。"男人要学宋大成,女人要学刘慧芳"成为人们茶余饭后的热门话题。随后,中央电视台和全国地方电视台都陆续播出该剧,一些影视评论家称《渴望》是"中国电视剧发展历史性的里程碑","创下了巅峰效应"。

《渴望》播出取得巨大成功之后,1991年1月8日,中央政治局常委李瑞环把《渴望》剧组请进中南海怀仁堂座谈,李瑞环称赞"《渴望》这部电视剧引起这么大的轰动,引起这么多的共鸣,带来如此积极的社会效果,这在我国电视创作史上是罕见的。"1991年3月28日,国务院总理李鹏在第七届全国人大第四次会议期间参加北京代表团讨论《政府工作报告》时,讲到北京1990年工作取得的几项突出成绩,就包括拍出了一部好电视剧《渴望》。李鹏说:"《渴望》讲的是平凡的事情,为什么有那么大的吸引力,群众喜闻乐见,演员演技好是一个原因,其中还有一个道德教育问题。文艺作品可以多种多样,但要给人以鼓舞,能够提高人们的道德水平。"

这里还需要提出的是,《渴望》的音乐创作也是十分成功的。出身于音乐世家的雷蕾是北京电视艺术中心的作曲,她饱含激情,谱写了《渴望》、《好人一生平安》这两首主题歌。易茗写的词情真意切,雷蕾的谱曲优美动人,给这部电视连续剧增添了巨大的感染力和吸引力。"悠悠岁月,欲说当年好困惑,亦真亦幻难取舍,故事不多,宛如平常一段歌,这样执著究竟为什么";"有过多少往事,仿佛就在昨天,有过多少朋友,仿佛还在身边"……这两首脍炙人口的歌,今天仍然是人们在卡拉 OK 歌厅常常选唱的名曲。

《渴望》在国内热播之后,北京电视台把这部电视连续剧送给了越南电视台播出。后来我从《参考消息》上看到了一则消息,《渴望》在越南也引起巨大反响,找"刘慧芳式的媳妇",嫁"宋大成式的丈夫",成为不少越南人的话题。消息还称播放《渴望》期间,越南党中央开政治局会都不延长时间,政治局委员们都要准点回家看电视剧《渴望》。为证实此消息的真实性,我在河内市委宣传部长和河内市委书记先后来北京访问时,专门询问了《渴望》在越南播出的情况,他们都证实了《渴望》深受越南人民欢迎,也证实了政治局委员们都要按时看《渴望》的消息。我想,《渴望》之所以能在越南受到如此热烈的欢迎,大概是东方文化和东方人的传统美德在越南人民心中引起了强烈共鸣的原因吧。

在美国拍《北京人在纽约》

1991 年年底的一天,美籍华人作家曹桂林回到北京。这位从北京出去在纽约闯荡了多年的北京人,对家乡始终怀着一种特殊的情感。一回到北京,他就要求见时任市委常委、宣传部长的李志坚和我。我们还真是很快在北京饭店同曹桂林见了面。

曹桂林拿出他刚刚创作出版的《北京人在纽约》一书送给我们。晚上回到家,我就翻开书看了起来,谁知一看就爱不释手,书中主人公王起明的命运深深吸引和打动着我。一夜之间,我就把书粗粗看完了,第二天又细翻了翻。这时一个念头在我脑子里闪现:把《北京人在纽约》改编成电视剧本,拍一部电视剧。这个想法得到了李志坚的支持,更和曹桂林的想法不谋而合,他就是带着埋藏在心中的这个愿望回北京的,因为刚见面我们还没看过作品,他也不好冒昧提出这个想法。

我在看过《北京人在纽约》这本书后感到,小说的主题好,对帮助人们尤其是青少年全面、正确认识美国社会有一定教育意义;同时,书中描写的故事情节曲折、扣人心弦,人物刻画细腻深刻、富有情感。这些都很适合拍电视剧。况且当时国内还没有人拍过类似题材的电视剧。

决心下定,我们把任务交给了北京电视艺术中心。艺术中心领导非常重视这部电视剧的拍摄工作。由郑晓龙出任该剧的总导演,剧本的改编仍由曹桂林主要承担,同时艺术中心也派出对电视剧本创作有经验的同志帮助曹桂林。拿出剧本后,摄制工作主要面临三大难题:

一是挑选演员的问题。《北京人在纽约》剧中写了一批美国人,如果这些美国人都请美籍演员特别是著名影视演员来出演,那演员的酬金大得惊人,剧组难以负担。而如果从国内找些演员假扮"洋鬼子",或是找几个业余演员的老外来充数,演出效果就难以保证。想来想去,剧组没敢用美国影视大腕,而只是找了有演戏经验的美国人戴博出演该剧的男二号即美国人大卫。其他的几个剧中美国人角色也是在美国找的有一定演艺基础的演员,而一些群众场面完全就是用普通的美国民众。

剧中的主要角色王起明、阿春都是中国人,导演选中姜文出演王起明,王姬出演阿春。这两位著名影视演员的出场,就确保了该剧演员阵容的强势。此外,北京电影学院表演系毕业的旅美华人严晓频扮演了王起明的爱人郭燕,年轻而很有人气的马晓晴扮演王起明和郭燕的女儿宁宁。

二是拍摄场地的问题。拍这部电视剧,原先曾考虑过在国内拍室内电视剧,这样做省事省钱。但由于《北京人在纽约》反映的是北京人在纽约的生活,写的场景都是在美国,如果从电视剧的演出效果来讲,到美国去拍肯定要好得多。当时国内还没有哪部电视剧这样做过。北京电视艺术中心也抱着"试一把"的想法,决定把剧组全部拉到美国去拍这部电视剧。

三是拍摄经费问题。北京电视艺术中心当时初步概算,拍《北京人在纽约》共需经费150万美元。这笔钱靠政府投资或企业赞助都有困难。同样,电视艺术中心的同志们又决定在电视剧走市场方面"试一把"。他们考虑,该剧因有中国电视剧制作中心加盟联合摄制,有在中央电视台首播并带少量外商广告的承诺,加上北京电视艺术中心拍摄电视剧连创佳绩、名声在外,有良好的社会信誉。于是北京电视艺术中心便大胆决定,以自己的固定资产作抵押,向中国银行贷款 150 万美元。同时电视艺术中心又多方争取社会支持,例如国航提供部分优惠机票,中国五矿公司为大部分剧组人员提供在美拍摄的住地。北京电视艺术中心的大胆尝试,在当时的历史条件下,可谓电视剧摄制历史上的一个创举。

万事俱备,只待开拍。1992 年 11 月初,《北京人在纽约》剧组 40 余人乘飞机开赴纽约。我作为该剧的总策划,剧组本希望我也能去现场看看,由于工作的原因我没能成行。但事后从剧组同志们那里了解到,他们在美国的拍摄工作是异常艰苦的。人地生疏,语言不通,住宿拥挤,饮食条件也差,国外拍戏意想不到的困难,他们都尝遍了。但大家为了拍好这部电视剧,不怕困难,不辞辛苦,天天加班加点,经过剧组全体演职人员的努力,终于在短短的 100 天里完成了在美国的全部拍摄任务。拍摄过程中,引来许多美国人的驻足观看。于是,中国人在纽约拍电视剧的消息便不胫而走。

完成好后期制作后,21 集电视连续剧《北京人在纽约》于 1993 年 10 月 4 日在中央电视台开始播出。这部电视剧在广大观众中引起了轰动,据统计,北京地区的收视率高达 57.3%,创这一年电视剧播出收视率的最高纪录。北京电视台在播出《北京人在纽约》时做了观众抽样调查,有 80% 以上的观众表示很喜欢这部电视剧。

《北京人在纽约》通过描写中国留美学生在国外奋斗、成功、挫折的种种经历和事业、家庭的酸甜苦辣,把一个真实的留学生生活告诉了观众,也从一个侧面把一个真实的美国社会展现在观众面前。后来有人说,因为这部电视剧的播出,遏制了一度出现的盲目的出国留学潮。我没有做过这方面的调查,我也不认为出国留学人员的多少就能标志一种什么社会现象。但有一点是可以肯定的,《北京人在纽约》的播出,启迪观众特别是青年观众对生活、对事业、对出国留学作出更加冷静的思考。

开引进电视剧之先河

《现代汉语词典》给电视剧下的定义是:"为电视台播映而编写、录制的戏剧。"据了解,世界上第一部电视剧是 1930 年在英国播出的《花言巧语的人》。我国电视事业起步相对较晚,电视剧生产也较国外晚了 30 多年。这样我们的电视台在早期无国产电视剧可播时,从国外或从我国港台地区引进电视剧,就成了电视台不可避免的一个选择。

北京电视台和上海电视台是最早从海外引进电视剧播放的地方台。1982 年 4 月 3 日,日本 26 集电视连续剧《姿三四郎》在北京电视台播出,出于人们初次接触国外电视剧的新奇感,该剧播出时广受观众欢迎。那一段时间,每当播出这部电视剧时,北京市在一些公共场所,在胡同小巷,在平房院落,到处可以听得到传出来的《姿三四郎》那铿锵有力的主题歌音乐。那个时候北京的电力供应还不足,每周都有停电的时候,北京市政府应群众的强烈要求,由北京供电局作出决定,在北京电视台播出《姿三四郎》的时候,北京各城区都不得拉闸停电。

"万事开头难"。由于北京台是第一次播出从国外引进的长篇电视连续剧,且是日本的电视剧,剧情又是反映日本明治年间,武术界柔道和柔术两派之间的明争暗斗、血雨腥风,以及柔道杰出武师姿三四郎和柔术绝代美女早乙美之间的缠绵爱情故事。因此电视剧播出的审批就成了一个复杂而敏感的问题。当时报告打上去之后,一层一层地研究,还有不同的意见,拖了好长一段时间,直至惊动当时的中央书记处书记、中央宣传部部长王任重,最后经他审批同意后北京电视台方才播出该电视剧。《姿三四郎》的引进和播出,不仅在观众中受到欢迎,更是为国内引进海外电视剧开了先河,为日后的电视剧引进积累了经验,逐步形成了一套对海外电视剧引进、播出的管理办法。北京电视台是随后由国家广播电视主管部门认定的四家有权直接引进海外电视剧和电视节目的地方电视台之一。这四家电视台是:北京电视台、天津电视台、上海电视台、广东电视台。

《姿三四郎》播出之后,过了两年,北京电视台又先后引进了日本电视连续剧《排球女将》,新加坡电视连续剧《狮城勇探》,香港电视连续剧《陈真》,台湾电视连续剧《昨夜星辰》。这几部电视剧或是大陆向这些国家或地区引进电视剧的首例,或是最早一批引进的电视剧之一,播出效果都很好。这些电视剧播出所产生的巨大影响,吸引了广告客户,从一定意义上说,它催生和激活了电视台广告业的发展。没有高收视率的电视连续剧,就难以赢得广告客户,电视台的经济效益也会受到影响。

　　在引进海外电视剧方面,北京电视台可圈可点的还有巴西电视连续剧《女奴》和墨西哥电视连续剧《卞卡》。《女奴》1984 年 8 月 17 日在北京电视台开播;《卞卡》1987 年 10 月在北京电视台播出。这两部被称作"肥皂剧"的长篇电视连续剧,都在 50 集以上,其故事情节引人入胜,生活气息十分浓厚。《女奴》主要讲述的是:某庄园奴隶的女儿伊佐拉生就非常漂亮,引起庄园主人的觊觎。伊佐拉洁身自爱,庄园主人恼羞成怒,竟迫使她嫁给一个矮小丑陋的园丁以羞辱她。伊佐拉在父亲的帮助下逃走了,隐姓埋名,在一次舞会上邂逅了一位年轻的实业家,两人相爱。在伊佐拉陶醉于幸福之际,庄园主人再次出现,揭破伊佐拉原是一名女奴的事实,并将其带回了庄园。而这位年轻的实业家为了救出伊佐拉,四处搜罗庄园主人的债权书,成为了庄园主人的债权人,宣告了庄园主人的破产,最终他和伊佐拉结为恩爱夫妻。这个爱情故事曲折动人,观众看了以后无不为伊佐拉的命运所牵挂,所以每当电视台播出这部电视剧时,人们就早早等候在电视机前观看。

　　《卞卡》讲述的也是一个曲折的爱情故事。善良、美丽的卞卡从小被她家的女佣收养,她并不知道自己是某个知名大企业家的私生女儿。她上中学时爱上了自己的老师。开始时,老师根本没看上她,而且这个老师当时还有个漂亮的未婚妻莫尼卡。后来,伪君子老师一知道卞卡的身世后,为图钱财和地位,立即爱上了卞卡。而莫尼卡则出于嫉妒,对卞卡展开了一系列报复工作……

　　两部电视连续剧演员的表演真切感人,特别是两位女主人公的质朴、善良和美丽所具有的魅力,在广大观众中引起热烈反响,尤其抓住了一些女性观众的心,天天晚上看《女奴》、《卞卡》成了当时相当多的家庭主妇必不可少的选择。一些观众晚上看《女奴》、《卞卡》,白天议《女奴》、《卞卡》,于是,《女奴》主人公伊佐拉的扮演者鲁赛丽亚·桑托斯和《卞卡》主人公卞卡的扮演者埃迪·冈萨雷斯,几乎成为北京和全中国尽人皆知的明星。

　　为了引进适度数量的海外优秀电视剧,北京电视艺术中心专门成立了译制部。巴西电视连续剧《女奴》、《石人圈》,墨西哥电视连续剧《诽谤》、《天使的愤怒》,苏联影片《岸》、《男子汉》等一批影视剧,都是由北京电视艺术中心译制的。

　　一批海外电视剧的引进、译制和在北京电视台的播出,大大丰富了北京电视台的荧屏,提高了北京电视台节目的收视率,也在社会上进一步扩大了北京电视台的影响。

（原载《百年潮》2013 年第 8 期,标题有改动）

从失利走向胜利

——北京两次申办奥运会的片断回忆

1990年9月22日至10月7日,第十一届亚洲运动会在北京隆重举行,这是我国举办的第一次综合性的国际体育大赛,也是亚运会诞生以来40年间第一次由中国承办。来自亚奥理事会成员的37个国家和地区的体育代表团6578人参加了这届运动会,开创了亚运历史的崭新篇章。北京也因成功举办这届以"团结、友谊、进步"为宗旨的体育盛会,赢得了亚洲和国际体坛的关注与赞赏。

燃起申奥的热情

还在亚运会开幕前两个多月的1990年7月3日,86岁的邓小平来到亚运村视察,他站在体育场的高架桥上,兴致勃勃地环视眼前宏伟的建筑群,便问陪同视察的伍绍祖和张百发:"你们办奥运会的决心下了没有,为什么不敢干这件事呢?建设了这样的体育设施,如果不办奥运会,就等于浪费了一半。"这是一个发问,也是一个信号,更是一个号召,邓小平说出了大家埋藏在心中已久但还不敢说出的心愿。有了邓小平的提议与激励,在成功举办第11届亚运会后,经过充分的研究酝酿,北京市提出了举办2000年第27届奥林匹克运动会的申请。

1991年2月26日下午2时,中国奥林匹克委员会在人民大会堂举行全体会议,会上中国奥委会主席何振梁兴奋地宣布:中国奥委会本次全体会议的议题就是审议北京市申请举办2000年第27届奥运会一项内容。84位中国奥委会委员认真仔细地听取了时任北京市市长陈希同代表市政府和

1000 万北京市民宣读的申请书;时任北京市常务副市长张百发在会上介绍了北京市举办奥运会的有利条件。随后委员们进行表决,在中国体育史上这一庄严的时刻,齐刷刷举起的手臂表明了各位委员的共同心声,北京市人民政府举办 2000 年奥运会的申请被中国奥委会全体会议一致通过。

1991 年 4 月 11 日,国务院批准北京 2000 年奥运会申办委员会正式成立。陈希同任申办委员会主席,国家体委主任伍绍祖任申办委员会执行主席。

1991 年 12 月 4 日,北京 2000 年奥运会申办委员会常务副主席、北京市常务副市长张百发率领申办委员会代表团,在国际奥委会总部向国际奥委会主席萨马兰奇当面呈交了申请。萨马兰奇高兴地从张百发手里接过了申请书,他说:"你们从此开始了一个很艰难的历程。你们面临的对手很多。我祝愿你们的申请走好运。"

在申办奥运会的过程中,北京奥申委积极做好申办工作,把申办奥运会的过程作为弘扬奥林匹克精神,全面推进首都社会主义现代化建设和精神文明建设的过程。同时,北京市还对比赛场馆、市政设施、广播电视通讯、文化节活动、市场开发、奥运村建设以及交通、市容环境等作出了全面的规划。应该说,北京是具备举办 2000 年奥运会的条件的。北京人民、全国人民对申办成功寄予很大希望,甚至抱有"志在必得"的信心。国际社会也看好北京。

欢呼之后的苦涩

1993 年 9 月 23 日,国际奥委会第 101 次会议在蒙特卡洛举行,这次会议将在北京、悉尼、伊斯坦布尔、柏林、曼彻斯特五个申办城市中投票决定 2000 年奥运会的举办城市。

按照国际奥委会的规定,投票决定奥运会举办城市的国际奥委会会议要进行电视直播,其中申办城市要组织群众文化活动,国际奥委会要分别转播各申办城市的群众文化活动镜头。9 月 23 日之前,北京市委、市政府的主要领导作为北京奥申委代表团负责人陆续奔赴蒙特卡洛。市委副书记、宣传部长李志坚留在北京主持申奥这方面的工作,他把 23 日晚上群众文化活动的组织工作交由我牵头,于是各项筹备工作迅速启动。我召集市里各有关部门的负责人开了两次大的协调会,就会场的布置、供电、交通、安保、群众组织和文化活动安排、电视转播等事项作了全面部署。经过商量,场地就选用北京国际会议中心二楼的会议大厅,会场的布置、文艺节目的组织和电视实况转播任务都交给了北京电视台,由市有关方面和国际会议中心提供协助。经过十多天紧锣密鼓的筹备,我们制定了晚会的全套方案,并报李志坚和市委、市政府有关领导批准同意。

9 月 23 日下午,我作为这场活动的总指挥,早早就来到北京国际会议中心,一个环节一个环节地进行检查,并再三对晚会的文艺节目特别是主持人的主持词进行审查修改。主持词和节目的安排都作了两手准备,申办成功有一套热烈欢庆的节目方案,申办失利也有恰到好处的节目布局。

晚会是在晚上八点钟开始的,会场布置得非常喜庆红火,会场两侧各装有一块大屏幕以收看国际奥委会投票结果实况。按照预定计划,主持人余声、田歌、王刚、张帝或集体或分别上场主持,以歌舞为主的节目异彩纷呈,一大批著名的歌星、影星、笑星都上台献艺,台上台下,气氛极为活跃、热烈。

我坐在会场的第一桌,王光美、荣高棠等名人和我坐在同一张桌子,苏小明等几个演员也坐在这一桌。演出过程中,我不断接到蒙特卡洛前方记者团打来的电话,会场上也不时有人来向我传递信息,都说北京已经稳拿了。可以说,整个晚会现场从一开始就沉浸在一种志在必得、北京必胜的气氛中。

大约 11 点,我们的大屏幕镜头切换到了国际奥委会会场,很快就要到萨马兰奇主席宣布投票结果的时候了。这时我从大屏幕上看到,北京、悉尼、伊斯坦布尔等 5 个城市群众文化活动的场面——在电视里播放,每个城市转播 30 秒左右,北京在国际会议中心的活动场面在电视屏幕上显得十分壮观。接着,我又从大屏幕中看到李铁映、陈希同、伍绍祖、李其炎、张百发、何振梁、万嗣铨等人走进会场的镜头,他们的神情都很严肃。不久,萨马兰奇主席站起来宣布投票结果,他先讲了几句感谢北京等五个城市申办 2000 年奥运会的话,当他讲到"Beijing"这个单词时,北京国际会议中心的两千多观众还没弄清是怎么回事就以为北京获胜了,顿时欢呼起来,掌声、欢笑声、口号声响彻全场,全然不顾萨马兰奇在讲什么。

我发现有点不对劲,第一,萨马兰奇讲了一大段话,点了几个城市的名;

第二,我们的有关领导人在国际奥委会会场表情十分严肃甚至有点沮丧,不像是北京获胜的样子。这时我就站起来使劲挥动双手往下压,意在让大家不要盲目欢呼。果然,萨马兰奇宣布 2000 年奥运会举办城市是悉尼,电视大屏幕也开始转播悉尼群众欢呼雀跃的镜头了。而此时我们一些人还在欢蹦乱跳,我迅速和有关同志一起,把现场欢呼的情形控制住。不一会儿,大家终于清醒过来了,原来是北京输给了悉尼,悉尼取得了 2000 年奥运会的举办权。顿时,北京国际会议中心二楼大厅里,叹息声、哭泣声又响成一片。

为了尽快把现场的气氛引导过来,我让主持人马上按原定的第二方案即申办失利的主持词上台继续主持节目。但此时余声、田歌、王刚也哭成泪人,根本上不了台。幸好我们请的台湾主持人张帝还算沉着冷静,他立刻走上台去,按我们预先写好的主持词讲了一番话:"我们不要悲伤,我们不要气馁。申办奥运,重在参与,我们参与了,我们学习到了不少的东西。综观奥运会的历史,没有几个城市是一次申办就成功的。北京这次申奥失利,但我们崇尚奥林匹克精神的追求不会放弃,中国一定能在不久的将来实现举办奥运的百年梦想。"接着,张帝唱起了他自己的一首歌。王刚、余声、田歌也逐渐平静下来,他们按照原定计划一一主持完了这台节目;演员们也以饱满的情绪为观众演唱。20 分钟后,晚会在平静、理智的气氛中结束。带着无尽的遗憾,也带着对未来北京举办奥运会的憧憬和祝福,两千多名观众秩序井然地走出了北京国际会议中心。

这次在北京国际会议中心晚会上发生的群众欢呼的一段插曲,还引来了国外一些媒体的一番炒作。英国路透社在一篇报道中说:萨马兰奇宣布 2000 年奥运会举办城市时,北京人欢呼了一分多钟,后来他们才发现欢呼错了。

北京的第一次申奥,以两票之差败给了悉尼。北京表现出了泱泱大国首都的气度,对悉尼获得 2000 年奥运会的举办权表示了热烈的祝贺。而此时此刻,全国人民、社会各界对北京奥申委表示了极大的理解,纷纷打电话或致函北京奥申委和北京市委、市政府,向为申奥付出辛勤劳动的北京奥申委全体同志表示亲切慰问,赞扬北京奥申委推动奥林匹克精神在中国和世界的传播功不可没,同时也表达继续支持北京申奥的决心和信心。

1993 年 10 月 18 日,李岚清、李铁映、罗干等中央领导同志出席了北京奥申委召开的总结大会并讲了话。会上,北京奥申委发出致全国各族人民、港澳台同胞、海外侨胞和外国朋友的感谢信，感谢信说：

"在中共中央、国务院的亲切关怀和全国人民的大力支持下，北京申办2000年奥运会的工作已告结束。尽管北京以两票之差未取得举办权。但中国人民坚持和维护奥林匹克运动宗旨的原则精神，愿为奥林匹克运动发展做贡献的热情和决心已为全世界人民所瞩目，得到了广泛的赞赏和支持。

在两年多的申办过程中，北京奥申委先后收到来自海内外各界人士寄来的数以万计的信函、电报、签名册、横幅、照片和捐款、捐物等，表达了他们对北京申办2000年奥运会的热情支持与良好祝愿。特别是在9月23日以后，短短几天内，我们收到了一批又一批的慰问信、慰问电及慰问电话，接待了一批又一批的慰问者，那激动人心的场景，感人肺腑的语言，使我们深受感动，永远难忘。

在此，北京奥申委特向一切理解、关心、支持、帮助北京申办工作并为申办工作付出辛勤劳动和作出贡献的全国各族人民、港澳台同胞、海外侨胞以及外国朋友，致以最崇高的敬意和深深的感谢！"

再次踏上申奥之路

走出1993年9月23日晚上北京申奥失利的阴影，经过将近8年的"卧薪尝胆"，在党和国家的大力支持下，北京市重振雄风，又一次踏上了申办奥运会的艰难历程。

2001年1月，是北京奥申委向国际奥委会正式提交申办2008年奥运会即第29届奥运会报告的日期。17日上午，北京2008年奥运会申办委员会秘书长王伟一行5人，在瑞士洛桑向国际奥委会候选城市关系部主任杰奎琳·布拉特女士递交了北京2008年奥运会《申办报告》。

在党中央、国务院的领导下，以时任北京市委书记贾庆林为组长的申奥领导小组和时任北京市市长刘淇为主席的北京奥申委，坚决贯彻中央关于申奥工作的重要指示，制定正确的申奥工作方针、原则和策略，充分吸取第一次申奥时的经验教训，扎实有效地开展了申奥的各项工作。

申办奥运会，既是北京人民和全中国人民的共同愿望，也为国际社会所关注。申奥期间的对内对外宣传工作，是整个申奥工作的重要组成部分。

北京第一次申奥的宣传工作,总体上把握得是好的。但事后总结起来,我感到有一些教训值得汲取,这就是:内宣调子过高,外宣着力不够。内宣调子过高,舆论上志在必得的气氛很浓,群众对申办不能成功缺乏足够的心理准备。外宣下的功夫不够,对申奥过程中国际社会可能提出的问题缺乏足够的应对措施,尤其是面对国际奥委会投票决定 2000 年奥运会举办城市前一些西方媒体的突然发难,思想准备不足,处置不够及时,给申办工作带来被动。吸取了第一次申奥失利的教训,我作为北京奥申委的副主席,在负责申奥的新闻宣传和文化工作中,与市委宣传部的蒋效愚、蔡赴朝,国家体育总局的何慧娴等同志一起,坚决按照北京奥申委确定的方针、原则,全力做好申奥的对内对外宣传工作。

客观地看,这一次申奥比起第一次申奥来更富有挑战性,也更有难度。如果第一次申奥带有试验性,即便不成大家还可以理解,而第二次申奥如果还是不成,势必在群众中引起更多的议论。所以,在正式递交申奥报告之后,北京奥申委的所有工作都是十分注意稳妥把握的。"不提志在必得,但要努力争取",这就是北京奥申委按照中央精神确定的基本方针。应该说,这两句话非常科学、准确、全面,既留有余地,防止把群众胃口吊得太高;又瞄准目标,严格要求,奋发努力,争取成功,有利于调动广大群众参与申奥工作的积极性。"不提志在必得,但要努力争取",这就是我们在整个申奥宣传中始终遵循的方针、原则,也是申奥宣传的基本口径。我们有关申奥的宣传工作全部是按照这样一个方针、口径来安排和部署的。

对内宣传,主要是凝聚人心,鼓舞斗志,动员和引导全市人民积极投身首都改革开放和现代化建设伟大事业,努力做好本职工作,同时大力支持北京申办奥运,为申奥成功创造良好的物质基础和精神文化条件,营造有利于申奥成功的社会氛围。为此,我们从申奥一开始,就制订了宣传报道工作的总体规划,明确了申奥不同阶段对内宣传的主要内容、重点工作和需要把握的政策、口径等。在日常情况下,申奥宣传保持低调,整个宣传工作按照中央宣传部关于国内各项重点宣传工作的部署,紧紧围绕经济建设这个中心和市委、市政府的中心工作,大力宣传首都经济建设、精神文明建设取得的新进展、新成就,宣传首都城市建设发生的日新月异的变化,宣传各条战线广大干部群众立足本职工作,为首都建设争作贡献的先进事迹和模范人物。也就是说,宣传工作保持常态,不把申奥炒得太热。

在国际奥委会派团来北京考察和北京奥申委要去国际奥委会汇报申办工作情况的特殊时期，我们则有意识地加大申奥工作的宣传力度，适时升温加热，形成全市人民关心申奥、支持申奥、参与申奥的较强的舆论阵势。凡是国际奥委会来北京考察的时候，我们都事先专门做出宣传报道安排，及时召开新闻单位的吹风会、协调会，统一协调北京各新闻媒体宣传报道好考察团关注的热点问题，实事求是地进行宣传报道，并积极争取中央媒体的支持配合。平时保持宣传常态，遇有适当时机，申奥宣传及时升温，这种宣传节奏的部署和把握，实践证明是必要的，也是有效的。

对外宣传，主要是客观、全面、真实地向外界宣传中国，宣传北京，广交朋友，争取支持，营造对申奥有利的国际舆论环境。按照国际惯例，我们大力加强北京申奥工作的对外透明度。奥申委在新侨饭店建立了新闻中心，接待境外媒体记者的采访，回答他们关心的问题，提供必要的宣传报道材料。同时我们广交朋友，认真做好境外媒体的接待工作。北京奥申委的主要领导都亲自出面接待过外国记者团的采访和境外重要媒体的专访，面对面地向他们介绍北京的情况，介绍北京奥申委的工作。事实上，对境外媒体和记者，我们越是主动做工作，效果就越好。2001 年 5 月 16 日，我会见了美国"社论撰稿人新闻代表团"，代表团有 10 多位成员，都是美国一些有影响的大报的社论撰稿人。一见面，他们当中就有人提出了"人权"问题，我向他们介绍了我国在保障人权方面所做的工作，特别讲到，我国政府面对的是 13 亿多人口，首先要保障这 13 亿多人的吃饱饭、穿暖衣、住上房，不断提高人民的物质、文化生活水平，这是最重要的人权保障。北京申奥，可以更有力地促进我国和北京的经济发展，提高人民的生活水平，也有利于促进我们的人权事业。同这些美国报纸的社论撰稿人一边聊、一边喝着茶，慢慢地他们也表示理解了。好几位撰稿人都提出回国后要更多地介绍北京的申奥工作，临别时他们都说：祝北京好运！

对外宣传工作的成效如何，很难用什么数字或指标来衡量和统计。尽管北京奥申委新闻宣传部给过我一个数字称：申奥前期，对北京的报道正面的占 30%，负面的占 70%；经过做工作，申奥后期，这个比例正好倒过来了，客观、正面的报道占 70%。我不敢说这个统计数字绝对准确。但有一个对比可以说明问题。1993 年 9 月 23 日国际奥委会投票决定 2000 年奥运会举办城市前的三五天，国际舆论突然制造所谓"北京市如果申办不成功，将抵制奥运会"的耸人听闻的"新闻",对北京的申办造成极坏影响。而 2001 年 7 月 13 日国际奥委会投票决定 2008 年奥运会举办城市之前的几天,国际舆论对北京申办奥运会的反应非常平静,没有出现任何恶意炒作的情况。

精心筹备"7·13"晚会

2001 年的 7 月 13 日,北京人民,全中国人民,世界各地的中华儿女,翘首期盼的日子。

莫斯科,北京奥申委代表团以决战决胜的勇气,以扎实有效的工作,迎接着这一历史时刻的检验。

北京,一千多万人民以坚定的信心,以空前的成熟和理智,在精心筹划迎接这一历史时刻的盛典。

莫斯科"决战"前夕,北京申奥工作进入冲刺阶段。在党中央、国务院的亲切关怀和领导下,奥申委和北京市领导同志把中央关于申奥工作的正确方针,化为夺取胜利的巨大精神力量,运筹帷幄,指挥若定。

5 月 29 日,奥申委召开执委会议,分析形势,研究对策。贾庆林在会上讲话时强调,时至今日,要更加有序地工作,防止我们自己犯错误。他特别指出:宣传舆论上要适可而止,注重实效,对内不炒热,不把群众的胃口吊得太高,越到投票前,越要"静悄悄"。他借用鲁迅先生的诗句说,我们要"于无声处听惊雷",这充分表达了奥申委和市领导在关键时刻的冷静,在决战前夜的信心。

一系列谋划战略策略、部署申奥工作的重要会议在这一期间召开:

6 月 19 日上午,北京市委召开书记办公会;

6 月 28 日下午,北京市委召开全市领导干部会议;

7 月 3 日上午,北京奥申委召开领导小组会议;

7 月 11 日下午,北京市委召开常委会……

在这些会议上,贾庆林、刘淇、袁伟民、李志坚等同志都对申奥最后一个阶段的工作提出了十分明确的要求。从北京市的角度讲,这一时期,我们面临的既是有利的形势,又是巨大的压力。因为尽管从申奥一开始,我们坚持"不提志在必得,但要努力争取"的基本方针,但每一个北京人,每一个中华儿女,谁不盼望申奥成功? 如何使广大市民保持一个正常心态,如何切实维护好首都改革、发展、稳定的良好局面,实在是太重要、太重要了。我在这些会议上,深深感受到了每个领导同志的历史责任感、使命感和肩上的那沉甸甸的担子。

按照奥申委的总体工作部署,在北京奥申委代表团离京赴莫斯科之后,我们对市属新闻媒体的申奥宣传精心调控,保持平和有序的舆论态势。在实际工作的安排中,做好两手准备。这样,全市上下形成了"于无声处听惊雷"的氛围。此时此刻,在每一个领导同志的心中,在每一个北京市民的心中,涌动着的是夺取胜利的信念,是崇尚奥林匹克的热流。

根据国际奥委会的惯例,申办城市在国际奥委会决定奥运会举办城市的时候,都要举行一定规模的群众文化活动,并与国际奥委会会议的电视直播对接。多伦多、巴黎、大阪都作了这方面的准备。6月19日的市委书记办公会,确定了北京"7·13"晚会的总体原则,并明确由我负总责。21日,我即找市委宣传部和奥申委留京的有关同志研究活动方案,从7月3日开始,我们在中华世纪坛紧张有序而又不露声色地进行着各项筹备工作:

制定总体方案。我召集奥申委、市委宣传部、教育工委、团市委、市政管委、文化局、公安局、广电集团等有关方面负责人,一项一项地研究筹划活动方案,其中包括:在中华世纪坛组织6000人的群众文化活动,如申办成功,则施放礼花,庆祝活动持续到凌晨1时左右;在人民大会堂,组织1万名大学生和城区干部群众观看电影,待宣布申奥成功结果后,这1万人即从人民大会堂涌向天安门广场,参加由群众自发组织的联欢活动。活动方案对具体的时间、节目、任务分工、工作流程等都作了详细安排。

布置活动场地。我们有过在中华世纪坛举办迎接新世纪、新千年活动的经验,但"7·13"文艺晚会现场的布置工作既要高水准,体现隆重、热烈、喜庆的气氛,又不能过早地张扬。因此,负责这项工作的北京歌华文化发展集团的同志们在世纪坛内先精心做好各项准备工作,直到最后两天才开始在坛外安装所有的灯光和音响设备,搭设了6个大型电视屏幕,搞好了主席台的背景、标语及世纪坛外部环境的美化工作。

精心安排节目。承担文艺晚会节目组织和直播任务的北京电视台,由台领导亲自挂帅,抽调强有力的导演、制片、摄像、音响、舞美等专业人员,迅速组成工作班子。他们不分昼夜地撰写台本,联系演员,仅用几天的时间就落实了近5个小时的节目，一批优秀的艺术家和歌唱演员、舞蹈演员都怀着极大的热情参加演出。出于"两手准备"的考虑，我们不可能在世纪坛现场对节目进行彩排，灯光、音响也无法事先进行整体的配合演练。北京电视台的同志们凭着丰富的经验和娴熟的技术，最终成功地组织并现场直播了这台节目。

组织群众联欢。中华世纪坛主会场的6000名群众主要是由市委教育工委组织的首都高校学生和海淀区组织的部分居民。各高校在接到任务后迅速组织在校学生，他们手举国旗、奥申委旗，意气风发地参加文艺晚会。市文化局承担组织群众文艺队伍的任务，局领导亲自指挥，在短短几天内，一支支舞龙队、秧歌队、舞狮队迅速调集到一起。团市委牵头在人民大会堂组织1万名干部群众和大学生看电影，作为申办成功后天安门广场群众联欢活动的骨干，在各个区的大力支持下，他们出色地完成了任务。

提供各项保障。组织大型群众文化活动，涉及方方面面。按照市领导和指挥部的统一要求，市政管委组织供电、环卫、园林等部门，美化联欢会场的环境，架设变电器和电缆，确保了晚会7000多千瓦的用电量。市委政法委协调公安、交通、消防部门，精心制定晚会安全保卫和交通方面的方案，成为晚会顺利举行的坚强后盾。施放礼花是申办成功后庆祝活动的一个高潮，7月13日上午，歌华集团组织北京礼花厂、江西礼花厂在中华世纪坛北侧的玉渊潭公园布置完了全部礼花。临近中午，我到现场察看，公安人员、礼花厂厂长和工人们都坚守在岗位上，礼花厂的领导告诉我，但愿申奥成功能施放礼花，否则拆除和搬运这些礼花弹，其困难比施放礼花要大得多。我笑着对他们说："放心吧，一定会放礼花的。"当然，礼花厂也从技术上做好了两手准备，以确保安全。

"7·13"晚会的筹备工作，时时刻刻牵动着市委、市政府领导的心。贾庆林每天都向我了解筹备工作的情况，及时做出决策。时任市委副书记强卫和市委常委、常务副市长孟学农也都直接指挥协调有关方面的筹备工作。7月11日上午，贾庆林亲自到中华世纪坛检查筹备工作情况，慰问工作人员，他在听取各单位工作汇报后对大家说："现在总的形势对我们非常有利，申奥成功的可能性极大，大家要精心做好晚会各项准备工作，向世界展示北京的风采和北京人民良好的精神面貌。"他还对晚会的一些重要细节一一作了叮嘱，给了全体参与筹备晚会活动的同志们以很大的鼓励。

7 月 12 日晚上 7 时 30 分,"临战"前的动员大会在中华世纪坛大屏幕厅举行,200 多个座位座无虚席,各有关单位的负责同志和主要工作人员都参加了。会上,我作了动员讲话,强调晚会规格高、影响大、时间紧、任务重,必须高度重视,万无一失,要听从指挥,落实责任,团结协作,精益求精。强卫、孟学农也都讲了话。会议时间很短,气氛非常热烈,大家的脸上都带着喜悦的表情。虽然,我们在动员讲话中没讲有百分之百的把握获胜,但我和每一个与会者都充满必胜信心,大家在心中都默默地祝福:祝北京好运! 祝申奥成功! 这无声的美好祝愿,成为鼓励和激励同志们不辞辛苦、全力做好晚会筹备工作的巨大精神力量。

百年圆梦的时刻

北京申办 2008 年奥运会,始终得到党中央、国务院领导同志的亲切关怀。市委、市政府和北京奥申委早就计划,如北京申办成功,一定要请中央领导同志出席"7·13"群众联欢晚会,并为此专门给中央写了报告。7 月 9 日,报告和活动方案以及我们起草的中央领导同志讲话提纲,经贾庆林审定后,送到了中央办公厅。10 日晚上 9 点多,我在家里接到市委办公厅值班室的电话,叫我 10 点钟到中办开会,我准时赶到了中办。时任中办主任王刚主持会议,参加会议的有令计划副主任和徐永源局长,一共就我们 4 个人。我详细汇报了"7·13"联欢晚会的准备情况。王刚高兴地说:"申奥成功是全国的一件大喜事,届时在京中央政治局全体领导同志出席在中华世纪坛举行的群众联欢晚会,这是首都的一个大的庆典。中央领导同志分别收看电视转播,如北京申办成功,以投票结果公布的时间为准,半个小时内领导同志全部赶到中华世纪坛。"王刚要求北京市进一步修改、完善活动方案,11 日上午 9 时前,将正式方案报到中办。我从中办开会回来后,即组织筹备工作班子的几位同志连夜修订详细的活动方案、时间安排和工作流程,第二天一早就将方案报送到了中央办公厅。

7 月 13 日晚上,国际奥委会第 112 次会议在莫斯科隆重举行,会议将投票决定 2008 年奥运会举办城市。中国人民百年奥运的梦想,聚集到了新世纪之初的这一天、这一时、这一刻。北京时间晚上 11 时 10 分,萨马兰奇主席宣布:2008年奥运会举办权的获胜者是北京。当时,贾庆林和国家体育总局、北京市的领导以及奥申委领导小组成员单位留京的负责同志都在世纪坛大屏幕厅收看投票的实况,北京获胜的消息传来,大家无不为之激动、为之欢呼。贾庆林带领我们迅速从大厅里出来,到世纪坛圣火台前迎候中央领导。实际上,江泽民等中央领导同志在收看投票结果后,10分钟即赶到了世纪坛。此时,世纪坛已成为无比欢乐的海洋。江泽民走下汽车,健步来到联欢群众中间,他笑容满面地和大学生、运动员、劳动模范及群众代表亲切握手,并用洪亮的声音向联欢群众问候。大学生们和在场群众激动地欢呼:中国万岁! 在世纪坛贵宾室里,江泽民、李鹏、朱镕基、李瑞环、胡锦涛、尉健行等中央领导同志都十分高兴。江泽民刚刚落座便提出,要给远在莫斯科的李岚清和北京奥申委代表团打个电话表示祝贺。此时,贾庆林的秘书用手机给北京奥申委代表团值班室拨电话,世纪坛贵宾室内手机信号不太好,刚刚拨通信号又断了,江泽民便走出贵宾室,在走廊里接通了电话并找到了李岚清。他在电话中说:"岚清同志,现在,我们几个常委都在世纪坛参加北京的庆祝活动,请转达我们对北京申奥代表团同志们的热烈祝贺,你们辛苦了!"

晚上11时40分左右,中央领导同志走出贵宾室,来到中华世纪坛平台的主席台,同欢聚在这里的近万名各界群众共庆北京申奥成功。贾庆林宣布:"首都各界群众庆祝北京申办2008年奥运会成功联欢晚会现在开始!"此时,全场欢声雷动,礼花腾空而起。在热烈的掌声中江泽民发表讲话,他说:"我代表党中央、国务院,对北京申奥成功表示热烈的祝贺! 向全国人民为北京申奥所作的贡献表示感谢,向国际奥委会和各国朋友对北京申奥的支持表示感谢! 全国人民将与首都人民一起奋发努力,扎实工作,把2008年奥运会办成功。"江泽民发表的简短而又有力的重要讲话,通过中央电视台和北京电视台的现场直播,传遍了长城内外、大江南北,传遍了世界各地。随后,中央领导同志站在中华世纪坛平台上,同首都群众一起观看五彩缤纷的礼花。时间已到13日晚上12点,江泽民又提出要到天安门广场看望联欢群众,他在贾庆林等领导的陪同下,先来到天安门广场金水桥前,后又登上天安门城楼,同自发涌向天安门广场庆祝申奥成功的数十万群众一起,共庆我们伟大祖国的这一历史性胜利。

这天晚上,在京的党和国家领导人以及中央许多部委和北京市的领导也都参加了联欢晚会。

在北京申奥的日日夜夜,在欢庆北京申奥成功的喜庆时刻,党中央、国务院的亲切关怀和坚强领导,给了首都人民以巨大的鼓舞和力量,这也是北京申奥获得成功的最重要的原因。

"7·13"之夜,是北京人民的不眠之夜,是北京人民的狂欢之夜。还是在世纪坛联欢晚会刚开始时,数千名大学生和各界群众就已按捺不住心中的激动,急切盼望从莫斯科传来的喜讯。但按照晚会的总体设计方案,11时之前都是文艺演出。周涛、张政、余声、丛薇、赵宁、台岚、许戈辉、孔洁等主持人轮番主持节目,彭丽媛、杨洪基、阎维文、郁钧剑、王霞、幺红、郑咏、梦鸽、黄越峰、刘维维、刘斌、吕继宏、谭晶、刘媛媛、蔡国庆、江涛、叶凡、易妙英等一批知名的歌唱家和年轻歌手,分别演唱了《祝福祖国》、《为祖国干杯》、《五星红旗》、《大地喜洋洋》、《新北京、新奥运》等歌颂祖国、歌颂北京的歌曲。

当晚,我作为这场联欢活动的总负责人,一面在世纪坛的大屏幕厅收看莫斯科国际奥委会的投票情况,一面联络、协调晚会指挥车上的指挥工作。因事先无法估计投票要进行几轮,所以联欢晚会的电视转播是准备在萨马兰奇主席起身宣布投票结果时,再将镜头切换到莫斯科国际奥委会会场。第一轮投票结束后,很快进行第二轮投票,没几分钟,塞内加尔委员姆巴依将投票结果装入信封并封上口。这时,我觉得结果出来了,而且肯定是北京胜出,便飞快跑到大屏幕厅旁的值班室,向指挥部下达转播莫斯科国际奥委会会场的命令。瞬间,电视台导演按照指挥部的要求,将镜头切换到莫斯科国际奥委会会场,这时,萨马兰奇主席已经接过了姆巴依递过来的信封。在世纪坛联欢会场的群众和广大电视观众,准时从电视转播中看到了萨马兰奇主席打开信封宣布投票表决结果的实况。事后,想起这一瞬间的紧张运作,我还真急出了一身汗,万一电视镜头切换再晚半分钟,就难以将萨马兰奇主席宣布投票结果的场面完整地转播出去。因为这次他只宣布了一句话,不像1993年投票结果公布时他先讲了一大段感谢的话。多关键的半分钟啊!

北京成功了!北京获胜了!激动人心的喜讯传来,在北京,在中华大地,在世界各个角落,十几亿炎黄子孙尽情欢呼,纵情歌唱。

世纪坛的联欢晚会,此时进入了最高潮,歌声、欢呼声、烟花腾空的礼炮

首都各界群众在中华世纪坛庆贺北京申奥成功

声,汇合成一曲响彻云霄的中华赞歌。多少人热情拥抱,多少人喜泪纵横,在《歌唱祖国》的嘹亮歌声中,大家尽情地为胜利欢呼！为北京欢呼！为祖国欢呼！

2001年7月13日,一个将永远载入史册的伟大日子;2001年的7月13日之夜,一个令北京人民和全中国人民永远难忘的光荣夜晚。从中华世纪坛到天安门广场,从学校校园到大街小巷,从首都北京到祖国各地,人们用各种方式欢庆这一胜利,用发自肺腑的话语表达对伟大祖国的热爱之情。

申奥成功已成为历史。但每每回忆起中华世纪坛激动人心的"7·13"之夜,仿佛那绚丽多彩的礼花还在空中绽放,那激越嘹亮的歌声还在京城飞扬。

(原载《文史资料选辑》第163辑)

潮平两岸阔　风正一帆悬

——亲历台湾三个政党大陆访问团访问北京

2005 年的春夏之交,海峡两岸同胞的目光聚焦到了台湾几个政党负责人到大陆的正式访问。人们在这阳光明媚、春风和煦的美好时节,期盼两岸和平双赢出现新契机。

当时我在北京市委任副书记,分管对台工作,也正是因为这一原因,我先后参加了接待台湾国民党、亲民党、新党三个大陆访问团访问北京的有关工作。在中共中央对台工作办公室的直接指导下,北京市圆满完成了接待任务。8 年过去了,往事仍历历在目,这里记述的是三个访问团在北京访问的一些片断。

连战夫妇在老舍茶馆

这次访问最先踏上大陆土地的是中国国民党主席连战,他应中国共产党中央委员会总书记胡锦涛的邀请,于 2005 年 4 月 26 日至 5 月 3 日访问大陆。访问团首先在南京进行了访问。4 月 28 日上午 11 时许,访问团抵达北京首都机场。这天早晨,北京的上空被一片沙尘笼罩。去机场的路上,我还在心里嘀咕天气怎么这样不凑巧。谁知过了一会儿,天空下起了小雨。待到连战的飞机抵达首都机场,北京雨后放晴,沙尘散尽,空气清新,蓝天里飘着朵朵白云。连战高兴地走下飞机舷梯,中共中央台办主任陈云林和我们几个相关单位的负责人以及在京的台商代表在舷梯旁迎接。呼家楼小学的学生们把一束束鲜花献给了连战夫妇,连战夫妇紧紧地把几个孩子搂在怀中激动不已。

机场上举行了热烈的欢迎仪式。连战发表讲话说:"北京是一个政治的中心,也是文化的中心,是世界的名城,千年的古都。在这里我们可以看到,传统和现代并存,华夏的文化和世界的文化交汇,物质的文明与精神的文明相互辉映。今天来到此地,我们非常高兴。"

机场的欢迎仪式过后,车队径直驶往北京饭店。中午,中共中央政治局委员、北京市委书记刘淇在北京饭店18层大宴会厅会见并宴请了连战主席一行。

刘淇首先代表中共北京市委和北京市人民对连战主席一行的到来表示热烈欢迎。他说,连战主席此次率团访问大陆,是国共两党交流与对话的重要发展,对于促进改善两党关系、扩大两岸交流与合作将起到积极的推动作用。

刘淇向客人介绍说,北京是一座文化底蕴深厚的历史名城,也是一座经济、社会蓬勃发展的现代化城市。北京与台湾的交往由来已久,特别是改革开放以来,北京成为台湾同胞在大陆投资兴业、学习生活的重要聚集区之一,来京探亲、观光、学习、交流、经商的台湾同胞不断增加。

刘淇表示,发展京台两地之间各领域的交流合作,有利于两地经济、社会共同繁荣发展。我们愿尽最大努力,促进京台两地间的交流合作,增进相互间的理解,扩大共识,为广大台湾同胞在京发展创造更加良好的环境,为维护两岸同胞的共同福祉作出贡献。

连战在致辞中说,对中国国民党来说,北京也有深厚渊源。中国国民党就是孙中山先生在民国元年联合其他政党,在北京湖广会馆正式成立的。今天两岸经贸、文化交流越来越密切。但坦诚地说,我们现在也有相当的忧心。所以,国民党访问团的所有成员,一心一意真实希望大家能共同面对当前,在这样一个基础上来展望、开创未来。我们都是炎黄子孙,我们没有理由在国际、区域新的形势下,不掌握住时代潮流、人民心声和历史责任。

会见后,宾主双方互赠了精心准备的礼品。刘淇向连战赠送了微缩的金丝镶嵌景泰蓝九龙壁,连战回赠了其祖父的著作以及一个名为"希望振飞"的琉璃工艺品。

这天的会见和宴会气氛非常热烈。宴会过程中,北京歌舞剧院的小乐队为客人演奏了《茉莉花》、《阿里山的姑娘》等脍炙人口的中国名曲。北京饭店在宴会上推出的每一道菜肴和精美点心,都令连战夫妇赞不绝口。欢

陪同连战和夫人在老舍茶馆

迎宴会结束时,我陪同连战主席来到伴宴的小乐队面前,连战和大家一一握手,并从口袋里掏出事先准备好的红包,送给了乐队的负责人。

4月28日晚上,我陪同连战夫妇一行到老舍茶馆看戏品茶,这是一个令他们十分开心的美好夜晚。连战夫妇到达茶馆之前,热情的北京人早已在茶馆外的马路上里三层外三层地迎候客人。连战夫妇的车队一到,大家热烈地鼓起掌来,"连战主席好"、"欢迎连战主席"、"常回来看看",一句句问候的话、祝福的话不时从人群中传出。连战夫妇走下汽车,向欢迎的人群招手致谢。

老舍茶馆是以人民艺术家老舍先生及其著名剧作《茶馆》命名的一家茶馆,具有浓郁的传统文化特征,汇聚了京味文化、茶文化、小吃文化、戏曲文化等多种文化于一体。自开业以来,老舍茶馆接待了40多位外国元首政要和近2万名台湾游客。1992年接待过日本首相中曾根、海部俊树,1993年接待了新加坡总统王鼎昌,1994年美国总统布什、联合国秘书长瓦尔德海姆都曾在这里品茗。茶馆的前任老板是著名民营企业家尹盛喜,尹老板故去后由他女儿尹智君执掌茶馆的经营活动。

随着一声京味十足的吆喝声:"欢迎——楼上请,您呐!"连战偕夫人和国民党大陆访问团成员数十人来到茶馆。老舍茶馆充满了迎宾的喜庆气氛,茶馆1000平方米的演出大厅红灯高挂,黑褐色八仙桌上摆放着黄白花纹的细瓷盖碗,身着长袍马褂和旗袍的服务员穿梭往来。而雕花屏风、京剧脸谱、古乐编钟则令人感觉好像到了一座民俗博物馆。品上好名茶、赏古风国粹。服务员首先为连战等客人斟上了上好的大佛龙井茶,后来又换上了浓香扑鼻的茉莉花茶。尹智君对客人说:"这是老北京最喜欢待客用的茶。"茶馆还特别为连战夫人准备了一杯由优质绿茶、百合以及桂花制成的药用花茶。更吸引客人的是一组充满京腔京韵的演出,包括京剧、单弦、清宫礼仪、含灯大鼓、顶技、五音联弹等。一位20岁的女孩表演的"变脸"绝活深深打动了客人,当她走到连战和夫人面前进行近距离表演时,他们又是惊叹,又是热烈鼓掌。

这天晚上的演出进行了一个多小时,连战夫妇兴致极浓,他们一边欣赏着多姿多彩的节目,一边品尝着北京的各种风味小吃,豌豆黄、驴打滚、枣花酥等等,都令他们赞不绝口。老舍茶馆里阵阵茶香飘溢,处处欢声笑语。演出快结束时,尹智君代表茶馆请连战主席题词。连战欣然挥笔写下"振兴茶文化,祥和两岸情"。老舍茶馆也向连战赠送了礼物:两个景泰蓝盖碗,上边有手绘"五音联弹"和"巧耍花坛"的表演场景;一本介绍老舍茶馆的资料书;茶馆自行开发的时尚造型茶。说起这天晚上的演出,连战夫人连方瑀在她写的《半世纪的相逢——两岸和平之旅》一书中这样描写过:"这些节目的表演者,都是非常知名的艺术家。其中最令我们感到兴趣的是'变脸'这项表演,我真觉得不可思议,怎么可能在刹那间变出那么多不同的面孔,一开始是转一次头即变一张脸,最后完全不动了,脸也可以一张张地变换,一下黑,一下蓝,一下黄……令人目不暇接。后来更不可置信,这位大眼睛姑娘下台站在连哥和我的面前,伫立不动,定睛地看着我们,那张脸还不断地在变,让人是丈二和尚摸不着头脑,我们热烈鼓掌,真是绝活。"

连战夫妇结束在北京的访问后,4月30日上午9时30分离开首都机场,陈云林主任和我到机场送行。我把一本装有记录他们夫妇在北京活动照片的相册送给了连战主席,他和夫人非常兴奋,当即便一张一张地翻看。登上飞机舷梯,连战夫妇向着机场欢送的人群频频挥手。我们一直目送着飞机飞向万里蓝天。

宋楚瑜参观恭王府

继中国国民党主席连战访问大陆之后,2005 年 5 月 5 日至 13 日,亲民党主席宋楚瑜率亲民党访问团来大陆访问,北京是访问团的最重要的一站。

5 月 10 日下午 4 点多,飞机在北京首都机场徐徐降落。举行过欢迎仪式之后,访问团的车队开进了住地北京饭店。

下午 6 点,中共中央政治局委员、北京市委书记刘淇在北京饭店会见并宴请宋楚瑜和访问团成员。

宋楚瑜 1942 年 3 月 16 日出生,湖南省湘潭市人,1949 年随父亲去台湾,1964 年毕业于台湾政治大学外交系,1966 年赴美国留学。学成回台湾后,他曾担任过蒋经国的英文翻译,1993 年担任台湾"省政府"主席。2000 年 3 月 31 日,宋楚瑜宣布成立亲民党,并出任党主席。

刘淇代表中共北京市委和北京市人民对宋楚瑜主席一行的到来表示热烈欢迎。他说,宋楚瑜主席此次率团访问大陆,是中国共产党和亲民党之间交流与对话的重要发展,对于改善和发展两岸关系、维护台海和平稳定、促进两岸交流与合作,将起到积极的推动作用。

刘淇表示,北京市高度重视依法保护在京台湾同胞的正当权益,制定了有关政策规章,不断优化涉台发展环境。随着两岸民众交往的日益密切,京台合作之路会越走越宽广,台湾同胞在京的发展前景会更加美好。

宋楚瑜说,最近中国国民党和亲民党共同为处理两岸问题跨出了重要的一步。两岸真正结合中国人的智慧,秉持"合则两利,相互尊重"的基本立场来处理问题,对后世子孙,对所有炎黄子孙,都将是非常骄傲的事情。他还以同仁堂的店训"修合无人见,存心有天知"作比喻,称只要像同仁堂那样下对两味最重要的秘方,两岸问题就能解决,这两味秘方就是——"两岸都是炎黄子孙"、"合则两利"。他希望两岸同胞相亲相爱,手牵手、心连心,凝聚共同的智慧来打开两岸的僵局。

会见后,宾主双方互赠了礼品。刘淇向宋楚瑜赠送了北京传统工艺品金丝镶嵌景泰蓝九龙壁,向张昭雄副主席赠送了景泰蓝花瓶。宋楚瑜回赠了名为"马到成功"的琉璃工艺品和台湾茶叶。

在北京访问期间,宋楚瑜原来已定下 5 月 12 日上午的日程,11 日晚上,访问团提出,宋楚瑜主席偕夫人陈万水改变原定的日程,12 日上午要参观恭王府。而这些日子,恭王府前的道路因修煤气管道,马路已经"开膛破肚"。市台办和西城区接到我们交代的任务后,迅速组织有关方面连夜加班加点抢修,终于在第二天一早把长达两公里的马路修好了。

12 日上午 8 时,我就赶到恭王府门口迎候。大约 9 点钟,宋楚瑜和夫人及访问团的部分成员到什刹海下汽车,饶有兴趣地乘坐三轮车作了一次"胡同游",然后来到恭王府。恭王府管理中心主任谷长江负责为宋楚瑜夫妇导游并讲解。

陪同宋楚瑜夫妇参观恭王府

恭王府花园地处北京市西城区前海西街,是目前现存王府中规模最大、保护最好的一座王府花园。据专家考证,恭王府始建于 18 世纪。全园南北长约 150 米,东西宽 170 米,占地面积 28000 平方米,有古建筑 31 处,面积 2800 平方米,建筑布局分为三路。恭王府及其花园曾为乾隆年间大学士和珅宅第。嘉庆四年和珅获罪，宅第没收，被赐给庆郡王永璘，成为庆王府。咸丰元年改赐给恭亲王奕䜣，从此称为恭亲王府及恭王府花园。

恭亲王奕䜣为了重建花园，调集百名能工巧匠艺人，融江南园林艺术与北方建筑格局为一体，汇西洋建筑及中国古典园林建筑为一园，曾为京师100多座王府之冠，被称为"人间神仙府"和"什刹海的明珠"。新中国成立之后，恭王府花园被列为国家重点文物保护单位，是国家对外开放的旅游景点。

在恭王府，宋楚瑜夫妇一一参观了西洋厅、福字碑、室内大戏楼等景点，他一边走，一边看，一边问，谷长江则一一详细介绍。宋楚瑜对恭王府建筑设施和陈列品所体现的中华传统文化非常感兴趣，他不时地停下脚步，和夫人一起照相留念，也和我们陪同人员一起拍了不少照片。原定50分钟的参观不知不觉地延长到一个半小时。宋楚瑜表示，自己平时喜欢看中国历史剧，到北京就非常想串一串北京大宅门，看一看北京的老胡同，这次到恭王府参观可谓夙愿得偿。

此次参观恭王府，对宋楚瑜来说，还"别有一番滋味在心头"。他动情地说，自己年轻时是学外交的，而恭亲王奕䜣在清朝那个年代的外交中扮演过角色，与中国那段屈辱的历史有关，今天来这里参观，希望可以体会当时的历史背景。中国人痛恨近代以来的种种不平等条约，来这里参观，除了发思古之幽情，更希望能激励华夏同心，再造中华民族康乐富强的局面。

宋楚瑜率领的亲民党大陆访问团于5月13日早上8点多离开首都机场去上海。陈云林主任和我到机场送行。在临上飞机前，宋楚瑜和我紧紧握手，并一再说："我们是湖南老乡，记住了。"

郁慕明感言卢沟桥

2005年7月10日上午10时左右，台湾新党主席郁慕明率领的新党纪念抗日战争胜利60周年大陆访问团，乘坐中国南方航空公司班机抵达北京首都机场，展开本次"民族之旅"最重要一站的访问。

北京市按照接待国民党、亲民党大陆访问团的惯例，由中共中央政治局委员、北京市委书记刘淇7月11日晚在北京饭店会见了郁慕明率领的新党大陆访问团一行。

刘淇首先代表中共北京市委和北京市人民对郁慕明主席一行的到来表示热烈的欢迎。他说,今年是中国人民抗日战争暨世界反法西斯战争胜利60周年,也是台湾光复、重归祖国怀抱60周年。在抗战中,中国人民为了维护国家主权和领土完整、维护民族尊严,进行了长期的、艰苦卓绝的斗争。抗日战争的胜利是两岸同胞生死与共、并肩作战、共同取得的民族解放战争的伟大胜利,为实现民族独立和人民解放奠定了重要基础,也对世界人民取得反法西斯战争的胜利、争取世界和平的伟大事业产生了巨大影响。郁慕明主席此次率团访问大陆以纪念抗日战争胜利60周年的"民族之旅"为主题,充分表达了台湾同胞维护国家主权和领土完整的态度,非常有意义。

郁慕明表示,在北京的访问十分重要,用一个成语形容就是:画龙点睛。在北京的访问有交谈、座谈、演讲的安排,不仅是涉及精神层面,还会有实质性的部分,就如何改善两岸关系、促进两岸同胞的交流来往等进行沟通与探讨。

刘淇书记会见后,由我代表北京市委在北京饭店宴请郁慕明一行。我和郁慕明过去有过一次交往。2003年11月4日,他率台湾新党青年精英参访团来北京访问时,我在市委会见过他。这回再次见面,郁慕明因是率新党大陆访问团进行的第一次高规格的访问,他显得极为兴奋。我也由衷祝福他的访问取得积极成果。

新党纪念抗战60周年大陆访问团,把与抗战有关的活动排上了重要日程。到北京后不久,7月11日上午,郁慕明就率领访问团全体成员前往七七事变发生地——卢沟桥参观。

距离北京市中心约20公里的卢沟桥,曾经因其建造精良和"燕京八景"之一的"卢沟晓月"景致而闻名,同时又是作为七七事变发生地而在海内外中国人的心中占据重要的位置。1937年7月7日,盘踞于永定河西岸的日本侵略军以一名士兵失踪为借口,强行要通过卢沟桥到宛平城搜查,遭到了国民党二十九路军的拒绝。于是日本侵略军就大举武装进攻桥东,制造了震惊中外的七七事变,中国人民的全面抗战由此爆发。

郁慕明神情严肃地参观了卢沟桥,他说,当年二十九路军在卢沟桥打响了反对日军的第一枪,唤起了全民族抗战的决心。今天的青年一代要继承前辈的这种精神。在欢迎的群众中,有一位当年抗日守军将士的后裔,郁慕明与其亲切握手,并表示台湾海峡隔不开两岸同胞的心。

离开卢沟桥,访问团来到中国人民抗日战争纪念馆参观。该馆位于北京市西南的丰台区卢沟桥畔宛平城内,占地面积3万多平方米,总建筑面积近2万平方米,展览面积6000平方米,是全国唯一一家全面反映中国人民抗日战争历史的综合性大型纪念馆。

1987年7月7日,纪念馆建成并正式对外开放。到2005年6月,已推出了大型基本陈列展3个,专题展览30余个,接待海内外观众900多万人次,成为人们了解中国人民抗日战争历史的重要场所和爱国主义教育基地。为纪念中国人民抗日战争胜利60周年,2005年年初,中央决定把"伟大胜利——纪念中国人民抗日战争暨世界反法西斯战争胜利60周年大型主题展览"放在中国人民抗日战争纪念馆举办。为此,纪念馆重新进行了装修和布展。7月7日,这一大型主题展览正式展出。

来到纪念馆,郁慕明率新党大陆访问团的全体成员在序厅"铜墙铁壁"巨型浮雕前,向抗日英烈敬献花篮,花篮缎带上写着"中华民族抗日英烈永垂不朽"。在郁慕明的率领下,全团成员向抗日英烈默哀,并行三鞠躬礼。

随后,郁慕明参观了"伟大胜利——纪念中国人民抗日战争暨世界反法西斯战争胜利60周年大型主题展览"。他和访问团成员一边仔细观看各种文物、照片和图表,一边认真听取讲解员的介绍。

参观结束以后,回到序厅,郁慕明发表了感言。他说:

亲爱的北京市的父老兄弟、姊妹们,新党纪念抗战60周年大陆访问团今天来到宛平抗日战争胜利纪念馆,我想我们此行就是牢记历史,不忘过去,以史为鉴,开创未来。

从刚才在纪念馆和卢沟桥所走的这一段路,让我回忆起在台湾的一位诗人洛夫在悼念抗战英雄的诗里边写的两句话:留下一封绝命书后,他们扬着脸走进历史。今天,你我在这片国土上面,我们看看过去的英雄们,扬着脸走进历史。

刚才我们访问团的每一位,在卢沟桥那段保留着崎岖不平的道路上,走过那段崎岖不平的道路。我就引用洛夫的诗来表示,我们期盼所有的中国人走过一段坎坷路后,我们要抬起头来写下历史。

郁慕明深情地说,卢沟桥当时下面是有水的,这些河水长年在流动。我国古代的诗人陆游、李白都有过很多的名诗,我取他们诗里边的两句话,并把它们变成四句话来代表我们的心声:"江声不带英雄泪,晓月卢沟缺又圆,旭日中天神州照,我辈岂是蓬蒿人"。希望旭日中天神州照,你我大家一起奋斗,共同努力开创中华民族的光辉未来!

郁慕明充满激情的话语,感染着新党大陆访问团的全体成员,也感染着在场的北京群众。

2005 年春夏,台湾国民党、亲民党、新党访问团先后对大陆的成功访问,开启了海峡两岸政党交流的崭新局面,为构建和平稳定发展的两岸关系注入了春天般的气息。从连战的"和平之旅",到宋楚瑜的"搭桥之旅",再到郁慕明的"民族之旅",三个访问团在北京都度过了一段难忘的时光。海峡两岸走一条共同发展、互利双赢之路,体现了时代潮流与民意趋向,符合中华民族的共同利益。今天,当我们看到海峡两岸关系一步步进入和平发展轨道的时候,我们依然要为当年这三次历史性的访问鼓掌、喝彩!

(原载《百年潮》2009 年第 6 期)

党 史 随 笔

在抗震救灾第一线写好这段党史

四川汶川"5·12"特大地震发生后,中央党史研究室室委会和全体干部职工,情系灾区人民,用我们所能表达的方式尽力支援灾区人民的抗震救灾斗争。这次我们来到地震灾区后,亲眼目睹了地震灾害给人民生命财产造成的巨大损失,也实地看到了灾区人民抗震救灾、重建家园取得的阶段性成果,深为感动,深受教育。我们向在地震灾害中遇难的同胞再次表示沉痛的哀悼,向灾区人民和灾区各级党史工作者表示亲切的慰问,向奋斗在抗震救灾、灾后重建第一线的各级党员干部和广大人民群众致以崇高的敬意!

"5·12"汶川特大地震发生后的这场抗震救灾斗争,显示了党和人民的伟大力量,弘扬了中华民族的伟大精神,是党史上一段极其悲壮而辉煌的历史。我们各级党史工作者有责任围绕中心、服务大局,深入抗震救灾第一线,在实际斗争中真实准确地记录好这段历史,浓墨重彩地书写好这段历史,让伟大的抗震救灾精神,成为激励当代、启迪后人的永久的精神财富。

从党史工作的角度,我认为应该从以下几个方面做出努力。

一是要忠实记录好这场地震灾害发生的情况和造成的损失。我国地域辽阔,自古以来就有水灾、旱灾、地震等各种自然灾害,历朝历代的史书包括地方志,都对发生的自然灾害有详细的记载。这不仅是我们研究历史的重要线索,也为探索总结自然灾害发生的成因、规律及预防和抗击自然灾害提供了历史经验。"5·12"汶川特大地震造成的损失极大,波及的面很广,有69227名同胞失去了生命,374643名同胞受了伤害,直接经济损失达8451亿元。我们党史工作者要尽可能地收集、整理有关这场地震发生时的情况,汇集各方面的详细资料。这无疑对当代、对后人都是非常必要的。

二是要充分反映党中央、国务院领导亲切关怀灾区人民、精心指挥抗震救灾斗争的决策部署和取得的成果。"5·12"汶川特大地震发生后,胡锦涛总书记、温家宝总理都在第一时间对抗震救灾斗争作出重要指示,并亲临地震灾区,亲切慰问受灾群众,看望奋斗在抗震救灾第一线的人民解放军和武警官兵、公安干警、医务人员和各方面的干部群众,给了灾区人民以巨大的鼓舞和安慰。在党中央、国务院的坚强领导下,四川省委、省政府和灾区各级党政领导,身先士卒,为民解难,有条不紊地展开抗震救灾的各项工作。党中央、国务院的坚强领导,是我们夺取抗震救灾斗争胜利的根本保证。一句句深沉滚烫的话语,一个个感人肺腑的镜头,一幅幅催人泪下的图片,在人们心中留下了永生难忘的记忆,也给抗震救灾增添了无穷的力量。党史工作者要把党中央、国务院领导对灾区人民的亲切关怀,对抗震救灾斗争的重大决策和有力指挥全面地记录下来。四川省委、省政府和灾区各级党委、政府领导为保障抗震救灾工作顺利进行,保障灾区正常秩序和人民正常生活,做出了艰苦的努力。省、市、县各级党史部门也要把这方面的情况收集记录下来。

三是要热情讴歌灾区人民奋勇抗灾、重建家园的英雄气概和伟大精神。面对特大地震灾害造成的巨大损失和严重困难,灾区人民以大无畏的精神,奋力拼搏,自救互救,恢复生产,重建家园。广大共产党员舍生忘死,无私无畏,充分发挥了先锋模范作用。在这场同自然灾害的斗争中,涌现了许许多多可歌可泣的感人事迹。据绵阳市委领导介绍,"5·12"特大地震给绵阳造成惨重损失,全市9个县市区521.7万人受灾,因灾死亡21963人,失踪7795人,损毁农房100多万间,直接损失近3000亿元。但绵阳人民没有被灾害所吓倒,他们全力投入抗震救灾斗争,目前已取得阶段性重大胜利,全市没有发生过一起大的群体性事件,没有发生过一起大的疫病流行,社会秩序稳定、人民生活安定,灾后重建工作进展顺利。地震灾区其他市、县也是这样。广大干部群众在同特大地震灾害的艰苦搏斗中,充分展现了万众一心、众志成城,不畏艰险、百折不挠,以人为本、尊重科学的伟大抗震救灾精神。我们的党史工作者要把这方方面面的生动事迹真实地记录下来。现在,从省委党史研究室到市、县党史部门,都已经全部动员起来,做了大量艰苦细致的工作。绵阳、德阳市和安县、北川县等市县党史部门拍摄了大量反映灾区人民抗震救灾斗争的照片,收集了大量的文字资料,有的已经编印出一批反映抗震救灾的文稿和图册,这就为征集编撰抗震救灾党史专题资料,写好这段党史打下了很好的基础。希望大家继续努力。

四是要充分反映全国人民支援抗震救灾斗争的实际行动。"5·12"汶川特大地震,牵动着全国各族人民的心。人民解放军、武警部队官员、公安干警、迅速赶往灾区援救受难群众;医务人员全力救治伤员;中央各有关部门、全国各省区市,采取各种措施支援灾区人民抗震救灾、重建家园;大量志愿者千里迢迢奔赴灾区为受灾群众志愿服务。"一方有难,八方支援",这正是中华民族传统美德的大发扬,充分彰显出社会主义制度的巨大优越性。党史工作者要满腔热情地把这方面的动人故事、感人事迹和宝贵资料收集起来,这是我们书写抗震救灾斗争这段党史必不可少的。

恩格斯说过:"没有哪一次巨大的历史灾难,不是以历史的进步为补偿的。"胡锦涛在全国抗震救灾表彰大会上指出:"一个善于从自然灾害中总结和汲取经验教训的民族,必定是日益坚强和不可战胜的!"温家宝说过:"一个民族在灾难中失去的,必将在民族的进步中获到补偿。"伟大的抗震救灾斗争是一段气壮山河的历史,这段历史毫无疑问是中共党史的一个重要组成部分。按照四川省委的部署,省委党史研究室和灾区各市、县、区党史部门以崇高的责任感,为记录好、书写好这段历史,付出了心血,付出了辛苦,这是值得的。这也表明,我们的党史工作者在这场抗震救灾斗争中经受了考验,经受了锻炼,初步交出了一份合格的考卷。现在,地震灾区的灾后重建工作正在紧锣密鼓地展开,任务十分繁重。我们一定要再接再厉,全力以赴完成各项任务。中央党史研究室将继续大力支持灾区党史部门的工作,并同大家一道,为写好抗震救灾这段党史,弘扬抗震救灾伟大精神,夺取抗震救灾完全胜利,贡献我们的力量。

(本文根据作者2008年11月4—6日在四川成都、绵阳、德阳地震灾区党史部门调研座谈时的发言整理)

生机无限　魅力无穷

　　每每朋友们聚会,大家的话题不知怎么都会扯到"电视湘军"、"出版湘军",似乎对湖南的文化都有着一种共同的崇尚感、兴奋感。而听到这些议论,作为一个长期在北京从事宣传文化工作的湖南人,我自然也会激起一种家乡人的骄傲。

　　湖湘文化源远流长,博大精深,其深厚的底蕴,为新时期湖南文化事业和文化产业的发展奠定了坚实的基础。新一代的湖南文化人,又以开拓创新、奋发进取的精神,打造出湖湘文化的一个又一个品牌。湖南卫视从电视剧的精心摄制,到娱乐节目的锐意创新,在全国地方电视台中力拔头筹。报刊业、出版业、发行业也不断创造出在全国产生重大影响的骄人业绩和宝贵经验。

　　我同湖南宣传文化战线的许多领导同志都有过交往。文选德、蒋建国等几任省委宣传部长,都是造诣很深、经验丰富、领导有方的宣传文化内行;魏文彬、刘鸣泰、覃晓光、朱建刚、龚曙光、欧阳常林等同志,个个都是行家里手,而且在他们身上处处透着湖南人干工作的那股蛮劲。记得1997年全国"两会"期间的一天深夜,欧阳常林给我家打来电话,说是湖南代表团驻地北京建银大厦收看不到湖南卫视,省委书记、省人大主任王茂林要求湖南电视台第二天就必须把这个问题解决好。第二天清早,我就同北京有线电视台和建银大厦负责人通电话,叫建银大厦立即把湖南卫视的讯号连接上,并从技术上、物业管理上提供保障。这件事很快办好。当天晚上,湖南代表团的代表们就看上了湖南卫视。

　　在宣传文化战线工作了30多年,2007年我又转到党史工作部门,同湖南打交道的机会依然不少。这一年多中,从党史工作角度组织的重要党史人物纪念,一半以上是湖南籍老一辈领导人。纪念刘少奇、彭德怀同志诞辰

110 周年,陶铸、王震同志诞辰 100 周年,还有纪念湘南起义暨《三大纪律、六项注意》颁布 80 周年,等等。这些活动我全参加了,也正好有机会再次到毛泽东、刘少奇、彭德怀的故居和纪念馆参观。

通过参观学习,我不仅受到了一次次党的光荣传统和革命精神的教育,更从那络绎不绝的参观人流中感受到了一种精神的力量。从文化的角度来审视这一现象,这是不是也可以称为湖湘文化的又一辉煌华章呢? 党史工作无疑是党的建设的重要组成部分,同时我也认为,党史工作同样是文化工作的重要组成部分。党史的编纂、出版是国家文化建设的重大工程;党的光辉历程和光荣传统,是建设社会主义核心价值体系的宝贵资源;以党史为题材的文学艺术、影视作品是社会主义先进文化的重要内容。在湖南这方热土上,诞生了毛泽东、刘少奇、任弼时、彭德怀、贺龙、罗荣桓等一大批无产阶级革命家和卓越的党和国家领导人,他们的伟业、精神和风范,不仅构成湖湘文化的一大特色和夺目亮点,更堪称湖湘文化的筋骨和脊梁,世世代代将教育、鼓舞、激励着千千万万的湖南人和全中国人。

同湖南宣传文化系统的同志们一样,湖南党史界同志们的工作劲头也同样令我感动。湖南在全省建立党史联络员队伍,就是在全国党史界的一个独创。据省委党史研究室主任陈克鑫介绍,老领导刘夫生、赵培义等是省里的党史联络员,各市(州)县的党史联络员也都是从原领导岗位退下来的老领导、老同志,他们对党史工作有感情,又熟悉情况。党史联络员队伍的建立,无疑对推动湖南的党史工作,更好地以史鉴今、资政育人,发挥着重要的作用。

湖湘文化洋溢着激情,充满了魅力。文化的力量,深深植根于三湘大地和人民的火热生活之中。有湖湘文化的支撑,湖南的经济社会发展必将永远迸发出无限的生机与活力。

（原载《湘潮》2009 年第 1 期）

理论宣传的精品力作

　　拿到湖南省委宣传部送来的《科学发展观在湖南的认识与实践》这本书,我用两个晚上的时间就读完了。从这本书中,我了解到湖南省委、省政府推动全省经济社会科学发展的一系列重要战略、重要思路、重大举措;了解到在科学发展观的指引下,湖南经济社会发展所取得的巨大成就;也看到了湖南美好的发展前景,仿佛一幅三湘大地生机勃发的发展图画展现在面前。

　　《科学发展观在湖南的认识与实践》是一部从理论和实践的结合上阐释科学发展观的精品力作,是湖南宣传思想工作取得的又一丰硕成果。这本书紧紧围绕科学发展观这一重大战略思想,用鲜活的语言、生动的事例,回答了人们关注的重大理论问题。全书观点正确,内容丰富,文字生动,图文并茂,具有很强的理论性、针对性和说服力,也具有很高的文化品位。

　　近些年来,在理论宣传上出现了一个新气象,这就是我们的理论工作者越来越关注理论和实践的结合、理论和群众的结合,在理论宣传的通俗化、大众化方面狠下功夫。中央宣传部理论局组织编写的《理论热点面对面》等一批通俗理论读物就是典型的例子。《理论热点面对面》在宣传科学理论,回答群众关切,营造良好的思想舆论氛围方面发挥了重要作用,受到社会广泛好评。在我看来,《科学发展观在湖南的认识与实践》与《理论热点面对面》有异曲同工之妙,而且它的主题更加集中,地方特色更加鲜明,是一部难得的理论宣传佳作。

　　《科学发展观在湖南的认识与实践》,是对干部群众进行科学发展观宣传教育的生动教材。以胡锦涛同志为总书记的党中央提出科学发展观六年多来,湖南省委、省政府坚持以科学发展观为指导,立足本省省情,从湖南的实际出发,提出了符合科学发展观要求的一系列重要思路和重大战略举措,如推动"一化三基",实现"两个转变",主攻"三个强省",壮大"3+5 城市群",严守"四条底线",倡导"三个不吃亏",等等。这些重要的发展思路和举措,完全体现了科学发展观"第一要义是发展,核心是以人为本,基本要求是全面协调可持续,根本方法是统筹兼顾"的要求。也正是省委、省政府提出并实施了这些重大举措,才推动湖南的经济社会发展不断取得新的成就,实现全省 GDP 过万亿、财政收入过千亿。而对这一切,社会上的广大干部群众未必都能了解。《科学发展观在湖南的认识与实践》,对省委、省政府确定的发展思路和重大战略一一作了详细的介绍,有文字、有照片、有图表、有链接资料,有深度阅读的文章、讲话等材料的目录。干部群众读了这本书,就可以全面了解省委省政府贯彻落实科学发展观所取得的认识成果和实践成果,从而进一步加深对科学发展观科学内涵和精神实质的认识与理解,更加自觉地树立和贯彻落实科学发展观。

《科学发展观在湖南的认识与实践》,为理论研究、理论宣传的通俗化提供了宝贵的经验。宣传思想工作的一项根本性任务就是要用马克思主义中国化的最新成果武装干部群众头脑,指导工作实践。而要使中国特色社会主义理论体系真正进干部群众头脑,为广大干部群众所掌握,必须做好理论和实践相结合、理论和群众相结合这篇大文章,要在结合上下大气力、下苦功夫。《科学发展观在湖南的认识与实践》围绕科学发展观这一重大理论问题,用一个个生动的故事、鲜活的事例,用一组组数字、一张张照片,进行了通俗易懂、深入浅出的阐释,使读者既了解了科学发展观的丰富内涵,又获得了大量过去未曾了解、未曾掌握的全省经济社会发展的思路、举措和成就。这样的通俗理论读物,很好读、很好懂、很好记。理论宣传,只有真正为广大干部群众所欢迎,才会产生实际的效果,理论的力量才会转化为干部群众改造客观世界和主观世界的强大物质力量。所以,从这个意义上说,《科学发展观在湖南的认识与实践》一书在理论宣传的通俗化、大众化方面创造的经验,是应该充分肯定的,也是值得我们学习的。

《科学发展观在湖南的认识与实践》一书的编写和出版,是在省委主要领导同志的关心、指导下,宣传部门和有关专家学者精心运作、共同努力的结晶。有了这样一部来之不易的好书,就要充分发挥它的宣传、教育作用。因此我建议,除了做好这本书的宣传推介工作、赢得更多的读者之外,可以以该书的内容为基础,拍摄一部电视理论宣传片。同时为了进一步推动科学发展观的学习宣传进学校、进社区、进工厂、进农村、进军营,还可以编制一套"科学发展观在湖南的认识与实践"宣传挂图,制作一套宣传展板,用基层群众喜闻乐见的方式,进一步开展科学发展观的宣传普及工作。

（本文系作者2009年8月7日在湖南省委宣传部举办的《科学发展观在湖南的认识与实践》座谈会上的发言）

马克思主义中国化研究的重要成果

　　北京市中国特色社会主义理论体系研究中心组织专家学者,历五年之艰辛,研究并写作出《马克思主义中国化研究——历史进程和基本经验》一书,标志着北京市出色完成了所承担的马克思主义理论研究和建设工程课题。我作为当年从中宣部领回这一任务的当事人,看到这一重要成果,深感振奋。

　　读过这本书之后,总的感到,书稿观点正确、内容丰富、史料翔实、文笔流畅,思想性、理论性很强。书稿牢牢把握了马克思主义中国化这一主题,从"历史进程"和"基本经验"两个方面,进行深入的理论阐释,史论结合,有史有论,特色鲜明,颇富新意。"历史进程"的总结,很好地展示了马克思主义中国化的最新成果既一脉相承又与时俱进的发展脉络,符合客观实际,有历史的厚重感;"基本经验"的归纳,概括凝练,也比较准确。该书的出版,是马克思主义中国化研究领域具有标志意义的一部学术著作,是北京市在深化中国特色社会主义理论体系的研究与宣传方面取得的一项重大成果。

　　"马克思主义中国化的历史进程和基本经验"这一重大研究课题的顺利完成,也为我们提供了社科理论研究工作的一种成功模式,这就是:市委关心支持,专家领衔担纲,"中心"组织实施。

　　市委关心支持。当年北京市接受马克思主义理论研究和建设工程这一重大研究课题时,市委主要领导同志亲自关心过问,强调在课题研究工作中,要坚持以马克思主义科学理论为指导,始终牢牢把握正确的政治方向。市委分管宣传思想工作的领导和市委宣传部领导,把这项工作列入重要议程,多次参加课题组的工作会议,从课题立项、编写大纲、人员组成、实施步骤等,一一进行指导和帮助,认真听取和吸纳专家学者的意见,并给课题组提供必要的工作条件和科研经费,这就为马克思主义理论研究和建设工程的顺利推进提供了有力的保障。

专家领衔担纲。北京市的社科理论研究工作历来有一个巨大的优势,这就是首都北京理论研究机构众多,专家学者荟萃。承担"马克思主义中国化的历史进程和基本经验"这一研究课题之后,北京市社科联和北京市中国特色社会主义理论研究中心决定,邀请党史界资深的马克思主义理论家龚育之、石仲泉同志担任课题组首席专家。龚育之同志当时尽管年事已高,身体又不大好,但他以满腔的热情,全身心投入这项工作,每次开会他都亲自参加,为课题研究提思路、出主意,详细构思并撰写课题大纲,这就从一开始使课题研究建立在一个高水平的理论起点上。龚育之同志为这一课题呕心沥血,甚至在病床上还进行指导,直至不幸逝世。在这之后,石仲泉同志继续带领课题组推进课题研究工作,撰写、修改书稿。同时,中央文献研究室、中央党史研究室、中国人民大学、首都师范大学、北京市委党校等多个社科理论研究权威部门和高校的专家学者参与了这一课题的研究、写作工作。

"中心"组织实施。北京市邓小平理论研究中心成立于 2001 年 4 月 9 日,是中宣部确定的全国邓小平理论研究基地之一。2009 年 3 月 19 日,该中心更名为"中国特色社会主义理论体系研究中心"。在承担中央"马克思主义理论研究和建设工程"课题研究任务后,市社科联和"中心"的领导高度重视,精心组织,周密安排,直接参与课题的组织、策划、实施工作。他们凭借多年来同首都社科理论界专家学者的良好关系,请到了权威的专家学者和一批高水平的理论研究人员参与这一课题的研究工作。"中心"还精心做好组织协调、服务保障等方面的工作。在课题大纲特别是书稿出来后,"中心"组织首都的专家学者和理论工作者认真审议,深入研讨,严格把关,确保书稿的政治观点正确,具有较高的理论水准。

胡锦涛同志在党的十七大报告中提出,"推进马克思主义理论研究和建设工程,深入回答重大理论和实际问题,培养造就一批马克思主义理论家特别是中青年理论家。""马克思主义中国化的历史进程和基本经验"这一研究课题取得的丰硕成果,不仅为开展中国特色社会主义理论体系的宣传普及活动提供了一本新的教材,同时其成功的组织运作,也为培养锻炼理论人才队伍提供了有益的经验。在庆祝新中国成立 60 周年之际,我对《马克思主义中国化研究——历史进程和基本经验》的成功出版表示热烈祝贺！

　　（本文系作者 2009 年 9 月 17 日在《马克思主义中国化研究——
　　　历史进程和基本经验》出版座谈会上的发言，原载《光明日报》
　　　2009 年 9 月 24 日）

把党史学习宣传不断引向深入

在迎接中国共产党 90 华诞之际,由北京市编撰的《中国共产党北京市组织史资料丛书》、《中国共产党北京历史》第二卷、《中国共产党北京历史简史》连同修订重印的《中国共产党北京历史》第一卷,与广大读者见面了。我认为,同时出版多部地方党史基本著作,是北京市党史研究工作取得的丰硕成果,为广大党员、干部和群众学习北京党史提供了重要的教材,这实在是一件可喜可贺的事。

中国共产党 90 年的历史,是党和人民宝贵的精神财富。隆重纪念建党 90 周年,这为学习研究党的历史,总结借鉴党的历史经验,弘扬党的光荣传统和作风,在新的起点上推进党的建设新的伟大工程和中国特色社会主义伟大事业,提供了重要的历史机遇。党中央对这项工作高度重视。可以回顾一下,2009 年 9 月 18 日,党的十七届四中全会通过的《中共中央关于加强和改进新形势下党的建设若干重大问题的决定》,提出了建设学习型政党的重要任务,其中强调要组织党员干部重点学习马克思主义理论,学习党的路线、方针、政策和国家法律法规,学习党的历史,同时广泛学习现代化建设所需要的经济、政治、文化、科技、社会和国际等各方面的知识。中央把学习党的历史列为了党员干部学习的三大重点之一。

2010 年 6 月 19 日,党中央颁发了《中共中央关于加强和改进新形势下党史工作的意见》,即中央 10 号文件;7 月 21—22 日,党中央召开了全国党史工作会议。以中央名义颁发党史工作文件,召开党史工作会议,都是新中国成立以来的第一次。胡锦涛总书记在中央政治局常委会讨论审定中央 10 号文件的会议上发表的重要讲话,中央 10 号文件和习近平同志在全国党史工作会议上的重要讲话都强调,党史工作是党的一项具有全局意义和深远影响的工作,正确认识和对待党的历史,关系党的形象,关系党的生命,关系国家长治久安,要求大力加强党的历史的学习和教育。

2010 年 11 月 3 日,中央印发了《关于中国共产党成立 90 周年纪念活动的通知》,通知要求大力开展各具特色的宣传教育活动,加深干部群众对党的历史、党的知识和党的理论、路线、方针、政策的认识,唱响共产党好、社会主义好、改革开放好、伟大祖国好、各族人民好的时代主旋律。

今年 1 月 25 日,中央组织部、中央宣传部、中央文献研究室、中央党史研究室、教育部、团中央 6 部委,根据中央领导同志的指示,联合发出了《关于在党员、干部、群众和青少年中开展中共党史学习教育的通知》。在党中央的高度重视和直接领导下,在各级党委的关心指导下,现在,一个深入学习党的历史的热潮正在全党全社会兴起。

北京作为中国的首都,作为全国的政治中心和文化中心,党史工作地位特别重要,党史资源极为丰富。我们十分高兴地看到,在市委的领导下,一个广泛深入学习党史、开展党史宣传教育的热潮正在全市蓬勃兴起。既重点抓了《中国共产党历史》第二卷、第一卷的学习,又有像今天座谈会上展示的多部北京地方党史基本著作的问世;既有各级党委中心组的党史学习,又有面向基层和群众的党史报告;既有丰富多彩的唱红色歌曲等群众文化活动,又有大量红色经典影视剧的播映、播放、演出;既有"游览红色京华、追忆激情岁月"的红色旅游系列活动,又有《一切为了人民——北京市纪念中国共产党成立 90 周年展览》等多项主题展览;既有优秀党员、干部模范事迹的宣传表彰,又有广大党员、干部为人民群众办好事办实事的实际行动。可以说,市委、市政府的这一系列精心安排,把全市纪念建党 90 周年,学党史、知党情、颂党恩、跟党走的氛围营造得十分浓烈。广大党员、干部、群众和青少年,从学习党的历史中汲取了前进的智慧和力量,进一步坚定了在中国共产党的领导下,走中国特色社会主义道路的决心和信念。

在这样一个大好的形势下,北京市推出《中国共产党北京市组织史资料丛书》、《中国共产党北京历史》第二卷等多部党史著作,又为干部群众学习了解中国共产党在北京的历史,总结借鉴党的历史经验,提供了权威的读物和教材,相信这些党史著作的出版,会受到全市广大党员、干部和群众的欢迎。从党史工作的角度讲,我希望北京市努力做好党史读物的宣传、推介、发行工作,使之发挥更好的教育作用。党史研究部门要按照市委的统一部署,组织好党史学习辅导工作,同时认真听取各界读者的意见,不断提高党史著作的编写水平,使党史著作在党员、干部、群众和青少年中读得懂、叫得响、传得开、留得住,切实发挥以史鉴今、资政育人的重要作用。

（原载《北京党史》2011 年第 4 期）

党史宣传的新阵地

在全党和全国各族人民热烈庆祝中国共产党成立 90 周年的喜庆日子里,中国共产党历史网正式开通。这是一件值得祝贺的喜事!

中国共产党成立 90 年了。这 90 年的历史,是党为实现民族独立、人民解放和国家繁荣富强、人民共同富裕而不懈奋斗的历史;是党坚持把马克思主义基本原理同中国实际相结合、不断推动马克思主义中国化的历史;是党加强和改进自身建设、始终保持和不断发展党的先进性的历史。中国共产党的历史是一部蕴涵和体现马列主义、毛泽东思想、中国特色社会主义理论体系的生动教科书,也是一部记录和体现党领导人民为实现中华民族伟大复兴不懈奋斗历程的生动教科书。

中国共产党历史网,由中共中央党史研究室主办、人民网·中国共产党新闻中心协办并提供技术支持,是一个把工作网站与学术网站结合起来的综合性网站。它有四大板块,分别是:综合信息板块、党史工作板块、党史研究板块、党史知识板块。因此,中国共产党历史网既是交流党史资讯的平台,又是展示党史工作的窗口;既是党史学习的园地,又是党史教育的阵地。中国共产党历史网的开通,是利用现代科学技术创新党史研究和党史工作的一种新手段新方法,是进一步发挥党史资政育人作用的一个重要举措,也标志着党史工作在电子化、信息化上走出了新的重要一步,为社会各界的党史爱好者、党史工作者和广大网友提供了一个崭新的现代化的科技桥梁。

在党中央的正确领导下,在广大党史工作者的共同努力下,在各界朋友的关心支持下,党史工作与党的其他工作一样,经过数十年努力,已经站在一个新的历史起点上。特别是 2010 年中央颁发的《中共中央关于加强和改进新形势下党史工作的意见》和召开的全国党史工作会议,为进一步开创党史工作新局面指明了方向,也为筹备、开通和办好中国共产党历史网注入

中国共产党历史网开通仪式

了强大动力。中国共产党历史网开通后,中央党史研究室将采取有力措施精心办好这个网站。通过党史网的宣传,使各界党史爱好者、党史工作者和广大网友能够更加广泛深入地学习党的历史,了解党的历史,研究党的历史,继承和发扬党的光荣传统和优良作风,坚定不移地走中国特色社会主义道路,为夺取全面建设小康社会新胜利和实现中华民族伟大复兴作出新的贡献。

我们相信,在大家的关心支持下,中国共产党历史网一定能够不断发展、不断完善、不断提高,成为深受广大网友喜爱的优秀网站。

（本文系作者 2011 年 6 月 8 日在中国共产党历史网开通仪式上的发言）

一部学习宣传党史的好书

在隆重庆祝中国共产党成立 90 周年的时候,中宣部党建杂志社、红旗出版社编辑部组织编写的《信仰的力量》由红旗出版社出版,这是今年建党 90 周年一大批出版物中一部特色鲜明、引人入胜的经典之作。对这部重点图书的出版发行应当表示热烈祝贺!

中国共产党走过了 90 年的不平凡历程,领导全国各族人民取得了革命、建设和改革的辉煌成就。为什么党能从小到大,由弱变强,发展成为一个在 13 亿多人口的东方大国长期执政的党,并取得了令世界瞩目的成就和进步,这确实值得我们去总结、去研究。《信仰的力量》一书旗帜鲜明地把握了编写、出版本书的宗旨:"解读中国共产党人的精神密码,探寻革命建设改革的成功基因",这是富有创见性的,也是很有意义的。全书思想性、理论性、指导性、实践性都很强,既有党的历代领导人的重要论著,又有革命先烈、革命前辈的精彩华章;既有党在各个历史时期形成的革命精神和时代精神的完整记录,又有英雄模范、时代楷模先进事迹的全面介绍;内容十分丰富,史料非常翔实。读了之后使人深受教育,确实实现了本书编写出版所希望达到的目的:"重温红色经典,感悟精神力量,坚定理想信念,投身改革开放。"

党的历史是中国共产党和中华民族的宝贵精神财富,是推进党的建设新的伟大工程和中国特色社会主义伟大事业的重要力量源泉。党中央对党史工作高度重视,去年 6 月 19 日,中央颁发了《中共中央关于加强和改进新形势下党史工作的意见》;7 月 21—22 日,中央又召开了全国党史工作会议。今年 1 月 25 日,根据中央领导同志的指示精神,中央组织部、中央宣传部、中央文献研究室、中央党史研究室、教育部、团中央联合下发了《关于在党员、干部、群众和青少年中开展中共党史学习教育的通知》。在党中央的亲切关怀和高度重视下，今年，以建党 90 周年为契机，全党全社会兴起了学习党的历史，开展党史宣传教育的热潮。广大党员、干部、群众和青少年通过学习党的历史，进一步深刻认识到历史和人民怎样选择了马克思主义，选择了中国共产党，选择了社会主义，选择了改革开放，进一步坚定了在中国共产党领导下走中国特色社会主义道路的理想信念。

学习、宣传党的历史，除了中央党史研究室按照中央的要求，编写好党史基本著作外，还要靠中央各有关部门、有关单位关心和支持党史工作，要靠新闻出版部门编写、出版更多更好的宣传党的光辉历史的读物。今年，我们十分高兴地看到，包括《信仰的力量》在内的一大批观点正确、特色鲜明、图文并茂、可读性强的党史类图书出版问世，并受到广大读者欢迎。这为深入学习和宣传党的历史，弘扬党的光荣传统和优良作风，提供了丰富的教材，发挥了重要的作用。从某种意义上讲，这也是各新闻出版单位对党史工作作出的特殊贡献。因此，作为党史工作部门，我们要向各新闻出版单位的领导，向为编写、出版这些党史图书付出辛勤劳动的专家学者和同志们，致以崇高的敬意！

（本文系作者 2011 年 9 月 20 日在《信仰的力量》出版座谈会上的发言）

努力创作反映"双百人物"
主题的油画艺术精品

2009 年 9 月,在新中国成立 60 周年之际,经中央批准,中央宣传部、中央组织部、中央统战部、中央文献研究室、中央党史研究室、民政部、人力资源和社会保障部、全国总工会、共青团中央、全国妇联、解放军总政治部等部门联合组织评选了"100 位为新中国成立作出突出贡献的英雄模范人物"和"100 位新中国成立以来感动中国人物"。

"双百人物"评选是我国群众性爱国主义教育活动的一项重要内容。这在我国历史上还是第一次,具有十分重要的意义。活动开展以来,各地区各部门高度重视、精心组织;广大群众积极响应、热情参与;新闻媒体全力配合、深入报道;迅速兴起了群众性爱国主义教育的热潮,在全社会唱响了共产党好、社会主义好、改革开放好、伟大祖国好、各族人民好的时代主旋律。实践证明,"双百"人物评选活动本身就是一次生动的群众性爱国主义教育,是一次广泛的革命传统教育,也是一次党史的学习和教育,对于激发广大人民群众的爱国热情,建设社会主义核心价值体系,起到了重要的教育和激励作用。

一个民族、一个国家,要开创一项伟大的事业,必须要有强大的精神力量作支撑。在中国革命、建设、改革的各个历史时期,涌现出了无数以"双百"人物为代表的感天动地、可歌可泣的英雄模范,他们用鲜血和生命,用智慧和汗水,为民族独立和人民解放,为国家富强和人民幸福,谱写了名垂青史、彪炳千秋的壮丽篇章。他们是民族的脊梁,是时代的先锋,是祖国的骄傲,是人民的楷模。

中国中共党史学会、中国中共文献研究会、中国文学艺术基金会、天下英才传媒集团正是怀着对革命先烈和英雄模范的无比崇敬之情,共同发起举办《新中国"双百人物"主题油画展》。其目的就是要借助油画这种大众喜爱的艺术形式，继续大力宣传"双百人物"，使他们的感人事迹和崇高精神深入人心、世代相传，成为开展爱国主义、集体主义、社会主义思想教育的生动教材和宝贵财富。

今年下半年，党的十八大将要召开，在这样的时候，我们举办这样一场大型活动，是很有意义的，这是深入贯彻落实党的十七届六中全会决定精神的一个重大举措，是迎接党的十八大召开的一个实际行动。从党史工作的角度讲，它也会对党史人物研究起到巨大的推动作用。正因为如此，我们殷切希望广大美术工作者积极参与油画展活动，努力创作出一批反映"双百人物"题材的油画艺术精品力作。我们相信，在主办单位的共同努力下，在艺术界的专家、学者和社会各界的大力支持下，在新闻媒体朋友们的鼎力帮助下，《新中国"双百人物"主题油画展》活动一定能够在群众性爱国主义教育热潮中发挥重要的作用。

衷心祝愿《新中国"双百人物"主题油画展》圆满成功。

（本文系作者 2012 年 7 月 29 日在新中国"双百人物"
主题油画展启动仪式上的发言）

永远铭记党的"母亲船"

2005年,时任中共浙江省委书记习近平同志发表了《弘扬"红船精神",走在时代前列》的重要文章,文中这样写道:"我们要高举'三个代表'重要思想的伟大旗帜,始终保持党的先进性,就必须永远铭记我们党的'母亲船'。"

把诞生了伟大的中国共产党的南湖红船称为"母亲船",不仅极其形象生动,而且蕴涵了极其深刻的意义。说它是"母亲船",首先是因为中国共产党诞生在这艘红船上,它具有了母亲般的骨肉亲情;同时因为在这艘船上通过的中国共产党第一个纲领、第一个决议,高举马克思列宁主义的旗帜,为灾难深重的中国人民指明了正确的前进方向,它具有了母亲般的伟大胸怀;还因为会聚在这艘船上的一批党的一大代表,立志救民众于水火,献身人民解放事业,它也具有了母亲般的崇高品格。中国诞生了共产党,中国的革命事业从此焕然一新。从这艘"母亲船"扬帆起航开始,党虽然经历了无数的急流险滩、艰难曲折,但最后都始终走在时代前列,带领全国各族人民,不断从胜利走向新的胜利。放眼神州,追根溯源,我们今天所取得的一切成就,都是发端于这艘"母亲船",来源于这艘"母亲船"。

党史纪实文学《烟雨红船——"母亲船"的故事》,就是一本以文学的形式,真实、生动、全面介绍党的一大南湖会议的专著。它从"南陈北李,相约建党"开始,集中而详细地描写了党的一大在上海召开最后一天转移到嘉兴南湖的经过和在南湖游船上开会的情况。同时,该书对出席一大的十三位代表的人生轨迹作了详细的介绍和分析。从这种比较分析中,让读者可以更清晰地感悟到时代潮流大浪淘沙的壮阔画卷和内在规律,更生动地感受到中国共产党所走过的道路的艰难曲折,更深刻地认识到毛泽东同志之所以成为党和人民的伟大领袖的历史必然性。本书所反映的党的一大有关

内容,还有助于我们进一步理解中国共产党的诞生对于中国革命所具有的
开天辟地的重大意义;进一步理解中国共产党始终是中国人民进行革命、建
设和改革伟大事业的坚强领导核心;进一步理解坚持马克思列宁主义、毛泽
东思想和中国特色社会主义理论体系是实现中华民族伟大复兴的必然选
择。从这个意义上说,这本书在政治上、思想上、理论上都是具有一定价
值的。

特别值得肯定的是,作者以纪实文学的手法来向读者介绍党的历史,是
"党史纪实文学"的又一力作。"党史纪实文学"在文学领域中堪称一个新
的品种。这种文学样式有它鲜明的特点:一是必须忠于史实,以严谨的治学
态度认真研究和大量占有可靠的准确的党史资料;二是必须以生动的文学
笔触,把这些历史资料转换为人民群众喜闻乐见的党史故事。这样的党史
纪实文学作品的繁荣,不仅对我们的党史研究会起到促进作用,更重要的是
它有助于向广大干部群众特别是青少年宣传普及党史知识。

本书作者吕建华是一位长期从事戏剧、影视、文学创作的国家一级编
剧,具有较深厚的文学艺术功底,同时他又曾在嘉兴市从事过党史工作,并
在浙江省委党校学习过党建理论,具有强烈的党史情结。有了这两个条件,
这本《烟雨红船——"母亲船"的故事》就写得比较扎实,且具有较强的可读
性。该书大量采用了党史研究中一大南湖会议的研究成果,并把它化为一
个个生动的故事,以图文并茂的方式,使读者阅后可以清晰了解一大南湖会
议的整个过程和相关历史细节。正是从这个独特的角度,我认为,这是一本
值得向读者推荐的好书。

中共党史的研究、宣传和教育,党史事业的大发展大繁荣,既需要党史
工作者持续不懈的努力,更需要全党全社会的重视、关心和支持。而在党史
的宣传教育中,以党史为题材的各类文学、艺术、影视作品,具有独特的作
用。愿我们有更多的作家、艺术家参加到党史的研究与宣传中来,不断推出
更多为读者、观众喜闻乐见的党史文艺作品,为促进党史研究,推动全社会
学习党史,实现中华民族伟大复兴的"中国梦",作出新的更大的贡献。

(本文系作者为《烟雨红船——"母亲船"的故事》
一书所写的序言)

让井冈山红色文化世代相传

己丑春日,井冈山革命博物馆副馆长林道喜打电话告诉我,他编撰的《井冈山红色文化集锦》已完稿,随后他把书稿目录和部分内容给我寄了过来。"圣地诗词"、"革命歌谣"、"红色歌曲"、"井冈名言"、"楹联拾珍"……读着这些感人心魄的文字,一桩桩往事像放电影一样在我的脑海里闪现:

那是 2008 年 10 月 27 日,我到井冈山参加第二届全国毛泽东纪念馆联谊会暨井冈山革命博物馆新馆开馆一周年庆典。上午开过大会之后,下午到井冈山革命博物馆参观。展厅里挤满了人,我看到一群一群青少年学生,有的坐立着,有的蹲在地上,正全神贯注地抄录着展览中的"革命歌谣"和"井冈名言"。

而在这一年前的 2007 年 7 月 22 日,我去江西吉安参加纪念东固革命根据地创建 80 周年研讨会,会后到井冈山参观。在著名的黄洋界,我看到数支打着党旗、团旗、校旗的青年学生队伍,面对黄洋界保卫战胜利纪念碑,在高声朗诵毛泽东同志著名词作《西江月·井冈山》:"山下旌旗在望,山头鼓角相闻,敌军围困万千重,我自岿然不动"……"黄洋界上炮声隆,报道敌军宵遁。"洪亮的红色歌曲也不时在井冈山麓回荡。

时光再返回去 40 年,1966 年 10 月"文化大革命"期间,学校停了课,无数青年学生"大串连"到井冈山,我也从韶山步行出发,经株洲、莲花、宁冈上了井冈山。那几天,我们在龙江书院、在八角楼、在茨坪、在大小五井,一处一处寻访、参观革命圣地,身上带着一个小本本,抄录着毛泽东、朱德等老一辈革命家在井冈山留下的诗词佳作和名言名句,学唱着井冈山时期的红色歌谣。"红米饭,南瓜汤,秋茄子,味道香,毛委员和我们在一起,天天打胜仗……"我就是那时候学会唱的并一直铭记在心。

回忆这几桩往事,我深深感受到,当年毛泽东同志领导我党我军开辟的井冈山革命根据地,不仅为中国革命开创了一条以农村包围城市的成功道路,具有里程碑式的政治意义和军事意义,而且伴随着井冈山革命斗争而产生的歌曲、民谣、诗词、楹联等红色文化,也一直脍炙人口,世代相传,为中国文化留下了一笔极其宝贵的精神财富。

井冈山红色文化,既包括井冈山斗争时期产生的革命文化,也有新中国成立后党和国家领导人、社会各界专家名人创作的新作品。它们从不同的角度展现了井冈山革命斗争的光辉历程,讴歌了英雄的井冈儿女前仆后继、不屈不挠的革命精神,它既是井冈山精神的历史记录和真实写照,又是光耀千秋的井冈山精神的重要组成部分。同时,从历史的角度讲,这些诗词歌赋、书画楹联、文物文献等,也是传播、弘扬井冈山精神的重要载体。

进入新世纪、新时代,井冈山的山山水水、一草一木,井冈山的处处革命遗址遗迹,依然深深吸引和感染着千千万万的干部群众;井冈山的光荣革命传统,井冈山的红色文化,依然深深教育和激励着中华儿女。红色旅游的兴起和繁荣,使井冈山的红色文化更彰显出无穷的魅力。近年来,井冈山提出了"高举红色旗帜,做足绿色文章,彰显家园魅力"的口号,红色文化和绿水青山交相辉映,使井冈山成为海内外游客向往的旅游胜地。每年到井冈山的游客超过300万人次,旅游收入占井冈山总收入的一半以上。而江西省首创的以井冈山红色文化为主要内容的"红歌会",更成为享誉全国的著名文化品牌。

学习了解井冈山红色文化,传承弘扬井冈山红色文化,迫切需要把井冈山红色文化的方方面面汇编起来集结成书,以方便到井冈山的游客和广大读者。如今,这项重要的文化工程,在林道喜同志的手中完成了。这是很值得祝贺的!

林道喜同志出生、成长于井冈山革命老区,1986年大学毕业后,他又在井冈山的基层乡政府、镇政府等多个岗位上任过职,对井冈山地区的革命斗争历史、红色文化和风土人情都颇为了解。2008年年初他调任井冈山革命博物馆副馆长后,负责编研陈列、专题展览、文物资料征集管理保护和井冈山精神的宣传等工作,对井冈山红色文化有了更全面的了解和更深刻的认识。怀着满腔的激情,他把收集到的所有井冈山红色文化的精粹,汇编成这本《井冈山红色文化集锦》,共荟萃了86首诗词,38首歌谣,30副楹联,74副绘画雕塑作品,141件墨宝碑刻,30首歌曲;此外还有一批革命遗址、文物

井冈山黄洋界

文献、标语遗存、纪念建筑等方面的照片和资料。

翻阅一页页井冈山红色文化的辉煌画卷，人们不仅会感受到井冈山红色文化的无穷魅力，更会由此深深怀念和崇敬在井冈山革命斗争时期英勇奋斗的老一辈中国共产党人，深深怀念和崇敬为中国革命作出巨大贡献、付出巨大牺牲的井冈儿女。

正是怀着对井冈山光荣革命传统和红色文化的敬仰之情，作为一名党史工作者，我欣然同意为《井冈山红色文化集锦》作序。虽然难以对本书的内容和意义作出画龙点睛的介绍和评价，但我相信，广大读者一定会从《井冈山红色文化集锦》中，寻访到井冈山红色文化的足迹，品味到井冈山红色文化的价值！

（本文系作者为《井冈山红色文化集锦》一书所写的序言）

一览石狮六十年

在庆祝新中国 60 周年华诞之际，一部记录福建石狮 60 周年沧桑巨变的党史类著作《石狮画史》，由中央文献研究室正式出版了。收到石狮市委党史研究室寄来的这本画史，我立即翻阅起来。全书画史结合、图文并茂的创意和风格，一段段融思想性和史实性为一体的文字，一幅幅生动、精美的照片深深吸引着我。可以说，在地方出版的党史类图书中，《石狮画史》堪称一部有特色、有新意的精品之作。

党史工作是党的事业的重要组成部分，承载着以史鉴今、资政育人的光荣任务和历史责任。毫无疑问，党史部门必须以编撰党史正本作为基本任务，潜心记录党的历史，研究党的历史，编写党的历史，宣传党的历史，用党的伟大成就激励人，用党的优良传统教育人，用党的成功经验启迪人，用党的历史教训警示人，为党和人民的事业继往开来、不断前进提供强大的精神动力和智力支持，帮助广大干部群众特别是青少年进一步加深对党的认识，牢固树立在中国共产党领导下走中国特色社会主义道路的坚定信念。

从党史工作全局的角度来审视，《石狮画史》的编撰、出版，正是显示了石狮党史人热爱党史事业、奋力做好党史工作的崇高责任感和事业心。据了解，石狮市委党史研究室是 2002 年才正式成立的，他们仅有很少的四个人，但做了不少的事，如先后编写出版了《中共石狮地方大事记》、《中共石狮党史人物》、《石狮烈士》、《石狮改革开放史料选编》等七本书，还创办了《石狮党史》期刊，建立了党史三级网络，等等。为完成这些工作，他们付出了多少心血和汗水是可想而知的。石狮市委党史研究室同志们的工作精神确实令我钦佩。

从党史类书刊编撰、出版的角度看，《石狮画史》也有这样几个值得称道的特点：

一是定位准。石狮既有伴随着新中国前进走过的60年的足迹,更有被国务院批准设市后22年的辉煌历程。《石狮画史》以"序幕"浓缩了从新中国成立到设市前38年的石狮人民的创业史、奋斗史;而第一章"石狮市在改革开放中诞生"、第二章"加快改革开放步伐"和第三章"高举旗帜、科学发展",则浓墨重彩地书写、描画了石狮设市后22年取得的巨大成就,展现了石狮经济、社会面貌发生的翻天覆地的变化。写前38年,脉络清晰,重点突出,取舍得当;写后22年,内容丰富,史料翔实,石狮经济、政治、文化、社会建设和党的建设等各方面的新成就、新面貌跃然纸上。这种编撰定位,体现了党史类图书特别是党史正本编写的体例要求,具有历史的厚重感和深刻的文化内涵,生动再现了石狮人民虽屡遭挫折而不屈不挠、永不服输,虽历经艰辛而昂扬向上、爱拼敢赢的精神风貌。

二是创意新。为了更直观、更形象地反映石狮的历史,让广大群众和各级领导干部爱看、爱读,受到教育和启迪,石狮市委党史研究室在福建省委党史研究室的指导和党史专家的帮助下,精心立意,大胆创新,采取了"以史带画、画史互证、以图出史、图文并茂"的编撰方式,这大大增强了全书的生动性、可读性和吸引力、感染力。而且读过《石狮画史》之后,感到其文严谨、准确、简炼,符合客观实际;其图生动、逼真、形象,富有时代气息。一本好的"画史",关键就在于"画"和"史"的有机结合、相得益彰。如果"画"很美而无"史"的深邃,则不免缺乏思想内涵;而"史"编得很全"画"却苍白无力,也很难达到耳目一新、百看不厌的宣传效果。我觉得,《石狮画史》在"画"和"史"的结合上把握得是好的。全书简史文字5万多字,穿插照片500多幅,读后令人感奋、令人动情。

三是选材好。一本200多页的画史,要全面展现石狮60年的历史,难度是很大的。石狮市委党史研究室的同志们认真梳理,潜心编撰,在把握好纲目设计这个大框架的基础上,从文字和照片两个方面,精心挑选素材。尤其是"画史"中照片的选择下了很大的功夫。无论是见证石狮各阶段历史的老照片,还是反映石狮今天新生活、新面貌的新照片,都很有艺术感染力。比如,表现石狮小商品市场的一组照片,不禁引起人们对当年石狮服装市场物美价廉的美好回忆;而"踩街活动"、"踩球舞"、"露天电影"等表现群众文化生活的照片,又让读者领略了闽南文化的迷人魅力。一幅幅反映今天石狮新貌的照片,则让人们从中感受到了什么是世人瞩目的"石狮速度"。

《石狮画史》编撰者们在精心选材上下的功夫，无疑也是他们爱岗敬业、追求完美的职业责任感的生动写照。

　　读《石狮画史》，把我带进了当年到石狮游览小商品市场的美好回忆，也让我全面了解了石狮从边陲小镇发展成为海峡西岸粗具规模的现代化工贸旅游港口城市的奋斗历程。我衷心感谢福建省委党史研究室和石狮市委、市政府领导对该书编撰出版工作的大力支持，衷心祝贺石狮市委党史研究室主任李建设和他的团队取得的丰硕成果。同时我也以一位党史工作者的名义，祝福石狮的明天更加辉煌、更加美好。

　　　　　　　　（本文系作者为中共石狮市委党史研究室编撰的
　　　　　　　　《石狮画史》一书所写的序言）

一部记录土地改革的珍贵史料

中华人民共和国成立之后,完成反封建的土地改革,是党和政府的一项重大战略任务。1950 年 6 月 14 日至 23 日,全国政协一届二次会议在北京召开,讨论由中共中央建议的《中华人民共和国土地改革法(草案)》。经过会议的审议和修改,6 月 28 日,中央人民政府委员会第八次会议通过《土地改革法(草案)》。6 月 30 日,毛泽东主席签署命令,正式颁布《中华人民共和国土地改革法》,作为在全国新解放区实行土地改革的法律依据。由此,从 1950 年冬季起,一场历史上空前规模的土地改革运动,在全国各地有领导、有步骤、分阶段地展开,到 1952 年底,广大新解放区的土地改革基本完成。

这场为期两年的如火如荼的土地改革运动,使我国农村的土地占有关系发生了根本变化,在中国延续两千多年的封建土地所有制被彻底废除,"耕者有其田"的理想在共产党的领导下变成了现实,长期被束缚的农村生产力获得了历史性的大解放,极大地激发了中国亿万农民的生产积极性。土地改革在全国的基本完成,是中国共产党领导人民反对封建主义斗争取得胜利的历史性标志,它为新中国的经济恢复发展与社会进步奠定了重要基础,在中国共产党的历史上,写下了光辉的篇章。

60 年过去,弹指一挥间。当年参加过土地改革的人,如今大多已年逾古稀。在我认识的老同志中,有这样一位锲而不舍、呕心沥血回忆和记载这场伟大运动的老人,她的名字叫万慧芬。

万慧芬是江苏无锡人,1928 年出生于北京,今年 84 岁了。1948 年 8 月她被保送进入北京师范大学外语系学习。1951 年 10 月,当她还是北师大外语系四年级一名学生时,参加了中央土改团的工作,跟随学校的大学生土改第 13 分团到江西兴国县参加了半年的土地改革,亲身经历了发生在中国农村的这场翻天覆地的大变革。

据万慧芬介绍,当年,党中央从北京大学、清华大学、北京师范大学、北京农业大学四所全国高校抽调一批优秀大学生参加土改,这既是加强农村土改工作队工作的需要,也是为大学生们提供一个经受实际锻炼的好机会。万慧芬在艰苦的土改工作中,经受了锻炼,提高了思想觉悟,取得了出色的成绩,土改结束后,她光荣地加入了中国共产党。

回忆这段艰苦而又很有意义的岁月,万慧芬认为,土改经历对她的思想和成长进步产生的影响终生难忘。尔后的几十年,无论是在什么情况下,她始终怀着对劳动人民的深厚感情,忠诚党的教育事业,亲自参与创办了山西大同三中,从事教育工作 20 余年。1974 年她被调到中国对外翻译出版公司,从事联合国文件的翻译工作,直至退休。

退休之后,万慧芬情系革命老区,视她参加过土改的兴国县为第二故乡,2001 年重返兴国看望老区人民。看到老区的教育还不发达、农民生活水平还不高的状况,万慧芬的心情十分不安。为此,她到处奔走呼吁,争取到了国家和江西省教育部门将兴国县列为"义务教育工程"项目县,"世行贷款"项目县,支持该县建成了青少年校外活动中心,改善了兴国农村的办学条件。

更为难能可贵的是,万慧芬在退休后的日子里,克服重重困难,始终做着一件她心目中认为最有意义、最有责任完成的事情,这就是:撰写出版一本《亲历土地改革》书稿,整理出版《土改笔记》。万慧芬是一个有心人,她当年在参加土改时,每天经历的事情,包括传达学习过的中央有关土地改革的文件,领导同志的讲话,土改中发生的各种事件,以及自己的所见所闻所感,全都记录了下来。我看过她当年的两本"土改笔记"和"土改日记",字迹都十分整洁娟秀,内容也非常真切翔实。现在这两本"土改笔记"和"土改日记"已由国家博物馆收藏。正是根据这些珍贵的资料,万慧芬历三年之久,完成了《亲历土地改革》一书书稿。

去年秋天,万慧芬打电话给我,并将书稿和部分"土改笔记"、"土改日记"的复印件邮寄给了我。看到老人家书稿字里行间洋溢的对革命老区人民的满腔激情,对参与土地改革一桩桩往事的深情回忆,我深深为之感动、为之振奋。从党史工作的角度讲,万慧芬的书稿和笔记、日记,是多么珍贵的党史资料啊!读着它,仿佛把我们又带回到 60 年前那场土地改革的"暴风骤雨",又重现了"太阳照在桑干河上"的万道霞光。可以说,这本书稿是一部很有价值、很有分量的党史回忆录。

书写党史类的回忆录,万慧芬自然想到了中共党史出版社,她执意要把这本书交由中共党史出版社出版。出版社也欣然同意,并给予了支持。在迎接党的十八大胜利召开之际,《亲历土地改革》一书同读者见面了,这是值得祝贺的。我相信,这本书堪称老同志的口述史、回忆录的一个精品之作,读后会在读者心中留下对土地改革这段难忘历史的真切回忆。

以上这段文字,难以将书稿的精彩内容向读者详细介绍,只是借此表达一个党史工作者对老同志的敬重和感激。同时也遵万慧芬大姐之嘱,以此作为本书之序。

（本文系作者为《亲历土地改革》一书所写的序言）

祝福与感谢

我国著名学者、党史专家张静如先生从教 60 周年了,我作为北京师范大学毕业的一名学生,也作为党史界的一个后辈,怀着深深的敬意,热烈祝贺他的从教 60 周年暨 80 华诞。

张静如先生我久仰大名,但认识则是在我调到中央党史研究室工作之后。记得在我刚到中央党史研究室不久,他曾带过的博士生李颖受老师委托给我送来了全套《张静如文集》,这套书便成了我从事党史工作的入门指南。之后,在有关党史工作的多次会议上,我见到了这位德高望重的老先生。他对党史工作的深厚感情和独特见解,他的才思敏捷、博学强记和忠厚稳健,给我留下了极其深刻的印象。2010 年,他和我一起参与《青少年学习中共党史丛书》的筹划与主编,更在我的心中留下了难忘的记忆和深深的感激之情。

张静如先生是新中国培养出来的第一代马克思主义专家学者。在 60 年的从教生涯中,他坚持勤奋学习,教书育人,努力做到学为人师,行为世范。他先后发表了 300 多篇文章,出版了 20 多种专著、教材、丛书、工具书等。他先后培养了百余名硕士生、博士生和国内外访问学者,很多学生在他的指导下成为教学、科研和党政管理岗位的骨干人才。他致力于中共党史研究和教学,不仅是北京师范大学这门学科的奠基大师,还先后在多所高校、党校担任兼职教授,主持过中共党史、中国革命史大纲、毛泽东思想概论等教材的编写工作。他长期关注和指导中共党史专业的研究生教育和党史学科队伍建设,提出过很多有特色的教育理论和教育方法,为加强党史学科建设倾注了大量心血。他多次捐资奖励优秀研究人才,倡导设立张静如优秀学术成果奖励基金,培养了很多优秀党史人才。

在 60 年的从教生涯中,张静如先生坚持科学研究,开拓创新。他知识渊博,治学严谨,勇于开拓,善于发现问题,勤于研究问题,积极拓展研究领域,大胆提出研究观点。60年来,他坚持在科学研究的园地里辛勤耕耘,在中共党史人物研究、中共党史事件研究、中共党史学基础理论研究和毛泽东思想、邓小平理论、"三个代表"重要思想、科学发展观等方面的研究,著述颇多、建树颇多,在党史学界和社会上都产生了很好的反响,得到了各方面的好评。

在60年的从教生涯中,张静如先生先后担任过北京市中共党史学会会长,中国中共党史学会副会长,多次参加党史学会举办的各种学术研讨会和座谈会,长期参与党史学会的组织协调和领导工作,为提高党史学会知名度,扩大党史学会影响力,积极献计出力、鼓劲加油,发挥了重要作用。

作为党史学界的一位老前辈,张静如先生为我们党史工作者树立了一个很好的榜样。他对党史事业的崇高责任感,他执著的学术研究精神,严谨的治学精神,崇高的敬业奉献精神,是广大党史工作者应该认真学习和大力发扬的。我们真诚希望张静如先生能够一如既往地继续关心和支持党史工作,一如既往地为中央党史研究室和中国中共党史学会的工作建言献策,一如既往地为党史人才队伍建设发挥余热,一如既往地为推动党史工作大发展大繁荣贡献智慧和力量。

衷心祝愿张静如先生健康长寿、阖家幸福!

（本文根据作者2012年12月23日在张静如先生
从教60周年暨学术思想研讨会上的发言整理）

"信心满满"与"钱包鼓鼓"

　　20 国集团峰会开幕前夕,英国《爱尔兰时报》发表文章称:"全世界将在 20 国集团峰会上看到一个令人吃惊的中国——这个全球人口最多的大国信心满满、钱包鼓鼓,迫不及待地要展示自己新的政治和经济力量。"一个西方媒体能这样来看待和评价世界金融危机下的中国,笔者读着这篇报道,心中不由得涌起几分欣慰、几多感慨。

　　2008 年以来,由美国次贷危机引发的世界性金融危机波及全球,国际经济环境急转直下,险象环生。面对这一严峻形势,党中央、国务院为全力保持我国经济平稳较快发展,采取了一系列妥善应对风险和挑战的政策措施。这中间,要列举的可以很多,但如果借用《爱尔兰时报》这篇文章的说法,我感到最根本的是两条,一是抓了"信心满满";二是抓了"钱包鼓鼓"。

　　"信心满满",这是化危机为机遇的强大精神力量。这场世界金融危机,波及面广,冲击力强,为历史所罕见。世界上不乏各种悲观论调、失望情绪。但在我们中国,党中央、国务院领导面对危机,沉着冷静,信心坚定,从容应对,不为任何风险所惧,不为任何干扰所惑,在第一时间即把信心带给了全国人民,把信心传递给了整个世界。

　　胡锦涛主席 2008 年 10 月 24 日在亚欧首脑会议开幕时所作的重要讲话中指出:"坚定信心比什么都重要,只有坚定信心,携手努力,我们才能共同渡过难关。"11 月 25 日,胡锦涛主席在华盛顿出席 20 国集团领导人"金融市场和世界经济峰会"时又一次强调:"为了有效应对这场金融危机,世界各国应当增强信心,加强协调,密切合作。"温家宝总理在多个场合也明确提出:"信心是第一位的,信心比黄金和货币还要珍贵";"要坚定信心,信心是克服困难的力量源泉。"他在今年 3 月 13 日全国人代会后的中外记者会上,引用唐诗"莫道今年春将尽,明年春色倍还人",进一步表达了应对国际金融危机的坚定信心。

"信心满满",这就是当今中国人民的精神面貌!"信心满满",这就是当今中国传递给全世界的强烈信号!

"钱包鼓鼓",这是化危机为机遇的具体措施和物质保障。国际金融危机的严峻性和复杂性不可低估,对我国经济的影响难以完全预料。要在这场危机面前,变被动为主动,变挑战为动力,就必须有一整套应对危机的正确的政策措施。中国有句古话:"凡事预则立,不预则废"。党中央、国务院纵观国际风云,以全球的视野和战略的眼光,积极应对国际经济环境的巨大变化,从我国的国情出发,及时调整宏观经济政策,采取了一系列扩大内需、加快经济结构调整和经济增长方式转变、推动经济社会科学发展的重大举措,使我国经济保持了平稳较快增长。2008 年国内生产总值超过 30 万亿元,比上年增长 9%;财政收入 6.13 万亿元,增长 19.5%;物价总水平涨幅得到有效控制。没有经济的平稳较快增长,就没有国家的"钱包鼓鼓",就没有各项社会事业的大发展,也就没有人民生活水平的稳步提高。

目前,国际金融危机尚未见底,对世界和我国经济的影响将进一步加深,其严重后果也将会进一步显现。

在这种情况下,战胜世界金融危机对我国经济的影响,依然需要继续鼓舞信心,让全国人民"信心满满"。信心就是金钱,信心就是力量。"信心满满",我们要对世界经济全球化深入发展的大趋势充满信心;对党和国家采取的应对危机的各项政策措施充满信心;对全国人民在以胡锦涛同志为总书记的党中央领导下,团结一心、顽强拼搏所凝聚起来的伟大力量充满信心;对历经 30 年改革开放,中国特色社会主义道路越走越宽广充满信心。

在这种情况下,战胜世界金融危机对我国经济的影响,依然需要继续紧紧扭住经济建设这个中心不动摇,着力把国内的事情办好,让国家"钱包鼓鼓"。当今世界,国与国之间的竞争和较量,归根结底是经济实力、综合国力的竞争。我们在任何情况下,都要紧紧抓住发展这个党执政兴国的第一要务,全力推动经济社会科学发展,确保中央提出的各项宏观调控政策的落实,确保今年我国国民经济和社会发展主要预期目标的圆满实现。毫无疑问,中国既不能做世界金融危机的救世主,包揽天下;中国又是一个负责任的发展中大国,中国经济平稳健康发展了,必定会对世界经济的复苏作出重要贡献。

"潮平两岸阔,风正一帆悬"。有了坚定的信心、振奋的士气,又有科学的态度、扎实的工作,我们完全有条件、有能力战胜国际金融危机带来的压力和挑战。中国特色社会主义的航船,必将劈波斩浪,胜利向前,驶达胜利的彼岸!

（原载《北京日报》2009 年 4 月 20 日）

谈笑凯歌还

龙年6月,龙的国度,喜讯频传。而在这一件件喜事中,当数神舟九号飞天和"蛟龙"号入海最为壮观、最引人注目。中国同时诞生载人航天和载人深潜两项新纪录,国人为之振奋,世界为之惊叹。

先说神九。6月16日18时56分,执行我国首次载人交会对接任务的神舟九号载人飞船,在酒泉卫星发射中心升空后准确进入预定轨道,顺利将3名航天员送上太空。18日14时14分,神九与天宫一号目标飞行器成功进行自动交会对接;24日12时55分,神九由航天员手动控制首次成功对接天宫一号。在太空驻留了13天、完成一系列科学实验和技术试验后,29日10时03分,神九返回舱平安着陆,3名航天员胜利返航。天宫一号与神舟九号载人交会对接,是我国载人航天工程的一个重大突破。此时此刻,在浩瀚天际,在中华大地,书写下3位中国航天英雄的名字。

再说蛟龙。6月15日,"蛟龙"号进行7000米级海试第一次下潜试验,完成了全部预定试验任务,最大下潜深度达到6671米。经过3次海试,24日凌晨,3名试航员又冒着风雨踏上冲击7000米大关的深海之旅,最终成功下潜到马里亚纳海沟7020米,开展了照相、摄像、采集海底水样等一系列深海试验,创造了我国载人深潜新纪录,刷新了世界同类型的载人潜水器的最大下潜深度。之后,"蛟龙"号又进行了两次下潜试验,6月27日最大下潜深度达到7062米。此时此刻,在浩淼海洋,在中华大地,书写下了8位中国潜航勇士的名字。

从神九成功对接天宫,到蛟龙刷新载人深潜纪录,我们收获了成功,收获了喜悦。这是在以胡锦涛同志为总书记的党中央领导下,我国科学技术事业取得的重大成就;是我国综合国力大幅跃升的一次彰显;也是中华民族自强不息伟大精神的重大胜利。以神九的成功为标志,实现了航天空间交

神九上天照

会对接技术的又一重大飞跃,我国载人航天事业日益走向成熟,具备了空间站建设的基本能力,对于实现我国载人航天工程三步走战略的阶段性目标具有决定意义。以蛟龙的成功为标志,我国成为继美国、法国、俄罗斯、日本之后世界上第五个掌握大深度载人深潜的国家,工作范围可覆盖全球海洋区域的99.8%。"祝贺我国载人航天、载人深潜事业取得辉煌成就!"听着3名航天员和3名潜航员穿越海天互致问候与祝贺的滚烫话语,每一个中华儿女怎能不为我们时代的英雄而骄傲,怎能不为我们伟大的祖国而自豪!

1965年5月,毛泽东在重访他亲手开创的第一个农村革命根据地井冈山时,写下了著名的词作《水调歌头·重上井冈山》,词中云:"可上九天揽月,可下五洋捉鳖,谈笑凯歌还。世上无难事,只要肯登攀。"这豪迈的词句,既表达了作为领袖毛泽东的壮志雄心,也抒发了作为诗人毛泽东的浪漫情怀。从1965年到2012年,47年过去,弹指一挥间。毛泽东当年的伟大预言,在经过30年改革开放洗礼的今日中国变成了光辉现实。中国人民有勇气、有能力上九天揽月，下五洋捉鳖；中华民族有志气、有能力屹立于世界民族之林。

中国是坚持走和平崛起道路的发展中大国，我们的载人航天工程、载人深潜工程，都是为了世界的和平与发展，都是为了造福于中国人民、造福于全人类。当然，中国取得的这些成就和进步，毫无疑义将大大提升国家的经济实力、科技实力和综合国力，大大提升中华民族的凝聚力和创造力。如果世界上有那么一两只"鳖"，想爬到中国人民的脖子上拉屎拉尿，想从中国的领土、领海上抢夺走哪怕是一寸土地、一分海洋，中国人民完全有勇气、有能力捍卫自己国家的主权和领土完整。

神九航天英雄高唱凯歌胜利归来，蛟龙潜航勇士胜利完成海试任务。我们相信，在中国共产党的坚强领导下，发扬"世上无难事，只要肯登攀"的奋斗精神、创新精神，站起来了的中国人民，奋进在中国特色社会主义大道上的中国人民，将一直高唱着胜利的凯歌，迎来中华民族的伟大复兴。

（原载《人民日报》2012 年 7 月 3 日）

为国歌增辉 为国旗添彩

伦敦奥运会上,中国体育健儿顽强拼搏、奋勇争先,夺得了一块块奖牌。截至今天,中国体育代表团获得 18 块金牌、11 块银牌、5 块铜牌,在奖牌榜上雄居第一。

伦敦奥运会上,一场场颁奖仪式热烈喜庆、万众瞩目。雄壮的中华人民共和国国歌一遍遍奏响,鲜艳的五星红旗一次次升起。中国体育健儿在国歌声中、在五星红旗下,或含热泪、或带微笑,领到了一块块用热血和汗水换来的奥运奖牌。

国歌常常唱,国旗天天升。而在奥运赛场颁奖仪式上,听到那频频奏响的中华人民共和国国歌,看到那徐徐升起的中华人民共和国国旗,每一个中华儿女都有着难以抑制的激动,都有着刻骨铭心的情感。西方一位著名学者说过:"体育和战争是最能表现民族意识的两种方式。"毫无疑问,在和平发展时期,体育竞赛是民族精神的重要展示,是民族凝聚力的突出彰显。中国从过去的"东亚病夫"变成当今国际奥运大家庭的体育大国,这正是中国综合国力大大增强、中华民族凝聚力大大提升的重要标志。我们情不自禁地为我国体育健儿取得的骄人成绩而欢呼,我们情不自禁地为伟大祖国的不断发展进步而自豪。

国歌常常唱,国旗天天升。而在奥运会颁奖仪式上,那奏响的中华人民共和国国歌和升起的中华人民共和国国旗,面对的不仅仅是中国,而是整个世界、整个人类。参加颁奖仪式的,有来自世界各国的运动员和国际奥委会的官员;现场观看颁奖仪式的,有来自世界各地不同肤色的观众;而颁奖仪式通过电视、网络转播,更是在全世界引起亿万人民注目。中国的国歌,中国的国旗,在世界各国各地区广大民众中,赢得了关注,赢得了尊重。这就把一个不争的事实传遍了世界的每一个角落:中国人民站起来了! 中国强大起来了!

国歌,是每一个中华儿女心中最神圣的歌;国旗,是每一个中华儿女心中最庄严的旗。在奥运会上,中国体育健儿迎来了一次次奏中国国歌、升中国国旗的美好风景,中国体育健儿也为我们树立了奋勇拼搏、为国争光的光辉榜样。此时此刻,我们在一次次激动、一次次振奋的同时,不能不从心底流淌出这样的信念:向中国奥运健儿学习,努力创造一流的工作业绩,为国歌增辉、为国旗添彩。

(原载《北京晚报》2012 年 8 月 3 日)

"伯乐相马"与"赛场竞马"

春秋时期的秦国,有一名士姓孙名阳,具有相马的特长,被他看上的骏马即刻身价十倍。于是时人便以神话中掌管天马的星名"伯乐"来称呼他。"伯乐"后来也就被比喻为善于发现和选用人才的人。

古往今来,在选贤任能方面,"伯乐"的作用不可低估。新中国成立以来,我们党内的老一辈革命家和一批富有丰富经验的领导人,都以领导者的慧眼,发现优秀人才,举荐优秀人才,培养优秀人才。这些优秀人才经过历练,有的走上了党和国家的领导岗位,有的成为一个地方、一个部门、一个单位的主要领导或领导骨干,他们在社会主义革命和建设中,在改革开放的历史新时期,发挥了极其重要的作用。

"伯乐相马",有两个环节,一是举荐者堪称真正的"伯乐";他们要有公正无私的襟怀,知人善任的能力,勇于举荐的魄力。二是"马"必须是真正的好马、骏马、千里马;也就是说,被举荐者不仅要有良好的综合素质,在德、才、能、廉等方面均有出色的表现,而且要"路遥知马力",经得起被重用后权力、地位、名利的考验,始终保持共产党人的蓬勃朝气、昂扬锐气和浩然正气。

在干部和人才的选拔任用方面,"伯乐"的历史作用不可低估。但随着形势的发展变化和干部人事制度改革的不断深化,光靠"伯乐相马"已远远不能适应干部人才队伍建设的需要。而且我们还不能不看到,一些人以"伯乐"自居,相自己小圈子的"马",违反干部选拔任用程序,搞亲亲疏疏、团团伙伙那一套。为防止在选人用人上个人说了算的不正之风,近些年来,党和政府在干部、人才的选拔任用方面,越来越多地采取了"赛场竞马"的方式,不断推出一系列民主推荐、民主测评、差额考察、任前公示、公开选拔、竞争上岗等制度,扩大了选人用人上的公信度,完善并严格执行在干部人事工作中党委内部议事规则和决策程序。

　　相对于"伯乐相马"而言,"赛场竞马"更有其诸多的优越性。一是增加了选人用人的公开性、公正性、公平性。俗话说,"是骡子是马,拉出来遛遛"。有了一个"赛马场",各种优秀人才便可以在同一起跑线上,比品德、比能力、比知识、比才干,领先者得到任用,这就为优秀人才的脱颖而出创造了机会,提供了条件。二是有利于扩大干部选拔任用过程中的群众参与和群众监督。群众是"赛马场"的观众。实际上,一个干部的优劣,群众最有发言权,群众最有评判力。让群众参与干部、人才的推荐、选拔,避免了个人说了算或少数人说了算的现象,有利于在干部、人才工作中贯彻落实党的群众路线。

　　推进中国特色社会主义伟大事业,人才是关键,干部是关键。大到一个地方、一个部门,小至一个具体单位,有了一个好的带头人,有了一个好的班子,有了一批优秀人才,工作就发展,事业就兴旺。因此,在不排斥"伯乐相马",并使"伯乐相马"完全符合干部选拔任用必备程序的同时,应更多地营造"赛场竞马"的氛围,创造"赛场竞马"的条件,提供"赛场竞马"的机会。这样就可以在干部人才推荐、选拔的"赛场上",展现万马奔腾的生动景象,形成人才辈出的崭新局面。

(原载《前线》2012 年第 3 期)

建章立制贵在实

中央政治局关于改进工作作风的八项规定,顺应党心民心,赢得广泛赞誉。八项规定的制定出台和贯彻执行,昭示党中央领导同志的率先垂范,彰显新一届领导集体的施政新风。

同时从八项规定本身来说,还有一个十分鲜明的特点,这就是,规定具体明确,实实在在,有利贯彻实施,便于检查监督,堪称建章立制的典范。"要轻车简从、减少陪同、简化接待";"严格控制出访随行人员,严格按照规定乘坐交通工具";"减少交通管制,一般情况下不得封路、不清场闭馆";"不发贺信、贺电,不题词、题字"……仅列其中的几条就可看出,八项规定务实情、说实话、讲实效,没有一句空话套话,条条可钉可铆。中央领导同志带头这样做了,一级做给一级看,一级带着一级干,抓铁有痕,踏石有印,坚持不懈,党风政风的根本好转何愁没有希望?

中国有句俗话:"没有规矩,不成方圆",是指凡事得有一个规矩。中国共产党在领导革命、建设、改革的过程中,一直非常重视立规矩、定制度。这方面时间最早、影响最大、效果最好的,当数《三大纪律八项注意》。《三大纪律八项注意》源自 1928 年 4 月 3 日颁布的《三大纪律六项注意》,"三大纪律"是:行动听指挥;不拿工人农民一点东西;打土豪要归公;"六项注意"是:上门板;捆铺草;说话和气;买卖公平;借东西要还;损坏东西要赔。不久,毛泽东将"六项注意"改为"八项注意",增加了"洗澡避女人"、"不搜俘虏腰包"两项条文,至此正式形成了"三大纪律八项注意"。从《三大纪律六项注意》到《三大纪律八项注意》,中国共产党的这个言简意赅、通俗易懂的治军纲领,洋溢着公平正义、为民爱民的军民鱼水深情,干部战士人人明白、个个遵守,成为党领导的工农革命军与一切旧式军队显著区别的标志。1947 年 10 月 10 日,毛泽东起草了《中国人民解放军总部关于重行颁布三大纪律八项注意的训令》。从此,内容统一的"三大纪律八项注意"就以命令的形式固定下来,60多年来一直成为全军的统一纪律,成为党所要求和倡导的精神风范。

还有一个突出的范例,这就是1949年3月根据毛泽东的提议,中共中央在河北西柏坡作出的六条规定:"一、不做寿;二、不送礼;三、少敬酒;四、少拍掌;五、不以人名作地名;六、不要把中国同志同马恩列斯平列。"这六个"不",简洁具体,一目了然,要求很明确,对照检查起来也便操作。以至于时过64年,习近平总书记今年7月11日到西柏坡纪念馆参观时,面对展板上介绍的这六条,一一对照着说:"不做寿,这条做到了;不送礼,这个还有问题,所以反'四风'要解决这个问题;少敬酒,现在公款吃喝得到遏制,关键是要坚持下去;少拍掌,我们也提倡;不以人名命名地名,这一条坚持下来了;第六条,我们党对此有清醒的认识……"可见,党中央当年制定的"六不",至今仍有着重大的现实指导意义。

规章制度是约束党员干部的纪律,是培育良好风气的保障。近些年来,不少部门、不少单位、不少地方都出台了许许多多的这规定那规定、这制度那制度,有不少是好的;但其中也有很多的"规定"、"制度",要么非常空洞抽象,要么过于繁缛冗长,使得执行者不知从何做起,监督者也无从检查。这样,一些"规定"、"制度"最终只是说在嘴上,印在纸上,贴在墙上,收不到实际效果。

按照党中央的部署,目前全党正在开展以为民务实清廉为主要内容的党的群众路线教育实践活动。根据以往的惯例,到了教育实践活动的后期,又该整改、建章立制了,这是巩固教育实践活动成果所必需的。那么,在研究、制定有关规定制度时,是否可以好好学学当年毛泽东领导工农革命军颁布"三大纪律八项注意"的榜样?是否可以学学党中央在西柏坡提出"六不"的榜样?像中央政治局制定改进工作作风的八项规定那样,作出几项明明白白的规定,提出几条实实在在的措施,以便本部门、本单位的党员干部记得住、行得通、做得了;也便于群众和社会上能监督得到、检查得了,切不可搞那种大而化之、形式主义的花架子。

（原载《前线》2013年第9期）

想念我的老师们

教师节又要到了。

过去没有教师节的时候,我对老师的思念、感恩常常萦绕心头。自从有了教师节,每逢节日前后,我对自己上小学、中学、大学时给予过我无私关爱的老师,那种思念、那种感恩之心,更胜过我过春节时对家里亲人的思念之情。

我的老家在湘南农村。1958 年,我从家乡的小学大云市完小毕业,考入了县城祁东一中。8 月初,学校就发了榜,老师把我考上一中的消息告诉了我和我父母,但入学通知书上赫然写着,全学年学费 46 元。

46 元,似乎不算太多,可这对我们一个普通农民家庭来说,简直是一个天文数字啊!父母为交学费犯了难,村里的父老乡亲也都发了愁,于是他们一个个到我家来好心地劝我父母:"家里这么穷,别让新民读初中了吧,在家做事种田算了。"父母的心情很矛盾,他们都是穷苦出身,多么盼望自己家的孩子能够读个中学啊,可确实又拿不出 46 元钱来。眼看时间一天天过去,9 月 1 日学校开学了,我仍然在家待着;开学一个月过去了,我还在家没能去一中报到。

9 月底的一天,我上初小时的校长罗澍霖老师得知我考上一中而家里没有钱不能入学,他从家里走了 20 里地赶到我家,深情地对我父母说:"新民书读得好,你们不让他上初中太可惜了啊。"说着,他从衣服口袋里掏出 10 元钱递到我父亲手里,"我也没有多少钱,这 10 元钱给你们送新民上学,你们无论如何要再凑些钱,别耽误他读书了。"那时候,罗老师已离开我家乡的小学而调到另外一个乡的小学做校长去了,一个月才 20 来元钱工资,家里还养着好几口人,他拿出 10 元钱来给我上学,这是多么不容易啊。罗老师眼含着泪水,用我家水缸上的竹勺子从缸里舀了一杯水喝了几口,便离开我家走了。

有了罗老师给我的这 10 元钱，家里总算有了一点给我交学费的基础。于是父母便狠下心，把全家人洗脸用的铜脸盆、烧水的一个铜水壶，还有家里唯一的一个柜子、一个箱子上的铜拉手、铜锁都拆下来，母亲拿着这些东西到当铺卖掉，也凑了 10 来元钱。就这样，在学校已开学一个月的情况下，我带着这 20 元钱，由我父亲送我到了祁东一中报到。

当年我录取到祁东一中时，分配在 41 班。到了学校，校长刘集凤老师和 41 班的班主任李整章老师接待了我们。李老师说："知道你们家经济困难，班上一直在等着新民来上学呢，班上的学习委员还留着给他当呢。"刘校长还特别对我父亲说："你们就交这 20 元钱吧，剩下的钱学校想办法从助学金中解决。"听着刘校长的话，我父亲不知说什么好，只是一个劲地道了谢。就这样，我总算正式报完到，到一中读初中了。

报到完后去办伙食手续时，学校总务处老师告诉我说："你是吃国家粮（商品粮）指标，不用自己带粮食来上学，每月 32 斤定量。"我一听惊呆了，当即对老师说："我是农村的孩子，我不吃国家粮，让我吃农村粮吧。"听说我不愿吃国家粮要吃农村粮，一天之内就有我们班和其他班的几十位同学找我要跟我换这个国家粮指标。班主任和总务处老师把这个情况告诉了刘校长。刘校长把我叫到他办公室说："你这孩子太傻了，吃国家粮不需要你家里给你负担口粮，你是因为成绩考得最好，全校新招的几百个农村学生，总共才有两个吃国家粮的指标，其中一个指标就给了你，你可不要同别的同学换呀。"我听了刘校长的话，同意吃了国家粮。事后几年我才知道，在我读初中、高中的六年中，特别是三年困难时期，我每月都有国家供应的 32 斤大米，天天还能吃上饱饭，而我的同学们则要从家里背着大米、红薯、南瓜、芋头等食品到学校来，吃得就比我差多了。

没有小学罗校长送的 10 元钱，没有中学刘校长和老师们的特殊关爱，我上中学的梦一定会破灭的。是这些好心的老师给我的关心和教诲，使我顺利在祁东一中上完了初中、高中。记得上高一的时候，学校组织作文比赛，题目是"难忘的一件事"，我写的便是自己上初中时的这段酸甜苦辣，文章情真意切，文字也好，获得了全校作文比赛的第一名。

时间一晃六年，1964 年，我从祁东一中高中毕业，考入了北京师范大学中文系。读师范吃饭不要钱，父母心中自然感到宽慰。但上学路上的盘缠和入学后的服装用具自然也是令父母感到头疼的事。没有被子，家里一个堂叔把自己盖的一床被子送给了我；没有箱子，又是另一位堂叔把自己家的一个油布箱子给了我。我一根扁担一头挑着一床被子和一张草席，一头挑着一个箱子，母亲连夜纳鞋底做的一双新布鞋没舍得穿，装在箱子里。就这样，我打着赤脚和班上另一位考到北京上大学的同学踏上了上北京的旅程。为了节省坐火车的钱，我们全程买的慢车票，这样从家乡到北京，一路上倒了4回火车，如今坐高铁只需7个小时的行程，我们足足走了两天两夜。1964年8月28日上午，火车终于到达北京的永定门车站，我被北师大迎接新生的大轿车接回了学校。

走进北师大校园，有如春风拂面，我完全像到了家一般的温暖。在班上宿舍迎接我的是我们的班主任黄会林老师。她看到我的行李非常简单，床上没有铺的褥子、毯子，脚上没有穿鞋，就赶紧向学校申请，给我发了一件毯子，并亲自给我铺在床上。开学后几天，她还带着几位女同学，给我和班上其他几个农村来的家境困难的学生缝被子、褥子。我除了一件衬衣、一件外衣，两条单裤之外，没有在北京过冬御寒的衣服，黄老师又为我申请到学校缝纫社量体裁衣做了一件棉袄，我在北师大读书期间冬天一直都穿着那件棉袄。

衣服不够怎么办？黄老师同班上几位北京家庭比较宽裕的同学商量，给我们捐些旧衣服。于是，陆瑞儿、陈绫、王彪等几位同学都从家里拿来一些衣服送给我。给我印象最深的是，陆瑞儿是国务院副总理、中宣部部长陆定一的女儿，她把她父亲穿过的两件旧衬衣带来送给了我。也许就是因我穿过陆定一的衣服而心存感激，"文化大革命"中，陆定一被当成"彭罗陆杨"反党集团而被打倒、被拉到北师大批斗时，我怎么也喊不出"打倒陆定一"的口号，心中一阵阵酸楚和痛苦。尔后，陆瑞儿为了保留她父母的照片，就在宿舍自己住的下铺床顶上把照片藏起来，用报纸糊住遮盖，时间一长，报纸破了，照片露了出来，被其他同学发现，班上想开会批判陆瑞儿"同黑帮家庭划不清界线"，我还出面向班上求情说，作为女儿，保存自己父母的照片属人之常情，就不要批判人家了吧。最后，这件事没有再被提起。这是后话。

到北师大中文系上学之后，每周六下午照例要搞周末卫生大扫除。我光着脚和同学们一起在校园里拔草、清扫垃圾，好像是个"铁脚板"似的，在路上走来走去，干活一点儿也不觉得扎脚。黄老师一次一次地找到我，就像对自己的孩子一样心疼地说："新民，北方不像你们家乡，天慢慢地凉了，这又是在校园里干活，你一定得把鞋穿上，别扎着脚了。"我听了黄老师的话，才把母亲给我做的鞋拿出来穿上。

大学一入学，在班上我还是干我在中学时当学生干部的老行当，做了团支部宣传委员，班上订报纸的事由我负责。一天，黄老师让我骑着她的自行车去索家坟邮局为班上订报纸。我过去在家见都很少见到自行车，更谈不上骑车了，是到大学后班上一位北京同学教我骑自行车的。因是刚刚学会，第一回骑着黄老师的车出去，走到小西天就从车上摔下来，把黄老师的新车摔坏了。我心里说不出的紧张和难过。我推着车从邮局订完报纸回到学校，实在不好意思同黄老师讲，但黄老师发现自行车的把全都歪了，知道我一定是摔倒了。她把车扔在一边，亲切地问我摔伤了没有，告诉我如果有什么不舒服，马上到校医院去看。那个时候，黄老师买辆新自行车要凭票，而且得积攒多少个月的工资才能买上一辆车啊！

生活在班级这个大家庭里，得到班主任黄老师和其他老师的亲切教诲，得到同学们的关心帮助，我从心底里热爱自己的母校，热爱自己的老师，热爱自己的班集体，也从内心更加热爱培育我成长的亲爱的党和伟大的祖国。我 1964 年 8 月底入校，10 月 1 日参加了天安门广场的庆祝中华人民共和国成立 15 周年集会游行。作为大学生方阵仪仗队队员，我肩扛着"伟大的中华人民共和国万岁"的巨幅标语牌，激情满怀地走过天安门广场，也远远地看到了在天安门城楼上向游行群众招手致意的毛泽东主席等党和国家领导人，心中感到无比的激动和喜悦。

"十一"庆祝活动过后，我们年级教作文的葛信益副教授给我们出了上学后的第一篇作文题："当我走过天安门的时刻"。有过从湘南农村到北京上大学的难忘经历，又到大学后备受关照的亲身体验，更有国庆游行走过天安门时的兴奋与自豪，我的这篇作文感情真挚，热情洋溢，受到葛教授的表扬，并被作为全年级的作文范文公布。

要写的老师实在太多了；值得回忆的事三天三夜也讲不完。天下的老师们是最令人尊敬的，他们不仅给学生传授了文化知识，传授了做人做事的道理，而他们对学生的关爱与帮助，更是一辈子深深铭刻在学生的心中。春风化雨，润物无声。我从老师们的行动中，懂得了如何去关心需要关心的人,去帮助需要帮助的人。也许是一点点小小的帮助,却有可能改变一个人一生的命运。我愿像教育培养过我的老师们那样,永远以一颗善良的心,奉献社会,服务人民。

(原载《人民政协报》2013 年 9 月 9 日)

责任编辑:王世勇
版式设计:杜维伟

图书在版编目(CIP)数据

感悟党史/龙新民 著. -北京:人民出版社,2014.11(2021.3 重印)
ISBN 978 - 7 - 01 - 013889 - 3

Ⅰ.①感… Ⅱ.①龙… Ⅲ.①中国共产党-党史-研究 Ⅳ.①D23

中国版本图书馆 CIP 数据核字(2014)第 200220 号

感 悟 党 史
GANWU DANGSHI

龙新民　著

人 民 出 版 社 出版发行
(100706　北京市东城区隆福寺街 99 号)

中煤(北京)印务有限公司印刷　新华书店经销

2014 年 11 月第 1 版　2021 年 3 月北京第 3 次印刷
开本:710 毫米×1000 毫米 1/16　印张:20.75
字数:339 千字

ISBN 978 - 7 - 01 - 013889 - 3　定价:68.00 元

邮购地址 100706　北京市东城区隆福寺街 99 号
人民东方图书销售中心　电话 (010)65250042　65289539